브랜드,
행동경제학을
만나다

브랜드, BRAND 행동경제학을 만나다

소비자의 지갑을 여는 브랜드의 비밀

곽준식 지음

갈매나무

브랜드를 해석할 수 있는 즐거움

행동경제학을 배운 지도 어느덧 20년이 되어간다. 행동경제학의 많은 이론들을 접하면서 나름대로 세상을 해석할 수 있는 안목이 생긴 것 같다. 물론 나의 예상이 항상 맞는 것은 아니었다. 그러나 어떤 결과에 대해 이론적으로 해석할 수 있게 되면서 막연한 두려움은 많이 줄어들었다.

행동경제학(행동결정이론)은 인간의 제한된 합리성을 바탕으로 하여 구축되었다. 인간의 행동을 설명하는 다양한 이론들은 인간의 판단이나 선택이 얼마나 불완전한지를 여실히 보여준다. 행동경제학 역시 인간의 비합리성을 증명하는 학문이라고 생각하는 사람이 있을지도 모른다. 그러나 행동경제학은 인간의 비합리성에만 주목하는 학문이 아니다. 다만 이 학문은 기존 경제학과는 달리 인간이 지극히 이성적인 존재는 아니라고 설명한다. 이성과 감성에 의해 움직이는 인간, 일관된 선호가 아닌 상황적 선호를 가진 인간의 선택을 연구하는 학문이 바로 행동경제학이다.

＊ ＊ ＊

인간의 선택은 매우 짧은 순간에 이루어진다. 그래서 우리는 우리도 모르는 사이에 심리적 요인과 상황적 요인context의 영향을 받게 된다. 행동경제학에서 이야기하는 선택 과정이나 원리에 대해 폭넓게 이해한다면 자신의 선택에 속지 않을 수 있다. 잘못된 선택을 한 후에도 왜 그런 선택을 했는지 쉽게 이해할 수 있게 될 것이다. 이 책은 단순히 행동경제학의 이론을 설명하는 책이라기보다는 행동경제학의 이론을 이해하고 그것을 특히 브랜드 마케팅에 활용할 수 있도록 돕는 지침서라 할 수 있다. 책에는 관련 연구research, 생활 에피소드episode, 기업 사례case 등을 풍부하게 실어 독자들이 이론을 더욱 쉽게 이해할 수 있도록 했다.

먼저 휴리스틱의 이해와 응용을 위해 2부에서는 회상 용이성(이용 가능성 휴리스틱), 전형성(대표성 휴리스틱), 외부에서 주어진 기준점(닻내림과 조정), 이성이 아닌 감성(감정 휴리스틱)이 인간의 판단(확률 및 발생 가능성 예측)과 선택에 미치는 영향 등을 다룬다.

나아가 기대이론을 좀 더 자세히 이해하고 응용하기 위해 이익보다 손실에 민감하게 반응하는 인간의 특성을 다루기도 한다. 3부에서는 보유하고 있는 물건의 가치를 더 높게 평가하도록 하고(보유효과), 변화에 대한 두려움을 갖게 하며(현상유지효과), 사고의 틀을 제한하기도 하고(프레이밍 효과), 과거 결정에 집착하도록 만드는(매몰비용효과) 판단의 과정과 그 사례에 대해 알아볼 수 있을 것이다.

4부에서는 선호역전현상의 이해와 응용을 다룬 내용도 살펴본다.

새로운 대안의 등장으로 인해 기존 대안 중 하나를 선택할 확률이 증가하는 것(유인효과), 단독대안 평가와 복수대안 평가에 따라 기존에 판단하기 힘들었던 속성의 중요성이 부각되며 대상에 대한 선호가 바뀌는 것(평가모드) 등에 대해 알아볼 것이다. 또한 가까운 미래는 실행 가능성을, 먼 미래는 바람직성desirability을 중심으로 추론하기 때문에 시점에 따라 다른 평가 결과가 이루어지는 것(시기추론이론)에 대해서도 살펴보고 그 적용 사례도 확인해보려 한다.

마지막으로 이 책의 5부에서는 게임이론의 이해와 응용에 대해 알아볼 것이다. 사람들은 단순히 경제적 이익에 집착하기보다 공정성에 대한 판단을 중요시하며(최종제안게임), 사적인 이익만을 추구하는 사람을 처벌함으로써 '무임승차자'를 방지하려는 면이 있다(공공재게임). 이와 관련된 내용을 통해 합법적으로 이익을 추구하는 방식에 대해 고민해볼 것이다.

※ ※ ※

이 책의 목표는 단순히 행동경제학의 이론을 설명하는 것을 넘어 행동경제학을 국내 시장 상황에 대입, 기업이 독창적이고 효율적인 브랜드 전략을 세우도록 돕는 것이다. 이를 위해 '선택의 과정과 원리'에 초점을 맞추어 많은 국내외 브랜드를 분석, 소비자의 지갑을 여는 히트 브랜드의 비밀을 추적해보았다. 이렇게 상품을 기획하고 마케팅을 할 때 반드시 알아야 할 지식을 갖추고 있다면, 이전에 없던 차별적이고 창의적인 제품으로 고객을 놀라게 하고, 궁극적으로는 세상을 이롭게 할 수 있지 않을까?

이 책이 완성되기까지 많은 분들의 도움을 받았다. 행동경제학(행동결정이론) 분야의 책을 쓸 수 있도록 많은 깨우침을 주신 고려대학교 박종원 교수님과 중앙대학교 이진용 교수님, 나태한 나를 자극해 빨리 탈고할 수 있도록 독려해주신 인하대학교 안광호 교수님, 오랜 기간 독촉 한 번 안 하고 원고의 완성도를 높이도록 해준 갈매나무 출판사의 박선경 대표님에게도 감사의 말을 전하고 싶다.

글을 쓰고 다듬는 일은 아직도 어렵다. 아는 것을 표현하는 데 서툴러 혹시라도 읽는 분들이 어려워하지는 않을까 하는 걱정이 앞선다. 그러나 행동경제학과 브랜드 마케팅에 대한 이해의 폭을 조금이라도 넓힐 수 있었으면 하는 마음에서 쓴 글인 만큼 부디 독자 여러분들이 너그럽게 이해해주기를 바랄 뿐이다. 아무쪼록 직장인, 기업체 임원 및 CEO, 세일즈맨, 자영업자 등 다양한 독자가 세상을 해석하는 즐거움을 느끼는 데 이 책이 도움이 되었으면 한다.

언제나 나를 믿고 격려해준 아내, 양가 부모님과 형제들, 그리고 내 삶에 활력을 불어넣어주는 귀엽고 깜찍하고 소중한 딸 아영이에게 이 책을 바친다.

새로운 도약을 준비하며 **곽준식**

차 례

행동경제학behavioral economics은 실제로 인간이 어떻게 행동하는지, 왜 그렇게 행동하는지,

나아가 이런 행동의 결과로 어떤 일이 발생하는지를 연구하는 학문이다. 행동경제학은 주류

경제학을 보완할 수 있는 새로운 분야의 학문으로 각광받고 있으며, 행동결정이론behavioral

decision theory: BDT, 인지경제학으로 불리기도 한다. 많은 사람들이 알고 있는 '넛지nudge(사람

들의 행동을 바람직한 방향으로 유도하는 것)'의 이론적 배경이 바로 행동경제학이다. 1부에서

는 왜 행동경제학이 각광을 받는지 그 이유를 알아보고자 한다. ▓

1부

왜 행동경제학인가?

Take 1

인간을 바라보는 새로운 시선,
행동경제학

인간은 이성적인 존재일까,
감성적인 존재일까?

인간에 대한 가정

기존 경제학	행동경제학
합리적	제한적으로 합리적
이성적	감정적
일관적 선호	상황적 선호
효용 극대화maximizing 추구	효용 만족화satisficing 추구
예측 가능한 존재	예측하기 어려운 존재
축구공 같은 존재	럭비공 같은 존재

"허물을 벗지 않는 뱀은 결국 죽고 만다. 인간도 완전히 이와 같다. 낡은 사고의 허물 속에 언제까지고 갇혀 있으면, 성장은 고사하고 안쪽부터 썩기 시작해 끝내 죽고 만다. 늘 새롭게 살아가기 위해 우리는 사고의 신진대사를 해야 한다."

— 니체

펩시콜라가 간과했던 것

콜라 시장에서는 펩시와 코카콜라 간의 총성 없는 전쟁이 100년 이상 계속되어왔다. 물론 선공은 대부분 후발주자인 펩시로부터 시작되었다. 1차 공격 때 펩시콜라는 코카콜라의 트레이드마크인 여자 허리를 연상시키는 병을 공격하기 위해 '양'이라는 무기를 꺼내들었다. 같은 가격에 더 많은 양을 주는 작전이었는데 펩시의 이런 '병' 공격에 코카콜라는 대응이 쉽지 않았다. 이미 헤아릴 수 없이 많은 코카콜라 병이 만들어져 있었고, 양을 늘리려면 병의 아름다움을 포기해야 했기 때문이다. 공격이 어느 정도 성공한 후 펩시는 2차 공격을 감행한다. 이번에는 코카콜라의 '전통'을 공격했다. 코카콜라의 강점인 오랜 전통을 '늙은old'이라는 약점으로 바꾸기 위해 '펩시 세대Pepsi Generation'라는 캠페인을 시작했다. 젊은 사람들이 마시는 펩시와 나이 든 사람들이 마시는 코카콜라로 시장을 양분하면서 나름 성공을 거뒀다. 하지만 코카콜라에 길들여진 고객을 빼앗아 오기에는 한계가 있었다.

그래서 펩시는 좀 더 직접적인 방법을 사용했다. 바로 브랜드를 가리고 맛을 평가하는 '블라인드 테스트'였다. 브랜드를 가리자 51%의 소비자가 펩시의 맛을 더 좋아했고 코카콜라를 선호한 비율은 44%에 그쳤다. 결과에 고무된 펩시는 대중매체를 통해 이 사실을 알리기에 주력했는데 이 또한 판세를 뒤집기에는 역부족이었다. 도대체 뭐가 문제였을까?

성공적인 공격을 했음에도 펩시가 끝내 업계 리더가 되지 못한 건 바로 소비자들의 감정을 고려하지 않았기 때문이다. 펩시는 소비자들을 이성적으로 설득할 수 있다고 믿었겠지만, 실상은 그렇지 않았다. 펩시는 블라인드 테스트에선 우세했지만, 실제로 소비자들은 브랜드가 지워진 콜라를 사 먹지 않는다. 브랜드명을 부착한 테스트에선 65%가 코카콜라를 선호했고, 펩시는 절반에도 못 미치는 23%에 그쳤다. 사람들이 펩시보다 코카콜라를 선호하는 이유는 무엇일까? 단지 오래전부터 마셔왔고, 또 광고를 통해 자주 접해왔기 때문일까?

2004년 몬터규와 맥클루어 Montague & McClure 연구팀은 코카콜라와 펩시를 마시는 사람들의 뇌를 MRI로 촬영해 그 이유를 찾아냈다. 보통 브랜드를 모르는 상태에서 달콤한 콜라를 마시면 '보상영역'인 전두엽이 전반적으로 활성화된다. 그런데 브랜드를 보여주면서 뇌를 스캔하니 결과가 완전히 달라졌다. '코카콜라'를 보여주자 전두엽 이외에도 중뇌와 선조체, 측좌핵 그리고 전전두피질 같은 '인간의 쾌감을 관장하는 영역'이 활성화된 것이다. 그런데 펩시콜라를 보여주자 관련 영역이 활성화되지 않았다고 한다. 결과적으로, 소비자들은 코카콜라를 보거나 듣는 것만으로도 무의식적으로 쾌감중추가 더 많이 자극돼 코카콜라를 선호했던 것이다. 다시 말해 이성이 아닌 감성이 '이미' 코카콜라를 선택한 것이다.

뉴스에 나오는 사건 사고에서 많이 등장하는 표현이 있다. 그것은 바로 "충동적으로" 또는 "순간의 화를 참지 못하고" 같은 말이다. 우리는 인간의 이성을 찬양하지만, 희로애락은 이성이 아닌 감성의 결과물이다. 공감도 머리가 아닌 가슴에서 이루어진다. 그렇다면 인간은 이성적인 존재일까? 감성적인 존재일까? 이와 같은 어리석은 질문을 하는 이유는 기존 경제학과 행동경제학의 인간에 대한 가정이 다르기 때문이다.

기존 경제학에서 본 인간은 합리적이고 이성적인 존재로 시간과 장소와 관계없이 일관된 선호preference를 갖고 효용을 극대화하는 선택을 한다. 그러므로 인간의 행동은 예측 가능하다고 생각한다. 반면 행동경제학에서 본 인간은 제한적 합리성bounded rationality을 가진 감성적인 존재로 상황에 따라 선호가 바뀐다. 또한 효용을 극대화하기보다는 자신이 원하는 수준을 만족시키는 대안을 선택하기 때문에 어떻게 행동할지 예측하기 어렵다. 즉 기존 경제학에서 바라보는 인간이 어디로 튈지 예측 가능한 축구공이라면 행동경제학에서 바라보는 인간은 어디로 튈지 예측하기 어려운 럭비공이라 할 수 있다.

인간은 어떻게 정보를 처리할까?

그렇다면 기존 경제학에서 이야기했던 인간에 대한 가정은 잘못된 것일까? 물론 인간이 이성과 감성을 모두 가지고 있는 존재라고 볼 때 기존 경제학에서 이야기하는 인간에 대한 가정이 전적으로 틀린 것은 아니다. 다만 감성에 대한 고려와 이성과 감성의 영향력에 대한 통찰이 부족했던 것이다. 기존 경제학자들이 행동경제학 초기의 연구 결과들을 '인간의 이상행동abnormal behavior'이라고 규정한 것만 봐도 당시 경제학에서 인간을 바라보는 관점이 얼마나 편향되어 있었는지 알 수 있다. 행동경제학은 기존 경제학에서 고려하지 못했던 인간의 감성을 연구했다는 측면에서 인간행동에 대한 이해의 폭을 넓혔다고 보는 것이 합당하다. 그렇다면 이성과 감성의 역할이나 영향력은 어떻게 다를까?

인간이 어떻게 정보를 처리하는지를 설명하고 있는 '이중정보처리이론dual process theory'은 기존 경제학과 행동경제학의 관계를 설명하는 좋은 예라 할 수 있다.

시스템 I과 시스템 II

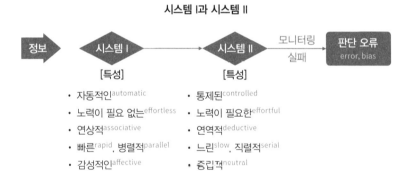

이중정보처리이론에 따르면 인간은 시스템 I과 시스템 II라는 두 종류의 시스템을 가지고 정보를 처리한다고 한다. 여기서 시스템 I은 직관적인 시스템을, 시스템 II는 논리적인 시스템을 말한다. 먼저 시스템 I은 특별한 인지적 노력이 필요 없는 자동적인 연상시스템으로 매우 빠르고 동시다발적으로 작동되며, 감성적인 측면이 있다. 반면 시스템 II는 인지적 노력을 바탕으로 한 추론시스템으로 느리고 연속적으로 작동되며, 중립적인 측면이 있다.

시스템 I과 시스템 II는 어떤 관계가 있을까? 먼저 시스템 I에 의해 정보처리가 일어나면 시스템 II는 시스템 I에 의해 처리된 정보를 감시 및 수정한다. 시스템 I에 의한 정보처리는 '직관'에 의존하여 자동으로 이루어지기 때문에 많은 오류를 포함하게 된다. 이 오류를 시스템 II가 정확하게 모니터링monitoring을 해서 수정하지 않으면 판단 오류error가 발생하게 된다.

몇 가지 문제를 통해 시스템 I과 시스템 II와의 관계를 살펴보자.

문제 ①: 어떤색으로 쓰인 글자일까요?

파 란 색

"자! 하나 둘 셋 하면 글자를 보여드릴 테니 어떤 색으로 쓴 글자인지 최대한 빨리 답을 맞혀보세요"라고 한 후 검은색으로 쓴 파란색이라는 글자를 보여준다. 답을 맞히는 사람들이 처음에는 순간적으로 파란색이라고 생각했더라도(시스템 I에 의한 판단), 재빠르게 검은색이라고 수정(시스템 II에 의한 모니터링)할 것이다. 다만 시스템 I과

시스템 II에 의한 정보처리는 매우 빠르게 진행되기 때문에 자신의 생각이 바뀌었다는 것을 미처 인식하지 못할 뿐이다. 사실 이 문제는 대다수의 사람이 시스템 II에 의해 모니터링을 할 수 있는 수준이므로 파란색이라고 답함으로써 판단 오류를 범할 사람들은 거의 없을 것이다.

문제 ②: 얼마일까요?

샤프와 샤프심의 가격은 모두 합해 1100원이다.
샤프의 가격은 샤프심의 가격보다 1000원 비싸다.
샤프의 가격은 얼마일까?

이 문제를 본 사람 중에는 순간적으로 샤프의 가격을 1000원이라고 답하는 사람이 있을 것이다(시스템 I에 의한 판단). 여기서 생각하는 것을 멈추면 판단 오류가 발생하게 된다(시스템 II에 의한 모니터링의 실패). 샤프의 가격이 1000원이라면 샤프심의 가격은 100원이고, 이 경우 샤프는 샤프심보다 1000원이 아닌 900원 비싼 것이 되기 때문이다. 시스템 II에 의한 모니터링이 성공적으로 이루어졌다면 샤프의 가격은 1050원이라고 답할 것이다.

> ### 문제 ③: 시간이 얼마나 필요할까요?
>
> 시험관에서 박테리아가 증가하고 있다.
> 매초 박테리아는 두 배씩 증가하고 있다.
> 박테리아가 시험관을 가득 채우는 데 60초가 필요하다.
> 박테리아가 시험관의 반을 채우는 데는 몇 초가 필요할까?

역시 이 문제를 본 사람 중에는 순간적으로 30초라고 생각하는 사람이 있을 것이다(시스템 I에 의한 판단). 마찬가지로 여기서 생각하는 것을 멈추면 판단 오류가 발생하게 된다(시스템 II에 의한 모니터링의 실패). 실제로 박테리아는 매초 두 배씩 증가하기 때문에 시험관의 반을 채우는 데는 59초가 필요하다.

물론 이 문제들을 풀지 못했다고 해서 의기소침해질 필요는 없다. 직관(시스템 I)과 논리(시스템 II)의 관계를 보여주기 위해 제시된 것일 뿐 정답을 맞히기 위함이 아니기 때문이다. 그러나 여기서 명심해야 할 것이 있다. 바로 인간은 논리적으로 판단하기에 앞서 직관이라고 하는 시스템 I에 의해 일차적으로 판단을 한다는 점, 또 직관에 의한 판단이 잘못되어도 항상 시스템 II가 모니터링에 성공해 수정이 이루어지는 것은 아니라는 점이다. 왜 이런 판단 오류가 나타나는 것일까?

행동경제학은 불확실성하의 '판단judgment'과 '선택choice'을 다룬다. 좀 더 자세히 설명하면 인간이 어떤 이유로 판단(선택)을 하는지, 또 그로 인해 어떤 결과가 나타나는지를 살펴보는 학문이다. 행동경제학을 알아보기에 앞서 '경제학'이라는 단어에 주눅이 들 필요는 없다. 왜냐하면 행동경제학은 경제학보다는 심리학에 가깝기 때문이다. 다만 인간의 경제행동에 대한 부분들을 다루다 보니 행동경제학이라는 용어로 표현되었을 뿐이다. 요컨대 행동경제학은 나 자신뿐 아니라 우리 주변에서 일어나는 일들을 해석할 수 있는 방법을 알려주는 유용한 도구라 할 것이다.

" 몸무게에서 두뇌가 차지하는 무게는 2%밖에 안 되지만, 에너지는 무려 20%나 소비하기 때문에 두뇌는 가능하면 에너지 절약 모드로 가고자 한다."

– 한스-게오르크 호이젤Hans-Georg Häusel

생각하기를 싫어하고, 인지적 노력을 최소화하려는 사람들의 성향을 일컬어 '인지적 구두쇠cognitive miser'라고 한다. 따라서 사람들은 직관을 자주 활용하는데, 이를 다른 말로 휴리스틱heuristic이라고 한다. 가령 고정관념, 브랜드, 원산지도 일종의 휴리스틱이라 할 수 있다. 휴리스틱은 간혹 판단 오류error나 판단 편향bias을 유발하지만 사람들의 인지적 노력을 최소화하기 때문에 자주 활용되곤 한다. 자, 휴리스틱은 기업의 브랜드 전략에서 어떻게 활용할 수 있을까? ▓▓

2부

가장 먼저 생각나는
브랜드의 비밀

빠르다, 그래서 강하다

이용 가능성 휴리스틱Availability Heuristic

무엇이 생각나는가
vs. 얼마나 쉽게 생각나는가

사람들에게 2000단어가 포함된 4쪽 분량의 소설을 1분 정도 보여주고 다음과 같은 질문을 했다.
① 일곱 개의 철자로 이루어진 단어 중에서 '–ing'로 끝나는 단어(＿ ＿ ＿ ing)와 여섯 번째 자리 철자가 'n'인 단어(＿＿＿＿ n ＿)가 몇 개나 포함되어 있을까?
② 여섯 개의 철자로 이루어진 단어 중에서 '–ly'로 끝나는 단어(＿ ＿ ＿ ＿ ly)와 다섯 번째 자리 철자가 'l'인 단어(＿＿＿＿ l ＿)가 몇 개나 포함되어 있을까?
실험 결과 사람들은 ①번 질문에서는 '–ing'로 끝나는 단어는 13.4개, 여섯 번째 자리 철자가 'n'인 단어는 4.7개라고 예측했다. 그리고 ②번 질문에서는 '–ly'로 끝나는 단어는 8.8개, 다섯 번째 자리 철자가 'l'인 단어는 4.4개 정도 될 것이라고 예측했다.

위의 결과를 보고 어떤 생각이 드는가? 이상하다고 생각하지 않는다면 당신도 역시 이용 가능성 휴리스틱을 활용했을 가능성이 높다. 논리적으로 생각해보면 일곱 개의 철자로 이루어진 단어 중 여섯 번째 자리 철자가 'n'인 단어 안에는 '–ing'로 끝나는 단어가 포함되기 때문에 어떤 경우라도 '–ing'로 끝나는 단어는 여섯 번째 자리 철자가 'n'인 단어보다 많을 수 없다. 또 여섯 개의 철자로 이루어진 단어를 놓고 보면 다섯 번째 자리 철자가 'l'인 단어 안에 '–ly'로 끝나는 단어가 포함된다. 따라서 '–ly'로 끝나는 단어는 다섯 번째 자리 철자가 'l'인 단어보다 많을 수 없다. 이것은 부분집합이 전체집합보다 더 클 수 없는 것과 같은 이치다.

부분집합과 전체집합의 크기 비교

그렇다면 사람들은 왜 이런 단순한 사실을 고려하지 못한 것일까? 그것은 '–ing'로 끝나는 단어의 수를 예측하라고 하면 'singing, playing, running……'과 같은 단어들이 머릿속에 자동적으로 떠오르지만, '＿＿＿＿＿ n ＿'로 끝나는 단어가 얼마나 있을지 판단하라는 이야기를 듣는 순간에는 적합한 단어들이 잘 떠오르지 않기 때문이다. 즉 관련 단어가 쉽게 떠오를수록 그 수가 많을 것이라 판단하고, 반대로 잘 떠오르지 않을 경우 그 수가 많지 않을 것이라 판단한 것이다. 이렇게 이용 가능성 휴리스틱을 이용하여 판단했기 때문에 부분집합을 전체집합보다 크다고 판단하는 오류를 범하게 된 것이다.

사람들은 어떤 사건의 빈도나 발생 확률을 판단할 때 실제의 발생 빈도(혹은 객관적 정보)에 근거하기보다는 그 사건과 관련된 구체적인 예나 연상이 얼마나 쉽게 떠오르느냐에 근거하여 판단하는 경향이 있다. 이를 이용 가능성 휴리스틱이라고 하는데, 이것은 구체적인 예가 얼마나 쉽게 인출되는가retrievability(인출 용이성)를 근거로 판단하는 사람들의 성향을 의미하기도 한다.

폴 슬로빅Paul Slovic, 바루크 피쇼프Baruch Fischoff, 사라 리히텐스타인Sarah Lichtenstein의 연구(1982)에 따르면 사람들이 두드러지고 생생한 사건들을 더 잘 기억하기 때문에 편향된 판단이 일어난다고 한다. 실제로 연구에서는 응답자들에게 다양한 질병, 자동차 사고, 자연 재해, 전기사형, 살인 등의 40가지 원인에 의한 사망자 수를 추정해보도록 했는데, 참석자들이 추정한 사망률과 실제 사망률은 큰 차이를 보였다. 예를 들어 차이가 없을 것이라고 생각했던 사망자 수의 경우 질병 사망자 수가 사고 사망자 수보다 16배 많았다. 또한 사람들이 살인에 의한 사망을 심장마비에 의한 사망만큼 많은 것으로 추정하였지만 실제로는 심장마비에 의한 사망이 살인에 의한 사망보다 11배나 더 많았다. 이런 결과가 나타난 것은 사람들이 두드러지고 생생한 사망 원인들(가령, 자동차 사고, 살인, 홍수, 화재 등)에 대해서는 과대평가하고 일상적인 사망 원인들(심장마비, 당뇨, 천식 등)에 대해서는 과소평가하기 때문이다. 이는 두드러지고 생생한 사건들을 취급한 신문기사들을 더 쉽게 떠올리며 신문기사에 언급된 사건들의 빈도를 사건의 실제 빈도로 착각하는 경향과도 관련이 있다.

회상 내용이 더 중요할까, 회상 용이성이 더 중요할까?

이용 가능성 휴리스틱에서 중요하게 고려되는 것은 '회상 내용(무엇이 떠오르는가)'과 '회상 용이성(얼마나 쉽게 떠오르는가)'이다. 일반적인 경우에는 회상 내용보다 회상 용이성이 더 큰 영향을 미친다고 할 수 있지만, 상황에 따라 회상 용이성과 회상 내용의 중요도는 달라진다.

1. 관련 지식이 부족하다는 것을 본인이 아는 경우 vs. 모르는 경우[1]

행동경제학자인 빌러Biller와 그의 동료들은 만성질병으로 고통받는 환자의 비율을 예측하는 실험을 진행한 바 있다. 이를 위해 사전에 전문지식을 측정했는지의 여부, 그리고 알고 있는 만성질병의 수에 따라 참가자들을 네 개의 집단으로 나누어 실험을 실시했다.

이들은 A집단, B집단을 대상으로는 질문에 앞서 질병에 대해 어느 정도 전문지식을 갖고 있는지 측정하지 않았다. 그리고 A집단 참가자들에게는 자신이 알고 있는 만성질병 세 가지를 적고 그 병으로 고통받는 환자의 비율이 어느 정도인지 적어보라고 했다. B집단에는 알고 있는 만성질병 아홉 가지와 그 병으로 고통받는 환자의 비율을 적어보라고 했다. 만성질병 세 가지를 적은 A집단은 환자 비율을 대략 38.3%로, 아홉 가지를 적은 B집단은 그 비율을 25.2%로 예측했다. 회상 용이성이 비율 예측에 더 많은 영향을 미치는 것으로 해석할 수 있는 결과였다.

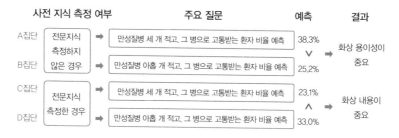

만성질병으로 고통받는 환자 비율 예측 결과

사전 지식 측정 여부		주요 질문	예측		결과
A집단	전문지식 측정하지 않은 경우	만성질병 세 개 적고, 그 병으로 고통받는 환자 비율 예측	38.3%		화상 용이성이 중요
B집단		만성질병 아홉 개 적고, 그 병으로 고통받는 환자 비율 예측	25.2%		
C집단	전문지식 측정한 경우	만성질병 세 개 적고, 그 병으로 고통받는 환자 비율 예측	23.1%		화상 내용이 중요
D집단		만성질병 아홉 개 적고, 그 병으로 고통받는 환자 비율 예측	33.0%		

한편 C집단, D집단을 대상으로는 질문에 앞서 질병에 대해 어느 정도 전문지식을 갖고 있는지 측정했다. 그 후 C집단에는 알고 있는 만성질병 세 가지와 그 병으로 고통받는 환자의 비율을, D집단에는 알고 있는 만성질병 아홉 가지와 그 환자의 비율을 적어보라고 했다. 만성질병 세 가지를 적은 C집단과 아홉 가지를 적은 D집단은 환자 비율을 각각 약 23.1%, 33.0%로 예측했다. 결과는 이렇게 회상 내용이 비율 예측에 더 많은 영향을 미치는 것으로 나타났다.

사전 지식을 측정하지 않은 사람들에게 만성질병 아홉 가지를 적으라고 하면 처음에는 '그 정도야 뭐'라며 쉽게 여기다 하나씩 적어가면서 '생각보다 어렵네. 생각이 잘 안 나는 걸 보니 환자가 많지 않나 보다'라는 식으로 생각이 바뀌게 된다. 그리하여 비율을 낮게 예측하게 된다. 그러나 사전 지식을 측정한 응답자들은 자신이 이 분야에 대해 모른다는 사실을 깨닫기 때문에 병 아홉 가지를 적으라고 하면 '제대로 적을 수 있을까?'라고 생각하며 적어간다. 그 과정에서 '전문지식이 없는 내가 이렇게 만성질병을 적는 걸 보니 환자가 많나 보다'라는 생각을 하게 되고, 비율을 높게 예측하게 된다.

요컨대 평가 대상에 대한 전문지식이 없다는 것을 자각하지 못하는 경우는 회상 용이성이, 평가 대상에 대한 전문지식이 없다는 것을 자각하는 경우에는 회상 내용이 더 큰 영향을 미친다고 할 수 있다.

2. 외부 평가 자료가 있는 경우 vs. 없는 경우[2]

행동경제학자인 웬키Wanke와 그의 동료들은 대중교통에 대한 인식을 알아보기 위해 실험 참가자들을 네 그룹으로 나누어 실험한 적이 있다. 우선 A집단과 B집단에는 타인이 대중교통을 이용하는 이유를 보여주지 않고 본인이 대중교통을 이용하는 이유를 각각 세 가지, 아홉 가지씩 적도록 했다. 또 C집단과 D집단은 다른 사람이 대중교통을 이용하는 이유 세 가지 혹은 아홉 가지를 보고 대중교통을 평가하도록 했다. 결과는 다음과 같았다.

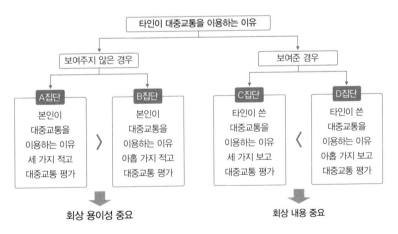

대중교통에 대한 평가

타인이 대중교통을 이용하는 이유

| 보여주지 않은 경우 | 보여준 경우 |

| A집단 | B집단 | C집단 | D집단 |

본인이 대중교통을 이용하는 이유 세 가지 적고 대중교통 평가 **>** 본인이 대중교통을 이용하는 이유 아홉 가지 적고 대중교통 평가

타인이 쓴 대중교통을 이용하는 이유 세 가지 보고 대중교통 평가 **<** 타인이 쓴 대중교통을 이용하는 이유 아홉 가지 보고 대중교통 평가

회상 용이성 중요   회상 내용 중요

다른 사람의 자료를 보여주지 않은 경우에는 자신이 대중교통을 이용하는 이유(장점)를 적게(세 가지) 적도록 한 집단(A집단)에서 대중교통에 대한 평가가 호의적으로 나타났다. 이는 회상 용이성이 비교적 큰 영향을 미친 것으로 풀이할 수 있다.

그러나 대중교통을 이용하는 이유에 대해 다른 사람이 꼽은 세 가지를 보고 대중교통을 평가한 집단(C집단)보다는 다른 사람이 적은 아홉 가지 이유를 보고 평가한 집단(D집단)이 대중교통을 더 호의적으로 평가했다. 회상 내용이 더 큰 영향을 미친 것이다. 다시 말해 외부 평가 자료가 없는 상황에서는 회상 용이성이 큰 영향을 미치지만, 외부 평가 자료가 주어지면 회상 내용이 더 큰 영향을 미친다.

3. 자신과 관련성이 높은 경우 vs. 낮은 경우[3]

행동경제학자인 로스만Rothman과 슈워츠Schwarz는 심장병에 걸릴 확률을 예측하기 위해 네 개의 그룹을 대상으로 실험을 진행한 바 있다. 그 결과를 요약하면 다음과 같다.

즉 가족 내 심장병 환자가 없는 집단에서는 심장병 발생 확률을 높이는 행동 세 개를 적은 쪽이 여덟 개를 적은 쪽보다 자신의 심장병 발생 가능성을 더 높게 예측했다. 회상 용이성이 더 큰 영향을 미친 것이다. 반면에 가족 내 심장병 환자가 있는 집단의 경우는 발병 확률을 높이는 행동 여덟 개를 적은 쪽에서 자신의 심장병 발생 가능성을 높게 예측했다. 회상 내용이 더 큰 영향을 미친 것이다. 결과적으로 말하면 자신과 관련성이 낮은 경우에는 회상 용이성이 더 큰

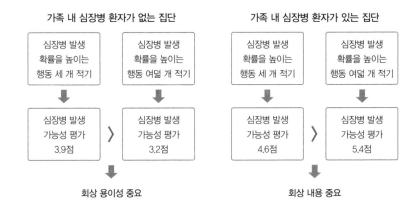

심장병 발생 확률 예측 결과

가족 내 심장병 환자가 없는 집단		가족 내 심장병 환자가 있는 집단	
심장병 발생 확률을 높이는 행동 세 개 적기	심장병 발생 확률을 높이는 행동 여덟 개 적기	심장병 발생 확률을 높이는 행동 세 개 적기	심장병 발생 확률을 높이는 행동 여덟 개 적기
↓	↓	↓	↓
심장병 발생 가능성 평가 3.9점 >	심장병 발생 가능성 평가 3.2점	심장병 발생 가능성 평가 4.6점 >	심장병 발생 가능성 평가 5.4점
↓		↓	
회상 용이성 중요		회상 내용 중요	

영향을 미치지만, 자신과 관련성이 높은 경우에는 회상 내용이 더 큰 영향을 미친다고 할 수 있다.

"내가 그럴 줄 알았다니까!"

심리학자 바루크 피쇼프는 다음과 같은 실험을 실시했다. 실험 참가자들을 A, B 두 집단으로 나누어 19세기 영국과 네팔의 구르카 전쟁에 대한 정보를 보여주었다. 그리고 A집단에게는 결과를 알려주지 않은 상태에서, B집단에게는 영국이 승리했다는 결과를 알려주었지만 결과를 몰랐다는 가정을 한 상태에서 영국 승리, 네팔 승리, 평화 협상, 정전(停戰)이라는 네 가지 결과가 일어날 확률을 예측해보라고 했다. 연구 결과 미리 영국이 승리했다는 사실을 알려준 B집단이 영국이 승리할 확률을 더 높게 예측했다.

사람들이 이용 가능성 휴리스틱을 자주 활용함에 따라 나타날 수 있는 판단의 오류 또는 편향으로는 '사후 판단 편향hindsight bias'이 있다. 어떤 사건의 결과를 알고 나서 자신이 마치 그 결과가 나타나기 전부터 예측하고 있었던 것처럼 생각하는 것이다.[4]

누군가 어떤 결과를 보고 "내가 그럴 줄 알았다니까!"라고 하는 것을 본 적이 있을 것이다. 바로 사후 판단 편향을 나타내는 말이다. 사후 판단 편향은 왜 나타날까? 사람들은 흔히 어떤 결과가 나타나면 그 결과와 관련된 정보(지식)들을 빠르게 떠올리며 자신이 알고 있던 것, 혹은 알 수 있었던 정보를 과대평가하면서 마치 이미 예견했던 것처럼 착각하곤 한다. 바로 이런 경향 때문에 사후 판단 편향이 일어난다. 피쇼프의 실험에서 영국이 승리한 사실을 알려준 집단이 영국이 승리할 확률을 더 높게 예측한 것도 바로 사후 판단 편향 때문이다.

사후 판단 편향의 영향을 받는 사람들

이런 사후 판단 편향은 전문가에게서도 빈번하게 나타난다. 실제로 외과의사 집단을 둘로 나누어 진행한 한 연구에서 A집단에 속한 의사들에게는 증상에 대해서만 알려주고 병명을 예측하라고 했고, B집단에 속한 의사들에게는 증상과 병명을 함께 알려주었지만 병명을 몰랐다는 가정하에 병명을 예측하라고 했다. 연구 결과는 어땠을까? 자신도 그 병명으로 진단을 내렸을 것이라는 응답이 더 많았던 쪽은 병명을 알려준 B집단의 의사들이었다. 전문가도 사후 판단 편향의 영향을 적잖이 받고 있는 것이다.[5]

이러한 사후 판단 편향은 서양보다는 동양 사람들에게서 더 강하게 나타난다고 한다. 박재영, 이성종, 노성종이 '북핵 이슈'와 '2007년 조승희 버지니아공대 총기살인사건'에 관한 한국과 미국 신문의 기사를 분석한 결과(2009)가 그 좋은 예다. 이 분석 결과에 따르면 '북핵 이슈'가 예측 가능했다는 기사는 한국 신문에는 84.8%, 미국 신문에는 48.2%가 실렸다. '2007년 조승희 버지니아공대 총기살인 사건'의 경우에도 예측 가능했다는 기사가 한국 신문에는 86.4%, 미국 신문에는 48.8%가 실려 사후 판단 편향에 관련된 기사가 한국 신문에서 압도적으로 높게 나타났다.[6]

이런 사후 판단 편향은 부정적인 사건으로 인한 충격을 완화해준다는 장점이 있다. 반면에 사건 자체를 덜 심각하게 인식하게 하여 향후 사건을 예방할 기회를 놓치게 하는 단점도 있다. 우리 주변에서 끊임없이 비리 사건과 인재人災가 발생하는 것도 어쩌면 우리 사회에 사후 판단 편향이 너무 강하게 자리 잡고 있기 때문인지도 모른다.

가장 먼저 떠오르는 **브랜드**

쏘나타(중형자동차), 교보문고(서점), 2080치약(치약), CGV(영화관), 임금님표 이천 쌀(쌀), 비트(세탁세제), 크리넥스(화장지), 지오다노(남성 캐주얼), 설화수(한방 화장품), 참이슬(소주), 코카콜라(탄산음료), 김연아(여자 운동선수), 유재석(남자 코미디언), 장동건(남자 배우), 손석희(남자 TV 앵커)……

이들의 공통점은 무엇일까?

바로 2014년 산업정책연구원이 발표한 분야별 슈퍼 브랜드 1위를 차지했다는 것이다. 슈퍼 브랜드는 산업정책연구원이 2003년부터 매년 전국의 20~60대 소비자 3000여 명을 대상으로 총 15개 카테고리(개인 브랜드, 생활가전, 교통·통신, 생활용품, 식음료, 문화·레저, 교육, 식음료 전문점, 사무·문구, 유아용품, 장소, 주거생활, 패션의류, 화장품/미용, 도시 등)에서 '가장 먼저 떠오르는 브랜드TOM: Top of Mind'를 조사한 결과로 선정되는데 이는 소비자들의 이용 가능성 휴리스틱을 활용한 것이라 할 수 있다.

소비자들은 브랜드에 대한 지식을 어떻게 구조화하고 있을까? 소비자의 브랜드 지식구조에 대한 이해는 브랜드를 관리하는 데 매우 중요하다. 소비자의 브랜드 지식구조를 설명하는 대표적인 이론으로 앤더슨과 바우어Anderson and Bower(1973)의 '연상 네트워크 모형associative network model'이 있다. 이 이론에 따르면 소비자는 브랜드에 대한 다양한 지식을 거미줄처럼 연결된 형태로 저장하는데, 이렇게 구성되어 있는 지식의 네트워크를 '스키마schema'라고 한다.

브랜드 지식구조에서는 '노드node'라고 하는 브랜드 관련 지식이나 정보들이 서로 밀접하게 연결link되어 있다. 외부 자극을 받으면 연결 강도가 강한 지식부터 활성화가 이루어지고 링크를 통해 다른 지식들로 급속히 확산된다. 이를 콜린스와 로프터스Collins & Loftus는 '활성화 확산spreading activation'의 원리라 했는데, 잉크 방울을 물에 떨어뜨렸을 때 잉크가 물속에서 급속히 퍼져 나가는 모습을 상상하면 된다. '맥도날드'라는 브랜드를 들으면 브랜드 요소(슬로건, 로날드, 로고 등), 제품(햄버거, 음료 등), 브랜드(맥모닝, 빅맥 등), 이미지(가족적인, 즐거운 등) 등이 꼬리에 꼬리를 물고 떠오르는 것도 이와 관련이

맥도날드의 연상 네트워크

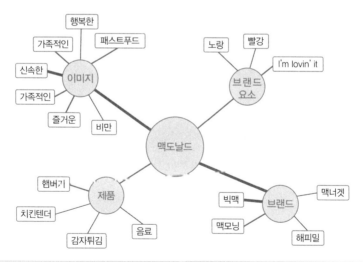

⚪️ ▢ : 노드node. 브랜드 관련 지식이나 정보를 의미한다. — : 링크link. 지식이나 정보의 연결고리다.
━ ─ ■ : 연결 강도. 지식이나 정보들이 서로 연관되어 있는 정도를 뜻한다.

있다.

앞의 그림을 보면 연결선이 가는 것이 있고 굵은 것이 있다. 선의 굵기는 연결 강도를 의미하는데 선이 굵을수록 연결 강도가 강하다는 것을 의미한다. 인터넷 속도를 예로 들면 가는 선은 전화선을, 굵은 선은 광랜이라고 생각하면 되는데 연결 강도가 강하면 그만큼 쉽게 떠오르게 된다.

통합적인 마케팅 커뮤니케이션

소비자의 브랜드에 대한 태도나 구매 행동은 기억 속에 저장된 브랜드 관련 연상이 얼마나 빨리 떠오르는지(회상 용이성), 어떤 내용이 떠오르는지(회상 내용)에 따라 달라진다. 강력한 브랜드 자산을 구축하기 위해서는 브랜드 인지도와 브랜드 이미지가 매우 중요하다. 특히 높은 브랜드 인지도는 강력한 브랜드 자산을 구축하기 위한 전제조건이라 할 수 있다. 우리가 모르는 대상에 대해서는 이미지를 떠올리기가 어렵다. 따라서 기업은 높은 브랜드 인지도를 바탕으로 호의적이고favorable, 강력하고strong, 독특한unique 브랜드 이미지를 만들어내기 위한 통합적인 마케팅 커뮤니케이션을 실시해야 한다.

브랜드 인지도는 크게 브랜드 회상brand recall과 브랜드 재인brand recognition으로 나뉜다. 이를 좀 더 세부적으로 나누면 최초 상기도

TOM, 비보조 상기unaided recall, 보조 상기aided recall로 살펴볼 수 있다.

브랜드 회상은 소비자가 브랜드에 대한 단서가 없어도 특정 브랜드들을 기억해낼 수 있는 능력을 말한다. 소비자가 가장 먼저 떠올린 브랜드를 최초 상기 브랜드TOM brand라고 한다. 그 이후 떠올린 많은 브랜드들은 비보조 상기 브랜드unaided recall brand라고 한다. 브랜드 재인은 소비자에게 브랜드와 관련된 특정한 단서(힌트)가 제시된 상황에서 소비자가 특정 브랜드를 알아보는 능력이다. 이처럼 브랜드 재인을 통해 확인된 브랜드를 보조 상기 브랜드aided recall brand라고 한다.

이 중에서 최초 상기 브랜드는 소비자들이 가장 먼저 떠올리기 때문에 제품 카테고리(탄산음료, 전자제품, 노트북 등)를 대표하는 선도 브랜드가 그 위치를 차지하게 된다. 달리 말하면 선도 브랜드는 회상 용이성이 가장 높은 브랜드라 할 수 있다.

브랜드 회상과 브랜드 재인 측면에서 살펴보면 코카콜라, 펩시콜라, 아이폰, 갤럭시S는 거의 99%의 브랜드 회상(비보조 상기)과 브랜드 재인이 나타난다. 그럼에도 이 브랜드들이 광고를 하는 이유는 최초 상기도 때문이다. 브랜드 회상과 브랜드 재인과 달리 최초 상

브랜드 인지도의 종류

기도는 '상대적 마인드 점유율'이기 때문에 커뮤니케이션 활동을 하지 않으면 경쟁 브랜드보다 회상 용이성 측면에서 약해진다.

강력한 브랜드는 일상적인 소비 상황에서 이용 가능성 휴리스틱의 역할을 하기 때문에 기업은 자사 브랜드의 회상 용이성을 높일 수 있는 전략을 모색해야 한다. 브랜드의 회상 용이성을 높이는 방법은 어떤 것이 있을까?

강력한 '원투 펀치' 메시지

미국의 연구자들이 BMW와 관련된 실험을 했다(Wanke, Bohner and Jurkowitsch, 1997). 사람들을 두 그룹으로 나누어 A집단에는 BMW의 장점을 한 개 적으라고 하고, B집단에는 BMW의 장점을 열 개 적으라고 한 후 BMW에 대해 평가하라고 하였다. 장점을 열 개라고 한 집단의 점수는 7점 중 4.2인 반면, 한 가지씩 적으라고 한 집단의 점수는 5.8이 나와 열 개보다는 한 개 적으라고 한 집단에서 BMW를 더 긍정적으로 평가했다.

한편 현대자동차에 관한 실험도 미국과 한국에서 이뤄졌다. 그런데 미국에서는 열 개를 적은 집단의 평가가 긍정적으로 나타났지만, 한국에서는 한 개를 적은 집단에서 현대자동차에 대한 평가가 긍정적으로 나타났다. 왜 이런 결과가 나타난 것일까?

대체로 기업은 자사의 제품에 관한 긍정적 메시지를 되도록 많이 보여주고 싶어 한다. 그래서 광고에 자사 제품의 상점을 최대한 일목요연하게 정리하여 기술해놓는다. 그러고는 "이 제품의 장점이 이렇게 많은데 소비자가 안 사고는 못 배기겠지?"라며 흡족해한다. 마케팅 커뮤니케이션에서 메시지는 '다다익선多多益善'일까? 아니면 '과유불급過猶不及'일까?

미국에서 BMW에 대해 실험한 것을 '다다익선'으로 설명한다면 장점을 열 개 적은 집단이, '과유불급'으로 설명한다면 한 개 적은 집단이 BMW를 더 긍정적으로 평가할 것이다. 연구 결과는 장점을 한 개 적은 집단이 열 개 적은 집단보다 BMW를 더 긍정적으로 평가했다. '과유불급'의 승리다.

지식의 저주curse of knowledge라는 말이 있다. 이는 사람들이 다른 사람의 지식을 평가할 때 자신을 기준으로 생각하기 때문에 상대방도 자신만큼 지식이 있다고 착각하는 것을 말한다. 지식의 저주에 빠진 신제품 개발자나 전문가들은 자신도 모르게 일반인들도 자신만큼 첨단기능을 사용할 수 있을 것으로 생각하고 제품을 만든다. 그런데 흥미로운 점은 고장신고 중 대부분은 실제로 제품 고장 때문이 아니라 사용방법을 몰라서 하는 것이라고 한다. 그만큼 소비자는 기업만큼 제품에 관심이 없다. 그래서 아무리 많은 이야기를 해줘도 소비자는 기억하지 못한다. 커뮤니케이션에 있어 필요한 것은 바로 절제다. 과유불급! 이 말을 꼭 기억하길 바란다.

회상 용이성도 상황에 따라 그 효과가 달라질 수 있다. 미국에서는 현대자동차의 장점에 대해 열 개를 적으라고 했을 때 평가가 더 긍정적으로 나타났고(회상 내용이 중요), 한국에서는 한 개를 적으라고 했을 때 현대자동차에 대한 평가가 더 긍정적이었다(회상 용이성이 중요).[7] 즉 제품에 대한 지식이 없는 경우(미국에서의 현대자동차)에는 회상 내용이, 지식이 있는 경우(미국에서의 BMW, 한국에서의 현대자동차)에는 회상 용이성이 평가에 더 큰 영향력을 미친 것이다.

"장점이 이렇게 많은데 안 사고 못 배기겠지?"

가끔 프로야구 해설자가 어떤 팀을 지칭하면서 "강력한 원투 펀치를 가지고 있는 팀"이라고 평가하는 것을 들은 적이 있다. 일반적으로 야구에서 '원투 펀치'는 팀의 플레이오프 진출을 가장 확실하게 보증해주는 제1선발과 제2선발 투수의 능력을 표현하는 말로 자주 사용된다. 2000년대 이후 미국 메이저리그를 대표한 원투 펀치인 애리조나 다이아몬드백스의 랜디 존슨과 커트 실링은 2001년 팀을 월드시리즈 정상에 올려놓았고, 우리나라의 원투 펀치인 류현진과 김광현은 2008년 베이징올림픽 국가대표로 출전해 금메달을 안겨주었다. 물론 선발 못지않게 중간계투나 마무리 투수도 중요하지만 상대팀 타자를 주눅 들게 하는 데는 강력한 원투 펀치만 한 것이 없다. 도박사들도 팀의 우승 가능성을 예측할 때 원투 펀치가 얼마나 강력한지를 고려한다.

이와 관련된 재미있는 일화가 있다. 광고기획자가 광고주에게 새로운 광고 전략을 설명하는 자리였다. 광고주는 언제나 그렇듯 제품의 장점을 되도록 많이 소비자에게 전달하고 싶어 했는데, 그날도 광고주는 제품의 여러 가지 특징을 꼭 메시지에 넣어야 한다고 광고기획자를 압박하고 있었다. 그러자 광고기획자는 탁자 위에 있던 귤 하나를 집어 광고주에게 받아보라며 던졌다. 당연히 광고주는 귤을 쉽게 받아냈다. 이번에는 여러 개의 귤을 집어 광고주에 받아보라며 던졌다. 그러나 동시에 여러 개가 날아오니 광고주는 우왕좌왕하다 하나도 받지 못했다. 그러자 광고기획자는 광고주에게 이렇게 이야기했다. "소비자에게 많은 메시지를 던져봐야 하나도 기억하지 못합니다. 중요한 것은 소비자 마음을 사로잡을 수 있는 가장 확실한 메시지 하나를 전하는 것입니다."

이 광고기획자의 말처럼 마케팅 커뮤니케이션에서는 여러 개의 메시지보다는 강력한 원투 펀치 메시지가 중요하다. 오리온 초코파이 하면 '정情', 다시다 하면 '고향의 맛', 볼보 하면 '안전safety', 코카콜라 하면 '즐거움fun'이 자연스럽게 떠오르는 것은 오랜 시간 동안 하나의 핵심 메시지를 반복적으로 커뮤니케이션했기 때문이다. 보통 특정한 광고 목적을 달성하기 위해 일정 기간에 계획적, 조직적, 계속적으로 전개하는 광고활동을 광고 캠페인advertising campaign이라 하는데 강력한 하나의 핵심 메시지를 소비자의 기억 속에 확실하게 집어넣으려면 장기 캠페인이 필요하다. 유한양행의 '우리강산 푸르게 푸르게' 캠페인, 다시다의 '고향의 맛' 캠페인, 오리온 초코파이의 '情' 캠페인, 캘리포니아 유가공협회의 'Got milk?' 캠페인 등이 유명한 국내외 장기 광고 캠페인 사례다. 원투 펀치 메시지가 브랜드 회상 용이성을 높이는 데 더 효과적이라는 것을 잊지 말아야 한다.

회상 용이성을 **높여야 한다**

2002년 한·일 월드컵 직후 월드컵 광고와 관련해서 광고 최초 상기도를 조사한 결과 SKT(30%), KTF(20%) 순으로 나타났다. 2002년 한·일 월드컵의 공식 후원사는 KTF였는데 왜 이런 결과가 나타났을까?

'백 번 듣는 것보다 한 번 보는 것이 낫다'라는 말을 모르는 사람은 없을 것이다. 회상 용이성과 이 말은 어떤 관련이 있을까?

최근 모 기업의 최고경영자는 '금연하는 회사'를 만들겠다고 선언했다. 혈액검사를 통해 담배를 피웠는지 확인한다고 하니 직원들은 회사에서는 물론이고 집에서도 담배를 피울 수 없다. 말 그대로 100% 금연하라는 이야기인데 회사 내 흡연자들에게는 청천벽력과 같은 이야기가 아닐 수 없다. 보통 스트레스를 받으면 '담배'나 '술'과 관련된 개념을 쉽게 회상하게 되고 흡연에 대한 욕구는 더 강해지게 마련이다. 이래저래 그 회사의 흡연자는 엄청나게 곤혹스럽지 않을까?

흡연자가 담배를 쉽게 끊지 못하는 첫 번째 이유는 담배와 관련된 노드(스트레스, 커피, 술, 식사 등)들이 매우 강하게 연결되어 있기 때문이다. 그래서 담배와 관련된 상황을 생각하기만 해도, 심지어 함께 담배를 피우던 동료를 보기만 해도 피우고 싶어진다. 그러므로 금연을 하려면 관련 노드들을 먼저 끊어야 하는데, 이것이 그리 쉽지 않다. 듀크대학교 의대 정신의학·행동과학 교수인 조지프 매클러넌Joseph McClernon은 담배를 피우는 동안에 또는 담배를 끊은 지 24시간이 지난 뒤 다른 사람들이 담배 피우는 장면을 봤을 때 금연자의 뇌 영상을 관찰하였다. 관찰 결과 타인의 흡연 장면을 보자 몸의 자동적인 반응을 관장하는 선조체 영역이 활성화되었다. 이는 흡연이 의식적인 통제 밖의 문제라는 것을 말한다. 금연을 하는 사람들의 5%밖에 성공하지 못하는 것은 금연 후 흡연하는 사람을 보게 되면 흡연 장면에 대한 뇌의 민감도가 높아지기 때문이다. 그러므로 금연에 성공하기 위해서는 이런 습관적인 반응을 차단할 방법을 찾아야 한다.

담배를 쉽게 끊지 못하는 두 번째 이유는 담배의 심각성을 과소평가하기 때문이다. 정부에서는 국민건강을 위해 흡연이 각종 질병의 원인이 된다는 경고 문구를 담뱃갑에 삽입하도록 의무화했지만 별다른 성과는 없는 것 같다. 사실 이용 가능성 휴리스틱 측면에서 보자면 흡연에 대한 위험성을 문구보다는 이미지로 제시하는 것이 더 효과적이다. 왜냐하면 흡연 시점과 결과 시점 간에는 너무 큰 시간적 격차가 있으므로 그 심각성을 흡연자가 상상하기 어렵기 때문이다.

우리나라에서도 담배 포장지에 흡연 경고 문구와 더불어 흡연 경고 그림을 삽입하고 있다. 경고 그림은 경고 문구보다 흡연 예방 효과가 60배나 높다고 한다. 경고 그림을 본 흡연자들은 흡연의 위험성을 쉽게 상상하여 병의 발생 가능성을 높게 지각하기 때문이다.

매복 마케팅의 좋은 예

2002년 한·일 월드컵으로 우리나라는 월드컵 투자·소비 지출 증가에 따른 부가가치 유발에 4조 원, 국가브랜드 홍보에 7조 7000억 원, 기업 이미지 제고에 14조 7600억 원 등 총 26조 4600억 원의 경제적 효과를 창출했다고 한다. 2006년 독일 월드컵은 전 세계 239개국 중 213개국에 중계되어 약 350억 명이 시청했다고 하니, 기업의 입장에서 월드컵은 전 세계인에게 브랜드 인지도와 브랜드 이미지를 높일 수 있는 절호의 기회가 아닐 수 없다.

사정이 이렇다 보니 글로벌 기업은 막대한 자금을 제공하면서 FIFA의 공식 파트너가 되기 위해 치열한 경쟁을 한다. 우리나라의 현대자동차는 2002년 한·일 월드컵에서 브랜드 인지도가 10% 상승해 약 65억 달러(약 6조 2200억 원)의 경제적 효과를 봤다. 그리하여 2006년 독일 월드컵에서는 약 1000억 원의 마케팅 비용을 투입하여 약 96억 달러(약 9조 4000억 원)의 경제적 효과를 얻었다고 한다.

그러나 IOC나 FIFA가 공식 후원사를 제외한 기업들의 마케팅 활동을 엄격히 제한하기 때문에, 올림픽이나 월드컵이 개최될 때 공식 후원사가 아닌 기업은 매복하듯 숨어서 규제를 피해가며 마케팅 활동을 하곤 한다. '매복 마케팅ambush marketing'을 통해 월드컵이나 올림픽 특수를 누리는 것이다. 그런데 '매복 마케팅'도 효과적으로 수행하면 공식 후원사 못지않게, 아니 때로는 공식 후원사보다 더 높은 경제적 효과를 달성할 수 있다.

일례로 2002년 한·일 월드컵 당시 공식 후원사였던 KTF가 671억 원의 국내 홍보 효과와 20%의 광고 최초 상기도 달성이라는 성과를 올린 데 비해, 매복 마케팅을 전개한 SKT는 3000억 원 이상의 국내 홍보 효과와 30%에 이르는 광고 최초 상기도의 성과를 올렸다. 흥미로운 점은 SKT의 최초 상기도가 KTF보다 앞섰다는 사실이다. 이는 많은 사람이 공식 후원사를 KTF가 아닌 SKT로 착각할 수도 있다는 것을 의미한다. 왜 이런 결과가 나타났을까?

그 이유는 이용 가능성 휴리스틱으로 간단히 설명할 수 있다. 2002년은 월드컵 4강 신화로 축제의 도가니였고, 그 정점에는 대규모의 거리 응원을 이끌었던 '붉은 악마'가 있었다. 당시 SKT는 'Be the Reds(붉은 악마가 되자)' 캠페인을 통해 다양한 유형의 붉은 악마 응원을 소개함으로써 자연스럽게 붉은 악마와의 링크를 강화시켰다. '2002년 한·일 월드컵 = 붉은 악마 = SKT'라는 강한 이미지를 심어줌으로써 결국에는 공식 후원사였던 KTF를 제치고 더 높은 최초 상기도를 획득할 수 있었던 것이다.

마찬가지로 삼성카드와 외환은행이 월드컵 4강 신화의 주역이었던 히딩크 감독과 이영표 선수를 광고모델로 기용하여 큰 광고 효과를 얻었던 것도 바로 회상 용이성을 높였기 때문이다.

그러므로 브랜드 정보를 좀 더 생동감 있게 표현한다면 사람들은 관련 정보를 보다 쉽게 회상할 수 있게 될 것이다. 예를 들어 과거 3M은 자사의 안전유리 광고를 위해 버스 승강장에 설치된 바람막이 창을 안전유리로 막고 그 공간 사이에 실제 돈과 가짜 돈을 섞은 돈다발을 넣었다. 그러고는 가져갈 수 있으면 꺼내 가라는 문구를 적었는데 이는 자사 안전유리가 얼마나 강력한지를 자신감 있게 표현한 것이라 할 수 있다. 아마 이 광고를 접한 사람들이라면 향후 안전유리를 설치하려고 할 때 3M을 가장 빨리 떠올릴 것이다. 또한 1996년 출시 3개월 만에 판매량 100만 개를 돌파하면서 발매 첫해 100억 원 매출이라는 대기록을 달성한 SK케미컬의 트라스트 패치 또한 '노란 약 캠페인'을 통해 '노란 약' 하면 '트라스트 패치'를 떠오르게 만든 것이 주요 성공 전략이었다고 할 수 있다. 실제 한 소비

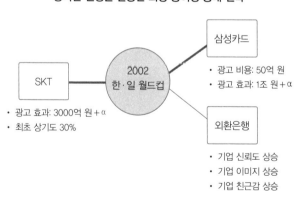

강력한 연상을 활용한 회상 용이성 증대 전략

SKT
- 광고 효과: 3000억 원+α
- 최초 상기도 30%

2002 한·일 월드컵

삼성카드
- 광고 비용: 50억 원
- 광고 효과: 1조 원+α

외환은행
- 기업 신뢰도 상승
- 기업 이미지 상승
- 기업 친근감 상승

자 조사기관이 2011년 서울 거주 40~60대 남녀 표본 300명을 대상으로 관절염 치료제 브랜드 및 광고효과 조사에서 트라스트는 50%를 넘는 최초 인지도를 나타낼 정도로 높은 회상 용이성을 나타내기도 하였다.

긍정적인 연상을 강화시켜라

예전에 모 가수가 자신과 관련해 '야쿠자 폭행설', '신체 훼손설' 등과 같은 루머가 돌자, 기자 회견을 자청해 언론들의 무분별한 보도를 비판하며 책상 위로 올라가 바지 지퍼를 내린 적이 있다. 그는 기자들이 펜으로 자신을 죽였다며, 벗어줘야 믿겠느냐고 물으면서 예상치 못한 행동으로 사람들을 놀라게 했다. 이런 그의 행동은 패러디 광고가 나올 정도로 사람들에게 강한 인상을 심어주었고, 결국 루머는 흐지부지 사라졌다.

기업이나 유명인에게 항상 꼬리표처럼 붙어 다니는 것 중 하나가 루머rumor이다. 그중에는 사실로 밝혀지는 것도 있지만, 대부분은 그냥 소문으로 끝나는 경우가 많다. 그러나 기업은 제품(브랜드)과 관련한 부정적인 소문이 퍼지면 해프닝 정도로 끝나지 않고 큰 타격을 받아 곤혹스러운 입장에 처하게 된다.

루머에 대응하는 가장 일반적인 방법은 '반박전략refutation strategy'이다. 즉 반박을 통해 소문은 사실이 아니라고 이성적으로 알리는 것이다. 예를 들어 미국의 한 유명한 패스트푸드 업체는 어느 날 햄버거에 들어가는 고기가 지렁이로 만든 것이라는 루머가 퍼지자, 그 루머가 더 이상 확산되는 것을 막기 위해 대대적으로 반박 광고를 실시했다. 그러나 업체의 적극적인 노력에도 루머는 쉽게 사라지지 않았고, 이 광고 때문에 오히려 더 많은 사람이 그 루머를 알게 되는 사태마저 벌어졌다. 결국 그 업체는 수많은 광고 비용을 들이고도 원하는 결과를 얻지 못한 것이다.

루머에 대응하는 가장 좋은 방법

이를 지켜본 한 연구자는 반박전략이 루머에 대응하는 데 얼마나 효과적인지, 더 좋은 방법은 없는지에 대해 연구하였다. '반박전략', '회상전략', '저장전략' 중 어떤 전략이 루머에 대응하는 데 효과적이었을까?

루머에 대응하는 세 가지 전략

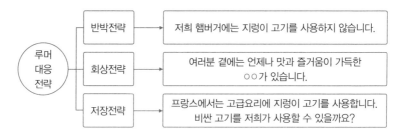

반박전략은 소문에 대해 직접적으로 사실이 아니라고 반박하는

방법이다('우리 업체의 햄버거는 지렁이 고기로 만들지 않습니다'). 회상전략 retrieval strategy은 소문에 대해 직접적인 언급을 피하고 기존 소비자의 기억 속에 브랜드와 관련해 저장되어 있던 긍정적인 연상들을 강화시켜주는 방법이다('여러분 곁에는 언제나 맛과 즐거움이 가득한 ○○가 있습니다'). 마지막으로 저장전략storage strategy은 소비자의 기억에는 없던 내용을 새롭게 만드는 방법이다('프랑스에서는 고급 음식에 지렁이 고기를 사용합니다. 그 비싼 것을 저희가 사용할 수 있을까요?').

세 가지 전략의 효과

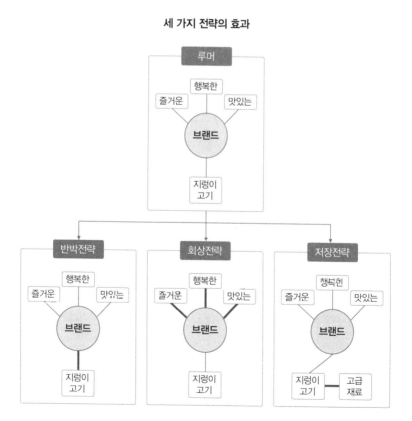

실제로 소비자들을 대상으로 조사한 결과 반박전략은 부정적인 소문을 불식시키는 데 별로 효과적이지 않지만, 회상전략과 저장전략은 부정적인 소문을 줄이는 데 효과적인 것으로 나타났다. 반박전략을 사용할 경우에는 부정적인 소문에 대한 회상 용이성을 오히려 강화시킨다. 반면 회상전략은 다른 연상들과의 연결 강도를 강화시켜 부정적인 소문이 연상되는 것을 억제하는 효과가 있다. 또 저장전략은 부정적인 소문에 대해 새롭고 긍정적인 연상(지렁이 = 비싼 음식 재료)을 만들어 결과적으로 부정적인 연상을 차단하는 효과가 있다.

지금까지 살펴본 것처럼 사람들은 어떤 대상에 대해 평가를 할 때 이용 가능성 휴리스틱을 활용하여 실제 내용보다는 관련 내용이 얼마나 쉽게 떠오르는지를 중심으로 판단하곤 한다. 특히 어떤 대상에 대해 자신이 어느 정도 지식을 갖고 있는지 모르는 경우, 외부 평가 자료가 주어져 있지 않은 경우, 자신과의 관련성이 낮은 경우에는 이용 가능성 휴리스틱을 활용하여 판단할 때가 더 많아진다.

이용 가능성 휴리스틱은 브랜드 회상, 특히 최초 상기도를 관리하는 데 중요한 역할을 한다. 따라서 이용 가능성을 높이기 위해서는 강력한 원투 펀치 메시지나 이미지로 쉽게 떠올릴 수 있도록 하는 것이 중요하다. 이를 통해 기업은 높은 브랜드 인지도를 획득할 수 있고 나아가 호의적이고, 강력하고, 독특한 브랜드 이미지를 만들어 낼 수 있다.

사람들은 왜 원조에 집착하는 걸까?

대표성 휴리스틱

Representativeness Heuristic

Brand

판단 오류를 유발할 가능성

코미디언 한 명이 상대 코미디언의 행동과 심리에 관해 점쟁이처럼 맞히자 상대 코미디언은 놀라며 이렇게 이야기한다. "아니? 어떻게 알았지?" 그러면 그 코미디언은 입꼬리를 조금 올리며 대답한다. "처억 보면 앱니다(척 보면 압니다)." 옛날 개그라 모르는 사람도 있겠지만 "척 보면 압니다"라는 말은 당시 대표적인 유행어로 학교나 회사에서, 회의할 때나 술자리에서 자주 애용되었다. 우리가 흔히 쓰는 속담 중에도 '하나를 보면 열을 안다', '될 성부른 나무는 떡잎부터 알아본다'라는 말이 있듯이, 사람들은 어떤 대상이 가지고 있는 대표적인 한두 가지 속성을 기준으로 전체를 판단하곤 한다. 왜 이런 현상이 나타나는 것일까?

대표성 휴리스틱representativeness heuristic은 어떤 사건이 전체를 대표한다고 보고 이를 통해 빈도와 확률을 판단하는 것을 말한다. 대표성 휴리스틱을 활용한 판단이 효율적인 경우도 많다. 그러나 대표성 휴리스틱으로 활용되는 속성은 시각적인 것이 많으므로 판단 오류를 유발할 가능성도 크다. 겉모습만 보고 사람을 함부로 판단하지 말라는 말이 있는데 이는 대표성 휴리스틱에 따른 판단 오류를 경계하라는 말과 일맥상통한다.

문제: 숫자 대신 색이 칠해진 주사위가 있다. 4면은 초록색(G), 나머지 2면은 붉은색(R)으로 칠해져 있다. 이 주사위를 던질 경우 ① RGRRR, ② GRGRRR, ③ GRRRRR 중 무엇이 가장 발생하기 쉽다고 생각하는가?

이 질문에 대해 88%의 사람들이 ②번(GRGRRR)이 가장 많이 발생할 것이라고 예측했다.

이 문제의 경우 일일이 확률을 계산하지 않더라도 ②번(GRGRRR)보다는 ①번(RGRRR)이 더 발생하기 쉽다는 것을 알 수 있다. ②번(GRGRRR)은 ①번(RGRRR)에 초록색이 나올 확률(0.67)을 곱해야 하므로 확률은 더 낮아질 수밖에 없기 때문이다. 실제로도 발생 확률은 ①번 0.0082, ②번 0.0055, ③번 0.0027로 ①번(RGRRR)이 가장 높다.

①번   **R G R R R**

②번   **G R G R R R** = **G * ①**

그럼에도 불구하고 많은 사람들이 ①번보다 ②번의 발생 확률을 더 높게 예측했다. 바로 6면 중 4면을 차지하고 있는 초록색(G)이 ①번보다 ②번에서 더 많이 나왔기 때문이다. 다른 예를 살펴보자.

하나를 보면 열을 안다?

"린다는 서른한 살이고 미혼이며, 외향적이다. 그녀는 철학을 전공했으며, 대학생 때 인종차별과 사회정의에 깊은 관심을 보였고 반핵시위에 참여하기도 했다." 이와 같이 린다에 대해 설명한 후 사람들에게 ① 린다가 여성운동가일 확률, ② 린다가 은행 창구 직원일 확률, ③ 린다가 은행 창구 직원이면서 여성운동가일 확률에 대해 예측하라고 했다. 그 결과 85%의 사람들이 ①번의 확률을 가장 높게 예측했고, 이어 ③번, ②번 순으로 응답했다.

이 문제 역시 ③번은 ①번과 ②번의 교집합이기 때문에 어떤 경우에도 ①번과 ②번보다 확률이 더 클 수는 없다.

린다의 직업 예측

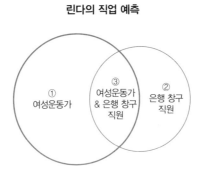

그럼에도 이런 결과가 나타난 것은 왜일까? 바로 사람들이 린다의 직업을 예측할 때 대표성 휴리스틱을 활용했기 때문이다. 즉 린다의 특성을 고려할 때 여성운동가는 린다의 특성을 대표할 만한 직업인 반면, 은행 창구 직원은 린다의 특성을 대표하기 어려운 직업이라 할 수 있다. 그리하여 사람들은 린다의 특성을 나타내고 있지 않은 ②번(은행 창구 직원)보다는 린다의 특성을 나타내고 있는 ③번(여성운동가이면서 은행 창구 직원)의 가능성을 더 높게 예측한 것이다.

어떤 사건이 전체를 대표한다고 판단될 경우 이를 통해 빈도와 확률을 판단하는 대표성 휴리스틱은 기업의 브랜드 관리에 중요하게 작용한다. 특정 브랜드가 특정 범주를 대표하는 정도나 특정 범주의 핵심적인 속성을 보유하고 있는 정도를 나타내는 브랜드 전형성은 대표성 휴리스틱과 동일한 역할을 한다. 따라서 일단 전형성을 획득한 브랜드는 향후 '구글', '제록스'와 같이 보통명사가 될 수 있는 가능성도 높아진다. 다만 전형성이 높은 주력 브랜드는 그만큼 경쟁업체들의 공격에 노출되기 쉽기 때문에 방패 브랜드를 통해 적절히 보호해야 한다.

성공했던 기업은 계속 성공하고
실패했던 기업은 계속 실패하는 이유

2002년 미국 메이저리그 야구팀 토론토 블루제이스의 신인 3루수 에릭 힌스키|Eric Hinski|는 24 홈런, 84타점에 타율 0.279를 기록해 아메리칸리그 신인상을 받았다. 그러나 다음 두 시즌에서 그의 타율은 각각 0.243과 0.248에 그쳤다.

바네사 칼튼의 데뷔 음반 〈Be Not Nobody〉(2002)는 빌보드 200 차트 5위에 오르며 미국 내에서 130만 장 이상의 판매고를 올렸으나, 두 번째 음반 〈Harmonium〉(2004)은 빌보드 차트 33위에 오르며 미국 내에서 17만 9000여 장을 파는 데 그쳤다. 왜 이런 결과가 나타난 것일까?

대표성 휴리스틱을 활용하여 어떤 집단의 한 가지 특성이 그 집단 전체를 대표한다고 간주해 확률을 예측(판단)하는 경우, 어떤 판단 오류나 편향이 나타날까?

단기적으로는 특이한 결과가 나타날지라도 장기적으로는 평균치에 접근하는 것을 가리켜 '평균으로의 회귀'라고 한다. 보통 첫 번째 측정에서 극단적으로 높거나 낮은 성과를 얻은 경우 두 번째 측정에서는 평균치에 접근하는 경향이 나타나는데, 사람들은 대체로 이를 무시한다. 왜냐하면 첫 번째 성과가 대표성이 높다고 생각하기 때문이다. 그러나 일반적으로 스포츠계에서 말하는 '2년 차 징크스' 또는 '소포모어 징크스sophomore jinx'는 징크스라기보다는 '평균으로의 회귀' 현상이 발생한 것에 불과하다고 할 수 있다.

예를 들어 전투기 조종 훈련 과정 중 수강생들이 먼저 행한 비행에서 잘했다고 칭찬받은 후 다음 비행에서는 잘 못하고, 반대로 먼저 한 비행에서 못했다고 야단맞았는데 다음 비행에서는 잘한 경우를 가정해보자. 이때 비행 훈련소 교관들로부터 칭찬받으면 성적이 나빠지고 야단맞으면 성적이 오른다고 생각하는 것은 과연 올바른 판단일까? 심리학자 아모스 트버스키Amos Tversky와 대니얼 카너먼 Daniel Kahneman은 비행 훈련소 교관들이 수강생의 성과를 평가할 때 제재의 효과는 과대평가하고 보상의 효과는 과소평가하는 일이 있다는 것을 발견했다. 이러한 과대평가나 과소평가 역시 평균으로의 회귀 현상을 간과했기 때문에 나온 결과라 할 수 있다.

다른 예를 들어 설명해보자. 실험 참가자들을 A, B 두 개의 집단으로 나누고, A집단에는 100명의 사람 중 엔지니어와 변호사의 비율이 70:30이라 이야기했다. B집단에는 반대로 엔지니어와 변호사의 비율이 30:70이라고 이야기했다. 그런 다음 엔지니어와 변호사 개개인의 성격을 묘사한 것을 무작위로 뽑았다고 하며 하나의 글(수학을 좋아하고 내성적이라는, 엔지니어의 전형적 성격을 묘사한 글)을 보여주었다. 그리고 이 글에 해당하는 사람이 어떤 직업을 갖고 있을 것 같은지 물어보았다. 그 결과 글에서 묘사한 성격의 주인공이 엔지니어일 것이라고 대답한 비율은 두 집단 사이에 차이가 별로 없었다.

2년차 징크스는 정말 존재할까?

어떤 사건의 발생 가능성을 판단할 때 의사결정자는 사전확률(기저율)을 함께 고려해야 한다. 문제를 조금 바꾸어 설명해보자. 검은 공이 70개 포함된 100개의 공 중에서 한 개의 공을 뽑았을 때 검은 공일 확률과, 검은 공이 30개 포함된 100개의 공 중에서 한 개의 공을 뽑았을 때 검은 공일 확률을 물어보면 어떨까? 둘 중에서는 검은 공이 70개인 경우에서 그 확률이 높다는 답변이 나오기 마련이다.

마찬가지로 100명 중 엔지니어가 70명인 경우와 30명인 경우 무작위로 뽑은 사람의 직업이 엔지니어일 확률도 엔지니어의 비율이 더 많은 곳에서 더 높게 나와야 한다. 그러나 사람들은 엔지니어의 수가 30명인 경우(30%)와 70명인 경우(70%)에 상관없이, 즉 사전확률과 관계없이 비슷한 대답을 내놓았다. 글의 내용이 특정 직업을 얼마나 전형적으로 묘사하는지를 중심으로 판단했기 때문에 두 집단에서 엔지니어일 것이라고 대답한 비율이 비슷했던 것이다. 이 같은 현상을 '기저율base rate에 대한 무시'라고 한다.

확률 이론에서는 표본의 크기가 클수록 모집단의 특성을 더 잘 나타낸다는 '대수의 법칙law of large numbers'이 있다. 그런데 사람들은 때때로 대수의 법칙을 무시하곤 한다. 예를 들어 매일 45명의 아이가 태어나는 큰 병원과 매일 15명의 아이가 태어나는 작은 병원이 있다고 하자. 1년간 남자아이가 태어난 비율이 60% 이상인 날이 더 많은 병원은 어느 곳일지 물어보자 대다수의 사람들은 두 병원 모두 비슷할 것이라고 답했다.

사실 대수의 법칙에 따르면 위 사례에서 큰 병원은 모집단의 평균치인 50%에 가까운 수치를 얻을 수 있지만, 작은 병원은 표본 크기가 작기 때문에 평균에서 벗어날 가능성이 크다. 따라서 남자아이가 태어난 비율이 60% 이상인 날은 작은 병원이 더 많다고 해야 한다. 그러나 많은 사람이 표본 크기에 상관없이 두 병원 모두 비슷할 거라고 답했다. 이것은 표본의 크기가 작더라도 모집단의 특성을 대표할 수 있다고 여기는 '소수의 법칙law of small numbers'에 기인한 판단 오류라 할 수 있다.

이런 소수의 법칙을 활용한 대표적인 전략이 체험단이다. 예를 들어 '하우젠 버블 마니아'라는 주부 체험 행사를 마련했던 삼성전자는 불황 속에서도 100만 원이 넘는 고가 신제품 세탁기를 출시 2개월 만에 1만 5000대나 파는 데 성공하기도 했다. 칭찬 일색의 형식적 리뷰에서 벗어나 사용상 문제점 및 개선 방안들을 지적하는 글도 올린 100여 명의 주부 블로거 덕에 소비자들은 제품을 보다 신뢰할 수 있었을 것이다.

대표성 휴리스틱으로 인해 나타나는 현상 중 하나는 미래를 예측할 때 과거에 성공했던 기업(개인)은 계속 성공할 것이라고 예측하고, 과거에 실패했던 기업(개인)은 계속 실패할 것이라고 예측하는 '승자-패자 효과winner-loser effect'이다. 가령 농구 경기에서 자유투를 할 때 세 번 연속 실패한 사람보다 세 번 연속 성공한 사람의 네 번째 자유투 성공 확률이 높다고 여기는 것이 그 예라 할 수 있다. 이 또한 과거의 대표적인 특성을 바탕으로 현재의 모습이 미래에도 계속될 것이라는 잘못된 믿음에서 비롯된 것이다.

투자의 귀재로 알려진 워런 버핏Warren Buffett은 지속적 경쟁우위를 가진 기업을 발굴한 후 그 기업의 가치가 실제 가치보다 낮게 평가될 때를 기다려 매수하여 장기 보유한다. 이후 시장이 폭등할 때는 높은 수익률을 실현하고, 폭락할 때는 우량기업의 지분을 큰 폭으로 확대하는 '선택적 반전 투자 전략selective contrarian investment strategy'을 구사하는 것이다. 이렇게 대표성 휴리스틱을 역이용한 전략도 벤치마킹할 필요가 있다. 계속 성공해온 기업도 실패할 수 있고 연이어 실패한 기업도 언제든 반전의 기회를 모색할 수 있으니 말이다.

주력 브랜드를 보호하는 방법

2011년 1월 애플은 스티브 잡스Steve Jobs의 무기한 병가를 발표했고 주가는 2.25% 하락했다. 2011년 5월 30일 WWDC(애플 세계개발자회의)에 스티브 잡스가 나온다는 소식에 애플의 주가는 3% 상승했다. 왜 한 사람의 건강이 기업 주가에 이렇게 큰 영향을 미친 것일까?

어떤 대상에 속하는 한 가지 특성이 그 대상 전체의 특성을 대표한다고 생각할 때 사람들은 대표성 휴리스틱을 사용한다. 이때 대표성 판단에 영향을 미치는 가장 큰 요인이 바로 전형성typicality이다. 전형성이란 같은 부류에 있는 것 가운데 가장 일반적이고 본질적인 특성을 뜻한다. 전형성은 어떤 대상이 특정 범주를 대표하는 정도를 좌우한다. 따라서 전형성이 높은 브랜드는 특정 제품 범주를 대표하는 것으로 제품 범주를 떠올릴 때 가장 먼저 연상된다. 일반적으로 시장에 먼저 진입한 선발 브랜드, 경쟁 브랜드보다 규모(시장점유율, 매출) 면에서 큰 브랜드, 장수제품으로 소비자에게 친숙한 브랜드 등이 전형성이 높다. 전형성이 높은 브랜드 중에는 일반명사가 되어 특정 제품군을 대표하는 경우가 많다.

브랜드가 일반명사처럼 쓰이게 된 예로 '지프'를 들 수 있다. 제2차 세계대전 당시 미국 국방부는 4륜구동 차량 개발에 나섰고, 치열한 경합을 거쳐 낙찰된 윌리스 오버랜드 사社가 부대에 보급한 차량의 이름은 '윌리스 MB'였다. 그러나 당시 군인들은 이 차를 인기 만화 〈뽀빠이〉에 나오는 요술 강아지의 이름인 지프Jeep라 불렀다. 지프는 전쟁이 끝난 뒤에도 인기를 끌었고 용도를 넓혀 전 세계에 널리 보급되어 4륜구동의 대명사가 되었다(《동아일보》, 2009년 2월 12일자 참고).

지프와 같이 '일반명사화한 브랜드'로는 스카치테이프(테이프), 제록스(복사기), 구글(검색), 바셀린(상처치료제), 스판덱스(소재), 워크맨(소형카세트), 박카스(피로회복제), 대일밴드(1회용 반창고) 등이 있다. 가장 강력한 브랜드 포지셔닝 방법도 자사 브랜드가 해당 제품 범주를 대표하는 브랜드라고 소비자에게 인식시키는 것이다. 예컨대 '두통엔 펜잘', '피로엔 박카스'와 같이 '제품 범주＋브랜드'를 하나의 단어처럼 만들어 반복해서 커뮤니케이션하는 식이다.

방패 브랜드를 활용하라

기업을 대표하는 브랜드를 보통 '주력 브랜드flagship brand'라 한다. 주력 브랜드의 시장 성과market performance는 기업 전체에 미치는 영향력이 크기 때문에 세심한 관리가 필요하다. 스티브 잡스의 건강 상태에 따라 애플의 주가가 춤을 췄던 것도 바로 스티브 잡스가 애플을 대표하는 일종의 '주력 브랜드'였기 때문이다. 애플의 시가총액이 1460억 달러에 이르렀을 때 증권가에서는 잡스의 건강을 금전적으로 환산할 경우 350~700익 달러의 가치가 있는 것으로 분석했다. 이런 분석 결과만 봐도 애플에서 스티브 잡스가 차지하는 비중이 얼마나 컸는지 알 수 있다.

수많은 경쟁자는 항상 상대 기업의 주력 브랜드를 공격 목표로 삼고 전쟁을 준비한다. 그리고 이러한 공격에 맞서 기업은 주력 브랜드를 보호하기 위한 다양한 방법을 모색한다. 이런 상황에서 시의적절하게 사용할 수 있는 것이 바로 '방패 브랜드flanker brand, fighter brand'를 활용한 브랜드 전략이다. 방패 브랜드는 후발 브랜드가 저렴한 가격을 바탕으로 가격 경쟁을 유도할 때, 후발 브랜드와의 가격 차이가 너무 커서 이미지만으로는 방어하기 힘들 때 사용된다. 필립 모리스가 프리미엄 브랜드인 '말보로Malboro'를 보호하기 위해 저가의 '베이직Basic'을 출시했던 것이나 인텔이 자사의 펜티엄 프로세스 칩을 보호하기 위해 가격을 낮춘 '셀러론Celeron'을 출시했던 것이 그 좋은 예라 할 수 있다.

풀무원의 예도 마찬가지다. 풀무원의 대표(주력) 브랜드가 '풀무원 두부'라는 것은 모두가 아는 사실이다. 고가, 고품질의 이미지로 두부 시장을 장악하고 있는 풀무원에게 저가 포장두부의 출현은 달갑지 않은 일이었다. 이런 상황에서 풀무원이 기존 프리미엄급 이미지를 유지하면서 저가의 경쟁 상품에 효과적으로 대응하기 위해 출시한 방패 브랜드가 '찬마루'다. 풀무원은 찬마루라는 방패 브랜드의 출시로 저가 두부의 1차 공격을 효과적으로 막을 수 있었고, 이후 승승 장구하며 1500억 두부 시장에서 70%의 시장점유율(전체 거래량 중에서 개별 기업 제품이 차지하는 비율)을 차지하며 독주할 수 있게 되었다.

그러나 2005년 대기업 CJ의 두부 시장 진출은 저가 두부의 등장과는 차원이 달랐다. CJ가 두부 시장에 진출한다는 소식만으로도 풀무원의 주식은 3개월 만에 5만 2000원에서 3만 1500원으로 무려 40% 가까이 하락했다. CJ가 두부 시장에 진입하면서 야심차게 준비한 것이 바로 무소포제 제품인 '행복한 콩'이었다. 소포제는 두부를 만드는 과정에서 생기는 거품을 제거하기 위해 첨가하는 물질로 인체에 무해한 첨가제다. 다만 이것이 인공 첨가제이기 때문에 당시 소포제를 사용하고 있는 풀무원 입장으로서는 소비자들의 오해를 살 수도 있는 상황이었다.

이런 위기 상황에서 풀무원은 크게 세 가지 방향으로 대응해나갔다. 첫째, 무소포제, 무유화제 공법의 '고농도─콩가득두부'를 CJ 제품보다 일주일 앞서 100원 더 비싼 2800원에 출시해 CJ가 내세운 차별점을 희석시켰다. 둘째, 첨가제의 사용 여부를 건강의 문제가 아닌 소비자 기호(진한 맛 선호 vs. 약한 맛 선호)의 문제로 전환시켰다. 셋째, CJ의 기술이 일본 기술이라면 풀무원은 세계 최초로 개발해 특허 출원한 풀무원만의 기술이라는 점을 부각시켰다. 결국 풀무원은 '고농도─콩가득두부'라는 방패 브랜드를 이용해 CJ의 공격을 효과적으로 방어해냈다. 기존 70%의 시장점유율을 안정적으로 유지하는 데 성공하면서 2만 7000원까지 떨어졌던 주가도 그해 말에 4만 1500원으로 다시 올라갔다.

"묻지도 따지지도 않고 보장해드립니다."

어떤 사건의 발생 확률을 예측할 때 포괄적으로 묘사(예: 길을 가다 다른 사람과 부딪히는 경우)했을 때보다 자세하게 풀어서 묘사(예: 길을 가다 아는 사람과 부딪히는 경우 + 길을 가다 모르는 사람과 부딪히는 경우)할 때 발생 확률을 더 높게 예측하는 것을 '언패킹 효과unpacking effect'라 한다.

예를 들어 북알래스카에 위치한 정유공장이 환경보호법을 위반하여 재판을 받게 된 상황인데, 공장 두 곳의 위반 행위가 주변 지역 주민들의 건강에 미치는 악영향은 동일하다고 가정한 상태에서 A, B 두 집단에 각각 다음과 같이 정유공장의 위반 사항에 대해 알려주었다.

먼저 A집단에는 "환경보호법을 위반한 이 정유공장은 허용치의 두 배나 높은 위험물질을 공기 중으로 배출시켰으며, 이 공장의 위반 행위로 인해 주변 지역주민들의 천식, 폐암, 인후암, 그리고 각종 호흡질환 발병 가능성이 10% 정도 증가하였다"라고 정유공장의 위반 사항을 상세히 기술하여 보여주었다.

그리고 B집단에는 "정유공장 A는 허용치의 두 배나 높은 위험물질을 공기 중으로 배출시켰다. B 정유공장의 위반 행위로 인해 주변 지역 주민들의 각종 호흡질환 발병 가능성이 10% 정도 증가하였다"라고 포괄적으로 서술하여 보여주었다.

이후 사람들에게 당신이 판사라면 공장의 위반 행위가 주변 지역 주민에게 주는 고통의 강도, 주민에 대한 보상금액, 공장 폐쇄 기간에 대해 어떻게 판결할 것인지를 질문하였을 때 어떤 결과가 나타났을까? 흥미롭게도 동일한 사건에 대한 평가 결과는 매우 다르게 나타났다. 먼저 세부적으로 묘사한 A집단은 고통의 강도를 10점 만점에 9.17점, 보상금액을 26만 4722달러, 그리고 공장 폐쇄 기간을 9~12개월로 판결하였다. 반면 포괄적으로 묘사한 B집단은 고통의 강도를 10점 만점에 7.70점, 보상금액을 13만 336달러, 그리고 공장 폐쇄 기간을 6~9개월로 판결하였다. 즉 전체적으로 포괄적으로 묘사한 경우보다는 세부적으로 묘사한 경우 사람들은 문제를 더 심각하게 받아들였고 그로 인해 더 엄격한 처벌을 내린 것으로 나타났다.

다만 다음과 같은 상황에서는 언패킹 효과가 나타나지 않거나 오히려 줄어들게 된다. 첫째, 전형성이 낮은 사건일수록 언패킹 효과가 감소한다. 즉, 전형성이 낮은 예로 세밀하게 묘사하는 것은 포괄적으로 서술하는 것보다 사건의 발생 확률을 더 낮게 판단하도록 만든다. 예를 들어 사망 확률을 예측할 때 심장질환, 암, 뇌졸중(전형성이 높은 질병)을 예로 드는 경우에는 발생 가능성이 높다고 판단하지만, 폐렴, 당뇨병, 간경화(전형성이 낮은 질병)을 예로 드는 경우에는 발생 가능성을 오히려 낮게 판단한다. 둘째, 자신과의 관련성에 따라 언패킹 효과는 달라질 수 있다. 즉 언패킹 효과는 자신과 관련성이 높은 경우에 더 강하게 나타난다. 예를 들어 A생명보험은 월 1만 5830원(30세 남자 기준)의 싼 보험료로 6656가지의 질병 및 사고를 보장받을 수 있는 '다多보장 의료보험'을 팔면서 가장 흔한 질병인 감기와 골절 상해 등 자주 일어나는 사고는 물론 암, 뇌출혈 및 뇌경색증, 급성 심근경색증 등 3대 질병에 대해서도 보험금을 지급한다고 광고하였다. A사의 '다보장 의료보험' 광고처럼 '각종 질병과 사고를 보장해준다'는 말 대신 '6656가지 질병과 사고를 보장해준다'고 표현하는 경우 소비자들은 병의 발생 확률을 더 높게 판단하기 때문에 소비자들을 설득하는 데 있어 효과적이라 할 수 있다. 나아가 '각종 암을 보장해주는 다보장보험packing'이라고 포괄적으로 표현하기보다는 '우리나라 사람들에게 가장 많이 발생하는 간암, 폐암, 위암과 같은 각종 암을 보장해주는 다보장보험unpacking' 이라고 구체적으로 표현할 때 소비자는 암 발생 확률을 더 높게 지각하게 된다. 발생 확률이 높아질수록 사람들은 보험의 필요성을 더 크게 인식하게 되므로 보험에 가입할 가능성이 증가할 것이다.

대표성이라는 **후광효과**

'뜨거운 자장면 원조 논쟁, 그 끝은?'(《SBS 스페셜》, 2009. 5. 19), '영국이 먼저냐 프랑스가 먼저냐…… 샴페인 원조 논쟁'(《한국경제》, 2009. 4. 10), '천막 정당 원조 논쟁'(《일간스포츠》, 2004. 3. 25)…….

사람들은 왜 이렇게 원조에 집착하는 것일까? 다름 아닌 '원조(최초)'는 개인이나 기업 당사자에게 대표성을 부여할 뿐만 아니라, 알 리스Al Ries와 잭 트라우트Jack Trout가 말한 포지셔닝 측면(선도자의 법칙)에서도 소비자에게 오래 기억될 수 있는 방법이기 때문이다. 기업들이 최고급 브랜드high-end prestige brand를 출시하여 그 브랜드의 품격과 신뢰도를 기업 내 다른 브랜드에게 전이시키려고 하는 것, 최첨단 제품 브랜드high-tech brand를 출시하여 기술력을 과시하려는 것 모두 대표성이라는 후광효과halo effect를 누리기 위한 전략이라 할 수 있다. 다음 사례를 보자.

1997년 5월 9일 이마트 분당점은 이마트에서 상품을 구입한 구매자가 다른 곳에서 같은 상품을 더 싸게 판다는 증거를 제시하면 그 차액을 환불해 주는 최저가격보상제를 실시한다고 발표했고, 이후 점차적으로 확대 실시 했다.

1997년 이마트가 분당점을 시작으로 실시한 '최저가격보상제'는 마케팅 측면에서 두 가지 효과가 있었다. 먼저 소비자에게는 '이마 트는 가장 낮은 가격으로 물건을 파는 곳'이라는 대표성을 심어주었 다. 그리고 자사의 가격을 경쟁자의 가격과 연동시킴으로써 경쟁자 에게는 '네가 가격을 인하하면 나도 자동적으로 가격을 인하하게 된 다'라는 메시지를 보내 경쟁자의 가격 공격을 사전에 차단했다. 결 국 최저가격보상제는 이마트 고객에게 최저가격으로 구매했다는 만 족감뿐만 아니라 비싸게 구매한 경우에는 차액을 돌려받을 수 있다 는 안도감까지 동시에 느끼게 해준 영리한 가격 정책이었다고 할 수 있다.

대표성 휴리스틱을 활용한 인재등용법

옛이야기를 한번 살펴보자. 옛날 한 임금이 하루에 천리를 달린 다는 천리마를 얻기 위해 갖은 방법을 써봤지만 구할 길이 없어 애 만 태우던 때에, 한 사람이 자신에게 그 일을 맡겨준다면 목숨을 걸 고 반드시 천리마를 구해오겠다고 하자 임금은 그에게 천금을 주고 일을 맡겼다. 사방팔방 수소문한 끝에 그는 천리마를 겨우 찾았지만 불행히도 천리마는 며칠 전에 죽고 말았다. 그럼에도 불구하고 그는 죽은 말의 뼈를 지금 500금이나 주고 사서 궁으로 돌아왔다.

이 사실을 안 임금은 당연히 노발대발하였고 당장이라도 그 사람을 죽이려고 하였는데 그는 침착하게 다음과 같이 말했다. "세상 어느 누가 말의 뼈를 500금이나 주고 사겠습니까? 그러나 이 일로 인해 사람들은 죽은 천리마의 뼈도 500금이나 줄 정도면 살아 있는 말은 그 가치를 어마어마하게 쳐줄 거라 생각할 테니 천리마를 가지고 있는 사람이라면 조만간 반드시 임금님을 찾아뵐 것입니다." 결국 그의 말대로 채 1년이 되기도 전에 임금은 천리마를 구할 수 있었다.

연나라 소왕이 재상 곽외에게 어떻게 하면 인재를 등용할 수 있는지를 묻자 곽외가 인용한 '죽은 말의 뼈를 500금을 주고 사온다買死馬骨五百金而還'라는 말은 《전국책戰國策》에 등장한다. 인재를 찾는 방법을 묻는 소왕에게 곽외는 멀리서 인재를 찾기보다는 지금 눈앞에 있는 자신을 우대해주면 사람들이 '곽외도 저렇게 우대해주는 걸 보면 인재를 아끼는 군주로구나' 하고 판단하고, 이어 자연스럽게 인재들이 모여들 것임을 말해주고 싶었던 것이다.

이 이야기를 들은 소왕은 곽외를 사부로 예우해주었고, 이 소식이 전해지자 실제로 세상에 숨어 있던 인재들이 연나라로 속속 모여들었다고 한다. 결국 곽외는 대표성 휴리스틱과 관련된 고사를 통해 자신의 입지를 높이고 나아가 수많은 인재를 등용할 수 있는 길을 제시해줌으로써 연나라가 부국강병해질 수 있는 기반을 만들었던 것이다.

경기가 불황이면 미니스커트가 유행한다?

- 경기가 불황이면 미니스커트가 유행한다.
- 백화점에서 양복이 안 팔리면 실업률이 높아졌다는 증거다.
- 카드회사 영업 창구가 붐비면 경기는 바닥이라 봐야 한다.
- 구두를 닦는 사람이 주식 이야기를 하면 주식을 팔아야 한다.
- 가계부 안 쓰던 장모님이 가계부를 쓰면 경기불황에 진입했다는 신호다.
- 건설업을 하던 사람이 사업을 그만두면 건설 업종 투자를 줄여야 한다.
- 어머니가 재래시장을 찾으면 유통 관련주를 팔아야 한다.
- 일본 쇼핑 관광객이 몰리면 환율이 고점에 도달하고 있다는 증거다.

경제학자들은 일상생활에서 관찰할 수 있는 사람의 행동을 분석해 시장의 동향이나 경기의 흐름을 예측하기도 한다. 이러한 예측에 사용되는 지수를 휴먼인덱스human index(인간 지수)라고 한다. 휴먼인덱스도 일종의 대표성 휴리스틱을 활용한 예라 할 수 있다. 휴먼인덱스는 근거 있는 '속설'로 통하곤 하는데, 앞에서 열거한 내용 중에는 바로 이해할 수 있는 것도 있고 그 이유가 궁금한 것도 있을 것이다.

경기가 불황일 때 미니스커트가 유행하는 것은 상대적으로 원단이 적게 들어 가격이 싼 미니스커트가 많이 팔리기 때문이라는 주장이 있다. 또한 백화점에서 양복이 안 팔리면 실업률이 높아졌다고 보는데, 학교를 졸업하는 학생들이 취업을 하게 되면 제일 먼저 구입하는 양복이 안 팔리는 것은 그만큼 신입사원이 줄어들었다는 뜻이기 때문이다.

경제 위기 때는 영화관을 찾는 사람이 많아진다고도 한다. 이는 현실에서 느끼는 어려움을 잠시라도 잊기 위해서 영화관을 찾는 것으로 분석했는데 실제로 1929년 세계 대공황과 제2차 세계대전 당시에도 영화관이 북적댔다고 한다.

휴먼인덱스를 맹신할 필요는 없다. 그러나 때때로 주변에서 일어난 사람들의 행동을 바탕으로 한 휴먼인덱스는 시장의 동향이나 경기의 흐름을 예측하는 데 도움을 주기도 한다. 어떤 투자자는 평소 사람들이 무엇을 좋아하고 어디에 몰리는지 유심히 관찰하여 그 회사의 주식을 매수하곤 한다. 대표성 휴리스틱을 나름대로 현명하게 활용하는 방법이라 하겠다.

정리해보자. 기업이 대표성 휴리스틱을 활용해 신규 브랜드를 론칭하려면 제품군과의 연관성을 높이는 전략이 필요하다. '두통엔 펜잘, 피로엔 박카스'와 같이 제품군(두통약, 피로회복제)과 브랜드 이름

(펜잘, 박카스)을 함께 커뮤니케이션함으로써 특정 제품군에서의 대표성을 확보하는 것이 중요하다. 브랜드의 대표성을 확보하는 또 다른 방법으로는 '얼음이 나오는 정수기(이과수)', 'Uncola 캠페인(7-up)', '카레가 아니고 커리(인델리)'와 같이 새로운 영역(이름)을 만드는 것이 있다. 2012년 런던올림픽에서 대한민국 체조 역사상 최초로 금메달을 획득한 양학선 선수는 난이도 7.4의 최고난도 기술에 '양학선(양1)'이라는 자신의 이름을 붙였는데, 이는 대표성을 확보하는 뛰어난 브랜드 전략이라 할 것이다.

또한 장수 브랜드는 특정 제품군을 대표하는 전형성이 있어 주머니 사정이 팍팍해질수록 검증되지 않은 신상품보다 익숙한 상품을 구매하려는 소비자 심리로 인해 저성장기에 더 많은 경쟁력을 확보할 수 있게 된다. 실제로 2012년에는 62년 된 칠성사이다, 43년 된 오뚜기카레, 42년 된 한국야쿠르트, 26년 된 스파크 등 20년 이상 장수 브랜드의 선전이 두드러졌는데 이런 현상도 대표성 휴리스틱 덕분이라 할 수 있다.

무엇이 의사결정에 영향을 미치는가
기준점 휴리스틱Anchoring Heuristic

기준점이 **관건이다**

1974년에 트버스키와 카너먼은 한 가지 실험을 했다.[6] 사람들에게 UN에 가입한 아프리카 국가의 비율이 어느 정도인지 예측해보라고 하면서 원형 숫자판을 돌려 나온 숫자(10과 65)를 기준으로 두 그룹에 질문했다. 10을 기준으로 질문을 받은 집단은 UN에 가입한 아프리카 국가의 비율을 25%로, 65를 기준으로 질문을 받은 집단은 45%로 예측했다. 원형 숫자판을 돌려 나온 숫자는 UN에 가입한 아프리카 국가의 비율을 예측하는 것과 아무 연관이 없는데 왜 이런 차이가 나타났을까?

다 알다시피 숫자판을 돌려서 나온 10과 65라는 숫자는 UN에 가입한 아프리카 국가의 비율을 예측하는 데 아무 의미도 없다. 그러나 10, 65라는 아무 의미도 없는 숫자에 영향을 받아 65라는 기준점을 제시받은 집단이 10이라는 기준점을 제시받은 집단보다 UN에 가입한 아프리카 국가의 비율을 높게 예측하는 결과가 나타났다. 이것은 예측할 때 아무 의미도 없는 숫자라도 일단 기준점anchoring으로 제시되면 어떤 식으로든 사람들의 예측에 영향을 미친다는 것을 보여주는 매우 흥미로운 실험이 아닐 수 없다.

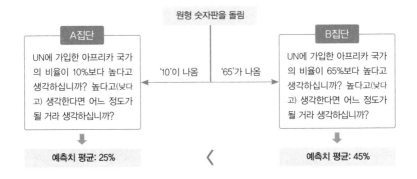

UN에 가입한 아프리카 국가의 비율 예측

뛰어봐야 부처님 손바닥 안

《서유기》에 보면 72가지 술법을 익힌 손오공이 근두운을 타고 날아다니며 여의봉으로 사고를 치고 다니자, 석가여래가 자신의 손바닥을 벗어나보라는 제안을 하는 장면이 나온다. 이에 기고만장한 손오공은 근두운을 타고 세상 끝까지 가서 기둥에 글씨를 써놓고 오지만, 그것이 결국 부처님 손바닥 안이었음이 밝혀지면서 500년간 갇히는 신세가 된다. 이렇게 어떻게 해도 다른 사람의 영향력(감시)에서 벗어나지 못할 때 우리는 '도망쳐봐야 누구누구 손바닥 안'이라는 표현을 쓰곤 한다. 이 말은 기준점(닻내림)과 조정의 의미를 적절하게 표현해준다.

일반적으로 사람들은 불확실한 사건에 대해서는 미리 제시된 기준점을 바탕으로 일차적인 예측이나 판단을 한다. 이후 이러한 예측이나 판단이 잘못되었다는 것을 깨닫고 조정을 하지만 그 조정 과정이 불완전해 간혹 오류나 편향이 나타나곤 한다. 이를 '기준점과 조정anchoring and adjustment', '닻내림 효과anchoring effect', '기준점 휴리스틱anchoring heuristic '이라 한다(이 책에서는 '기준점과 조정'이라는 용어를 편의상 '기준점 휴리스틱'으로 바꾸어 서술하였다). 배를 항구에 정박시킬 때 닻anchor을 내리면 배는 파도에 따라 이리저리 움직이긴 하나 특정 범위 안에서만 움직인다. 마찬가지로 사람들도 외부에서 기준점(닻)이 제시되면 그것을 중심으로 제한된 판단을 한다. 이처럼 사

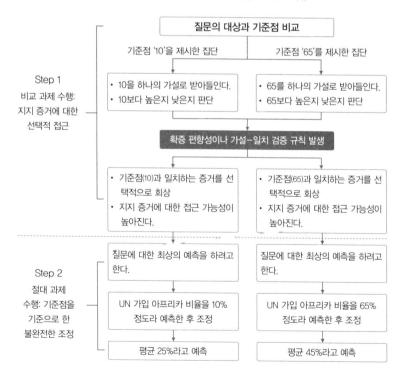

의사결정을 할 때 외부의 기준에 영향을 받는 이유

람들이 의사결정을 하거나 예측을 할 때 자신이 아닌 외부의 기준에 의해 영향을 받는 '기준점 휴리스틱'이 나타나는 이유는 '선택적 접근 가능성 모델selective accessibility model'9을 통해 설명할 수 있다.

사람들은 관련성 여부와 관계없이 일단 외부로부터 기준점이 제시되면 이를 하나의 가설로 받아들인다. 일단 기준점을 가설로 받아들이면 사람들은 확증 편향성confirmation bias이나 가설 – 일치hypothesis-consistent 검증 규칙에 따라 자신의 가설을 지지할 증거들을 찾으려고 한다. 그런 과정을 통해 지지 증거들을 받아들일 가능성은 높아지고 자연스럽게 답을 기준점 정도에서 찾을 수 있을 것이라 생각하게 된다. 그 후 기준점을 중심으로 조정을 하기 때문에 외부에서 제시된 기준점에 영향을 받지 않을 수 없다.

조건문의 참, 거짓을 밝혀라

다음 실험을 보자. 한 면에 알파벳이, 다른 한 면에 숫자가 적혀 있는 네 개의 카드가 있다.

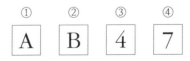

"카드 한 면에 A가 있으면, 다른 한 면에는 4가 있다"라는 조건문

의 참, 거짓 여부를 판단하기 위해 반드시 확인해야 할 카드는 무엇인가?

'웨이슨의 선택 문제Wason's Selection Task'라 불리는 이 실험은 사람들의 확증 편향성이 얼마나 강하게 나타나는지를 알려준 최초의 연구다. 위 실험의 정답은 ①번 카드와 ④번 카드다. 'A'가 적힌 ①번 카드를 뒤집었을 때 '4'가 나오지 않으면 조건문이 거짓이라는 것을 증명할 수 있기 때문에 ①번 카드는 반드시 뒤집어봐야 한다. 그리고 '7'이 적혀 있는 ④번 카드를 뒤집었을 때 'A'가 나오면 조건문이 거짓이라는 것을 증명할 수 있기 때문에 ④번 카드도 당연히 뒤집어봐야 한다. 그러나 '4'가 적혀 있는 ③번 카드는 뒤집어보지 않아도 된다. 뒤집었을 때 'A'가 나오면 조건문이 참이 되지만, 'A'가 아닌 다른 알파벳이 나온다 해도 조건문이 거짓이라고 말할 수 없기 때문이다. 'B'라고 적힌 ②번 카드를 뒤집어보지 않는 이유도 마찬가지다.

정리하면 ①번 카드는 조건문의 참, 거짓을 모두 증명하는 카드, ④번 카드는 조건문이 거짓이라는 것을 알려주는 카드, ③번 카드는 조건문이 참이라는 것을 알려주는 카드다. 따라서 조건문의 거짓을 증명하기 위해서는 ①번과 ④번 카드를 뒤집어봐야 한다. 그러나 실험 결과 많은 사람들은 ①번 카드와 ③번 카드를 확인해야 한다고 답했고, 정답인 ①번 카드와 ④번 카드를 고른 사람은 10%에 불과했다. 이는 사람들이 가설을 반증할 수 있는 증거(④번 카드)보다는 가설이 참이 되게 하는 증거(①번 카드)를 선택하려는 확증 편향성을 갖고 있다는 것을 보여준다.

확증 편향성은 자신의 신념과 일치하는 정보만을 받아들이고 일치하지 않는 정보는 무시하는 경향을 말하는데, 이것은 TV 토론에서도 흔히 목격할 수 있다. TV 토론에 나오는 토론자들은 자신의 주장을 뒷받침해줄 수 있는 증거들을 바탕으로 자신의 주장을 관철시키거나 다른 사람의 의견을 반박한다. 그리고 가끔씩은 자신의 주장(찬성 또는 반대)에 너무 충실한 나머지 상대방이 제시한 근거들을 무시하기도 한다. 이러한 '확증 편향성'은 첨예하게 의견이 나뉘는 토론 상황에서뿐만 아니라 우리의 일상생활에서도 흔히 나타난다.

확증 편향과 관련되어 나타난 대표적인 사건이 바로 '타블로에게 진실을 요구합니다'라는 일명 '타진요'사건이다. 한때 회원이 11만 명에 육박한 타진요 카페는 끊임없이 가수 타블로가 스탠퍼드대학교 졸업 학력을 위조했다는 의문을 제기했는데, 스탠퍼드대학교의 토비아스 울프 교수와 이 대학교 당국이 직접 나서서 해명을 해도 믿지 않고 계속 의혹을 생산해내다 결국 법원에서 유죄판결을 받게 된다. 자신이 보고 싶은 것만 보고, 믿고 싶은 것만 믿는 확증 편향은 소비자의 판단과 의사결정에서도 빈번하게 나타난다. 소비자들은 제품이나 서비스에 관하여 상당히 많은 지식이나 믿음을 갖고 있다. 소비자들은 이 같은 믿음들을 강화하거나 수정하는 데 있어 마치 과학자들이 가설을 세우고 경험적인 증거empirical evidence를 수집해 이를 검증하는 과정과 매우 유사한 단계들을 거치게 된다. 소비자들은 특정 제품의 성능에 관한 가설들을 자신의 기존 신념에서 그대로 가져오기도 하지만 경우에 따라 광고에서 제시되는 주장이 가설의 역할을 하는 경우도 있다. 예컨대 '하이트 맥주는 천연 암반수를 사용해서 만들었기 때문에 맛이 깨끗하다'라는 광고의 주장을 가설로 받아들인 다음 하이트 맥주를 실제로 마시는 경험을 통해서 그 가설을 검증하게 된다. 이때 소비자들은 가설을 기각하기보다는 지지하는 쪽으로 증거를 해석하게 될 가능성이 높다. 따라서 하이트 맥주가 다른 맥주에 비해 특별히 깨끗한 맛을 갖고 있지 않더라도 소비자들은 하이트 맥주가 깨끗한 맛을 갖고 있다고 생각할 확률이 높다.

먼저 닻을 내려라

동아일보 미래전략연구소, 전국경제인연합회 국제경영원, 안서원 연세대 심리학과 연구교수가 기업체 과장급 이상의 리더 165명을 대상으로 다음과 같은 설문을 했다.

추가부품 생산 비용이 1만 원이고 판매가격이 2만 원인 부품을 일본 회사가 수입한다고 가정하자. 일본인 통역사의 발음 문제로 가격 정보를 정확히 알아듣기 어려운 상황에서 한 그룹에는 일본 회사가 부품을 1만 2000원에 구입하려고 하는 것 같다고 했고, 다른 그룹에는 3만 2000원에 구입하려고 하는 것 같다고 했다. 그런 다음 내일 가격 협상에서 두 그룹은 판매가격으로 얼마를 제시할 것인지를 질문했다. 조사 결과 1만 2000원을 기준점으로 제시받은 그룹은 평균 1만 6729원을 제시한 반면, 3만 2000원을 제시받은 그룹은 평균 2만 6448원을 제시한 것으로 나타났다. 원래의 판매가격이 2만 원임에도 불구하고 제시하는 가격은 왜 이렇게 달라졌을까?

어떤 경우에 '기준점 휴리스틱(닻내림 효과)'의 영향을 크게 받을까? 첫째, 정보 획득에 필요한 시간과 비용에 제약을 받는 경우다. 둘째, 한정된 정보만을 이용할 수밖에 없는 경우다. 그리고 마지막으로 관련 지식이 부족한 경우다. 이런 상황에서는 외부에서 주어진 닻이 실제로 자신의 판단에 얼마나 많은 영향을 미치는지를 깨닫지 못한다.

언젠가 나의 동료가 외부에서 손님이 온다고 함께 회식을 하자고 한 적이 있다. 나는 선약이 있어 두 시간이 지나서야 합석할 수 있었고, 도착해 보니 이미 동료와 손님은 거나하게 취해 있었다. 나는 늦었지만 손님과 인사를 나눴다. 잠시 후 그분이 나에게 "늦게 오시는 분께 벌주로 소주 다섯 잔을 주기로 우리끼리 결정했습니다"라며 말을 건넸다. 그래서 내가 "하하…… 앵커링anchoring을 너무 높게 거시는군요"라고 대답하자 그분이 "앵커링을 아시는군요"라고 놀라워했다. 그때 왔던 손님은 협상negotiation을 전공한 분이었다. 실제로 닻 내림과 조정은 사건 예측이나 판단뿐 아니라 협상 상황에서도 자주 활용되곤 한다.

위의 에피소드에서 소주 다섯 잔은 기준점의 역할을 한다. 이런 경우 보통은 다섯 잔은 너무 많으니 세 잔으로 하자며 나름대로 조정adjustment을 하지만 그렇다 하더라도 결국은 생각하지 않았던 벌주를 받는 셈이 된다. 물론 당시에는 분위기가 무르익어 기분 좋게 세 잔을 마셨지만 말이다. '닻내림 효과'에 영향을 받지 않으려면 자신만의 기준(닻)을 만들어야 한다. 그리고 먼저 닻을 내리면 협상에서 좋은 결과를 얻을 수도 있다.

예를 들이 휴대진화 구매 과성을 살펴보자. 다수의 판매점이 있는 전자상가에 휴대전화를 사러 갈 경우 사람들은 자신이 원하는 휴대전화 모델을 지목한 뒤 "이거 얼마예요?"라고 묻는다. 그러면 판매원으로부터 가격을 듣고 얼마간의 가격 조정을 거친 후 휴대전화를 구매한다. 그러나 구매가 끝난 후 돌아오는 길에는 더 싸게 살 수도 있었다는 사실을 깨닫고 후회를 한다. 휴대전화를 자주 구매해본 사람이라면 아마 이런 일을 한 번쯤은 경험해봤을 것이다. 대체로 이런 상황에서는 판매원이 먼저 '닻'을 내리기 때문에 구매자가 아무리 깎는다고 해도 결국 판매원이 제시한 기준에서 크게 벗어나지 못하게 된다.

그럼 어떻게 하면 좋을까? 단순하게는 "이거 얼마에 주세요?"라고 말하면 되지만 그때도 나름의 기준이 필요하다. 일단 몇 군데의 매장을 다니면서 자신이 원하는 모델의 가격대(최저·최고 가격)를 파악하는 것이 좋다. 이후 한 매장을 방문하여 자신이 원하는 모델을 지목하고 판매원에게 "이 휴대전화 얼마까지 주실 수 있어요?"라고 질문한다. 그러면 판매원이 특정 가격을 말하는 대신 "얼마까지 보고 오셨는데요?"라고 되묻기도 할 것이다. 얼마까지 가능한지 묻는 손님은 여러 가게를 둘러보고 온 것으로 보여 판매원 입장에서도 섣불리 가격을 말하기가 부담스럽기 때문이다. 이렇게 되면 협상의 주도권이 물건을 사는 쪽으로 넘어오기 때문에 손님 입장에서는 원하는 가격대보다 약간 낮게 가격을 제시하면서 효과적으로 가격 협상을 할 수 있다.

희망 판매가는 되도록 높이 제시하라

상품 가치와 비교해 상품 가격이 적합한지 판단하는 것은 매우 어렵다. 상품 가치에 대한 판단은 사람들마다 다르기 때문이다. 그래서 사람들은 때때로 가격을 기준으로 상품의 가치를 판단하곤 한다. 우리가 흔히 쓰는 '싼 게 비지떡'이라든가 '비싼 만큼 제 값을 한다' 같은 말과 통하는 '가격−품질 연상price-quality association'도 일종의 휴리스틱이라 할 수 있다.

상품 가치에 대한 판단이 어려운 상황에서 소비자는 정가(정찰가격)를 기준으로 가격의 타당성을 판단하게 된다. 그러므로 판매가격만 표시하는 것보다는 정가와 판매가격을 함께 제시하는 것이 판매자와 구매자 모두에게 이롭다. 예를 들어 3만 원이라는 정가와 함께 2만 5000원이라는 판매가격을 적어놓으면 소비자는 판매가격이 상대적으로 싸다고 인식한다. 또한 소비자는 2만 5000원짜리 제품을 샀다고 생각하는 것이 아니라 3만 원짜리 물건을 2만 5000원에 샀다는 심리적 만족까지 얻게 된다.

경매로 물건을 팔거나 집을 팔 때도 기준점 휴리스틱은 큰 영향을 미친다. 예를 들어 동일한 집이라도 희망 판매가격을 1억 1990만 원이라고 제시한 경우와 1억 4990만 원이라고 제시한 경우 실제 거래가격은 큰 차이를 보인다. 실제로 부동산 전문가와 비전문가에게 이와 같은 희망 판매가격을 알려주고 실제 구입가격을 질문했을 때, 전문가나 비전문가를 통틀어 의사결정 시 희망 판매가격을 고려했다고 한 사람은 10%도 되지 않았다. 그러나 최종 구입가격은 각각의 경우 1억 1145만 원과 1억 2713만 원으로 큰 차이가 나타났다. 희망 판매가격은 되도록 높게 제시하는 것이 최종 판매가를 높이는

방법이다.[10]

준거점이 가격에 영향을 미치는 것으로 '왼쪽 자리 효과left digit effect'가 있다. 예를 들어 2만 원과 1만 9900원은 100원밖에 차이가 안나지만 사람들이 느끼는 가격 차이는 더 크다. 왜냐하면 사람들이 뒷자리 100원이 아닌 앞자리 1만 원 단위의 변화에 더 집중하기 때문이다. 미국 콜로라도주립대학교의 매닝Manning 박사와 워싱턴주립대학교 스프로트Sprott 박사 공동 연구진은 소비자가 가격표에서 첫째 자릿수의 변화에 더 민감하다는 것을 증명하기 위해 2달러와 4달러짜리 펜을 가지고 실험을 실시했다. 먼저 2달러를 1달러 99센트로 바꾼 후 선택하라고 했을때 4달러 펜을 선택한 비율은 18%였다. 그런데 4달러를 3달러 99센트로 바꾼 후 선택하도록 하자 44%가 가격이 높은 3달러 99센트짜리 펜을 선택하였다. 1센트의 차이가 선택을 완전히 바꾼 것인데 이는 4달러짜리 펜이 3달러 99센트로 바뀌면 1센트 차이가 아니라 첫 자리인 1달러 변화로 인식해 가격이 크게 떨어졌다고 생각하기 때문이다. 그만큼 첫째 자릿수(기준점)가 미치는 효과는 크다고 할 수 있다.

악마의 대변자가 필요한 까닭

1988년 10월 영등포 교도소에서 공주 교도소로 이송 중이던 지강헌은 다른 재소자들과 함께 탈출에 성공한 후 도망 다니다 막다른 길에 몰리자 인질극을 벌였다. 이들이 인질극을 벌이는 장면은 TV로 생중계되었고, 인질극이 막바지에 이르자 지강헌은 "유전무죄有錢無罪, 무전유죄無錢有罪"라고 외쳤다. "돈 있으면 무죄, 돈 없으면 유죄"라는 이 말은 지금도 법의 불평등을 이야기할 때 빠지지 않고 등장하곤 한다.

30여 년이 흐른 지금도 우리는 여전히 언론을 통해 일반인보다 사회지도층이나 경영자들에 대한 처벌 수준이 낮은 것을 심심찮게 보게 된다. 지강헌의 말이 헛소리였다고 자신 있게 말할 수 없는 것이 엄연한 현실인 셈이다.

'유전무죄, 무전유죄'와 기준점 휴리스틱과는 어떤 연관이 있을까? 재판 과정에서 판사의 최종 판결에 영향을 미치는 것이 바로 검사들의 구형량求刑量이다. 동일 사건이라도 검사의 구형량이 낮으면 상대적으로 가벼운 처벌을 받을 수 있다. 관련 연구를 보면 아무리 경험이 풍부한 판사라도 검사의 구형량에 영향을 받는다는 것을 알수 있다.[11] 한 예로 법률에 문외한인, 컴퓨터를 전공하는 학생들에게 어떤 사건에 대해 구형량을 결정하도록 했다. 어떤 학생은 34개월, 다른 학생은 12개월을 적었다. 이 학생들이 적은 구형량을 경험이 풍부한 판사에게 보여주고 판결을 하라고 했다. 동일 사건이었지만 구형량이 34개월일 때와 12개월일 때의 판사의 판결에는 8개월의 차이가 발생했다. 심지어 구형량이 무작위로 제시되거나 주사위를 던져서 나온 숫자일지라도 그것은 최종 판결에 영향을 미치는 것으로 나타났다.[12]

독일의 심리학자 프리츠 스트랙Frits Strack과 토마스 무스바일러Thomas Mussweiler도 흥미로운 실험을 했다. 2006년 강간범 재판을 맡은 판사들에게 기자들을 시켜 전화로 형량이 3년 이하인지 아니면 1년 이하인지 묻도록 한 것이다. 그런데 흥미롭게도 '3년 이하냐'라는 질문을 받았던 판사들의 평균 선고 형량은 33개월이었지만 '1년 이하냐'라는 질문을 받은 판사들의 평균 선고 형량은 25개월이었다고 한다. 비록 아무 의미 없이 던진 질문이지만 판결에 영향을 미친 것이다(조현준, 《왜 팔리는가?》 참고).

서울동부지법이 개최한 '사실인정에 관한 민사세미나'에서 한 연구자가 약 50명의 법관을 상대로 설문조사를 실시한 결과, 기준점 휴리스틱이 미약하지만 존재하는 것으로 나타났다. 이렇게 어떤 식으로든 '외부'의 영향을 받게 되어 있다면 '유전무죄, 무전유죄'라는 말이 틀렸다고는 할 수 없을 것 같다.[13]

올바른 의사결정을 하려면

《동아일보》가 대학생 인턴기자 21명과 광화문에서 근무하는 회사원 21명을 대상으로 기준점 휴리스틱과 관련된 설문을 했다.[14] 한 그룹에게는 "현재 이명박 정부에서 장·차관급 이상 공무원 중 영남 출신의 비율은 50% 전후다. 당신은 고위공무원(부이사관급 이상)의 몇 %가 영남 출신이라고 생각하는가?"라고 물었고, 다른 그룹에게는 처음에 제시한 '50%'를 '30%'로 바꿔 질문했다. 조사 결과 50%라는 정보를 들은 대학생들은 영남 출신 고위공무원 비율을 55%로, 일반인은 평균 51%로 추정했다. 30%라는 정보를 들은 대학생들은 그 비율을 평균 39.5%, 일반인은 평균 39.1%로 추정했다. 역시 기준점 휴리스틱에 영향을 받은 것으로 나타났다.

앞서 언급한 것처럼 사람들에게는 반증보다는 자기 의견을 지지하는 주장에만 관심을 갖는 '확증 편향성'이 있기 때문에 기준점 휴리스틱에서 벗어나는 것은 쉽지 않다. 그렇다면 올바른 의사결정을 하기 위해서는 어떤 방법이 필요할까? 가톨릭교회에서는 성인聖人 후보자를 심사할 때 '신의 대변자god's advocate'와 '악마의 대변자devil's advocate'를 선정한다고 한다. '신의 대변자'는 후보의 공적을 제시하면서 성인으로 이름을 올려야 한다고 주장하는 자고, '악마의 대변자'는 그 증거들을 의심하면서 잘못은 없는지 조목조목 따지는 자다. 이렇게 하는 이유는 악마가 후보자에 대해 토로할 수 있는 모든 비난들을 청취하고 숙고하기 전까지 사후의 영광을 허용해서는 안 된다고 생각하기 때문이다.

    이는 성인 후보자를 심사할 때뿐만이 아니라 현실에서도 마찬가지로 적용되어야 한다. 의사결정 시 자신의 주장을 뒷받침할 증거들만 고려하는 확증 편향성을 줄이기 위해서는 반박 주장을 이야기하는 악마의 대변자가 꼭 필요하다. 실패한 리더나 독재자들의 공통점 중 하나가 주변에 '예스맨'만 있고 '악마의 대변자'가 없다는 것이다. 그러다 보니 항상 자신이 옳고 남은 틀리다는 착각 속에서 다른 의견을 가진 사람들과의 소통을 거부하여 결국 불행한 결과를 맞게 된다. 따라서 의사결정 시 확증 편향성의 덫에서 벗어나려면 "친구보다 적을 가까이 두라"와 같은 말을 항상 가슴속 깊이 간직해야 한다. 새는 좌우의 날개로 날고, 인간은 두 눈의 초점이 맞아야 정확히 사물을 볼 수 있다.

새로운 선택 기준을 제시하라

최근 햇포도로 담그는 프랑스의 '보졸레누보' 와인을 벤치마킹한 '막걸리누보'가 등장했다. 막걸리누보는 2010년 출시 후 2011년에는 약 300만 병을 판매하는 등 큰 성공을 거두었다. 막걸리누보의 가장 큰 장점은 신선한 햅쌀로 만들어 원료가 신선한 만큼 맛도 출중하다는 점이다. 막걸리누보는 막걸리 제조에 수입 밀이나 수입쌀을 사용하는 비율이 각각 60%, 15%에 이르는 상황에서 '신곡을 원료로 담근 참 막걸리'라는 기준점으로 소비자에게 '신선함'을 전달하고 있다.

우리 식생활과 밀접한 관련이 있는 고추장과 막걸리는 너무나 친근한 나머지 고추장이 다 거기서 거기라며, 막걸리는 나이 든 사람이나 먹는 거라며 관심도 안 가진 적이 있다. 그런데 그렇게 특별한 차이가 없이 소비되던 고추장과 막걸리가 새로운 선택 기준을 제시하면서 차별하되기 시작했다.

고추장 전쟁, '나만의 닻'을 내려라

  된장독, 고추장독, 김칫독을 요즘은 자주 볼 수 없다. 지금은 집 앞 슈퍼나 마트에 가면 쉽게 구입할 수 있지만 예전에는 집에서 직접 장을 담가 먹곤 했다. 집에서 고추장을 직접 담가 먹는 사람들이 있다 보니 고추장 시장규모는 그리 크지 않았고, 그래서 초기 고추장 시장은 삼원식품이나 진미식품 같은 중소기업들이 이끌어가고 있었다. 그러다가 1989년 대상이 순창 고추장을 출시한다. 고추장 광고가 TV 전파를 탄 것도 이때가 처음이었다. '고추장 명가 전라도 순창에서 생산한 전통적인 맛', 대상이 준비한 새로운 닻은 바로 이것이었다. 고추장 명가의 대표성을 활용해 '고추장이 다 거기서 거기지'라는 소비자들의 인식을 확 바꿔놓은 것이다. 덕분에 순창 고추장은 시장점유율을 꾸준히 늘려갈 수 있었고, 1994년부터 96년까지 시장점유율 45%를 기록하며 당당히 1위에 올라서게 된다. 1위를 내준 삼원식품도 반격에 나선다. 1995년 '해찬들 태양초 고추장'을 출시한 것이다. '고추장 만드는 비법, 며느리도 몰라'라는 말이 나오던 광고를 기억하는 분들이 많을 것 같다. 삼원식품이 '해찬들 태양초 고추장'을 출시하며 새롭게 선보인 닻은 '한국인의 매운맛'이었다. 삼원식품은 '태양초'를 사용했다는 사실을 적극 어필하며 고추장의 본질인 매운맛으로 승부를 걸었고, 그 결과 1등 자리를 다시 탈환하게 된다.

  이렇게 '태양초 고추장'으로 다시 고추장 시장을 평정한 해찬들은

2005년 CJ제일제당에 완전 인수된 이후부터 부동의 시장점유율 1위를 안정적으로 유지하게 된다. 하지만 만년 2위에 머물게 된 대상의 청정원 순창 고추장이 다시 1위를 빼앗아 오게 되었으니 바로 2009년 '순창 우리 쌀로 만든 찰 고추장'을 출시하면서다.

사실 이때까지만 해도 대부분의 소비자들은 고추장은 당연히 쌀로 만들어진다고 생각했다. 그래서 마트에서 고추장을 사면서 제품 뒷면의 성분을 꼼꼼히 확인하는 사람은 거의 없었다. 하지만 실제로는 1960년대부터 쌀 자급량이 부족해지며 원가절감을 위해 쌀 대신 밀쌀과 소맥분 밀가루로 고추장을 만들기 시작했다. 쌀 생산량이 소비량을 앞지르게 된 최근까지도 대부분의 업체들은 밀가루를 사용해 고추장을 만들었고, 그 결과, 밀가루는 전체 고추장 원료의 20%가량을 차지하게 되었다. 당연히 쌀로만 만들었던 전통 고추장과는 조금 다른 맛이 나게 되었는데 업계 만년 2위에 머물던 대상의 청정원은 바로 이 지점에서 자신들만의 새로운 닻을 선보인 것이다. 청정원은 '순창 우리쌀로 만든 찰 고추장'을 출시하면서 소비자에게 소맥분으로 만든 고추장인지, 아니면 쌀로 만든 고추장인지, 나아가 100% 우리 쌀로 만들었는지 확인하라고 강조했다. 당시 광고를 보면, 마트에서 장을 보던 주부가 "지금까지 밀가루 고추장을 사 먹었는지는 진짜 몰랐어요"(CF '주부' 편)라고 말하거나, 장 담그던 할머니가 "고춧가루보다 많이 들어가는 것이 쌀인디 거기다 밀가루를 처넣으면 되겄냐! 저리 가, 저리 가"(CF '욕쟁이 할머니' 편)라고 신경질을 부리는 장면이 나온다. '우리 쌀'이라는 새로운 닻을 성공적으로 내린 덕에 청정원은 전년 동기 대비 매출 20% 신장이라는 쾌거를 손에 넣을 수 있었다(2010년 5월). 순창 고추장의 '우리 쌀'이라는 새로운 닻에 고추장시장은 '밀가루로 만든 고추장'과 '쌀로 만든 고추장'으로 양분되었고, 2010년 2월 청정원은 드디어 46.3% 대 45.3%로 CJ의 '해찬들 태양초 고추장'을 근소한 차로 앞서게 된다.

CJ는 어떤 전략으로 대응했을까? 청정원이 이미 '우리 쌀'이라는 닻을 단단히 내려버린 상황에서 해찬들이 준비한 새로운 닻은 '우리 쌀'에서 한 걸음 더 나아간 '햇찹쌀'과 '태양초'였다. 해찬들은 2010년 8월부터 간판 제품인 '해찬들 태양초 골드'의 태양초 함량을 100%로 높이고, 국산 햇찹쌀로 만든 '해찬들 태양초 찹쌀 고추장'을 내놓는다. '태양초'와 '햇찹쌀'이라는 새로운 기준으로 반격을 시작했고 결과는 성공적이었다. 해찬들은 2010년 8월 47.6%의 시장점유율로 대상을 3.1% 포인트로 누르고 다시 고추장 시장 1위를 탈환하게 되었다.

막걸리의 변신

1960년대 쌀로 만든 술을 금지한 이후 대중에게서 멀어졌던 막걸리는 어떤가? 말이 '서민 술'이지 그동안 막걸리에 대한 이미지는 시골에서 먹는 술, 나이든 분들이 먹는 술, 먹고 나면 머리가 아픈 술, 냄새가 심한 술 등 부정적인 이미지가 대부분이었다. 똑같은 전통주

인데 와인과 막걸리에 대한 이미지는 말 그대로 극과 극이었다.

그러다가 일본에서 막걸리의 인기가 폭발적이라는 뉴스가 전파를 타면서 마침내 재조명되기 시작했다. 이후 저렴한 가격, 웰빙 문화의 보급, 보관기술의 발달로 인한 맛 유지기간 연장, 비타민 B 함유로 미용 효과가 있다는 장점이 알려지면서 2009년 이후 내수와 수출이 크게 증가하였고, 이제는 대중적인 술로 확실히 자리매김하였다. 현재 국내 막걸리 시장 규모는 약 9468억 원(2011년 기준)으로 국내 주류시장 규모 7조 8907억 원의 12% 비중을 차지하고 있다.

막걸리 수출은 2006년에는 약 250만 달러(약 28억 원), 2009년에는 620만 달러(약 69억 6700만 원), 2010년에는 1900만 달러(약 213억 5200만 원), 2011년 5276만 달러(약 592억 6000만 원)를 기록해 처음으로 5000만 달러를 돌파하는 신기록도 세웠다. 2010년 1월 하이트진로 진출을 시작으로 오리온, CJ, 롯데주류 등 대기업의 진출이 잇따른 가운데 하이트진로와 롯데주류가 해외 수출용 막걸리 유통 사업에서 선전하고 있다.

특히 서울탁주와 합작하여 '서울 막걸리'를 수출한 롯데주류는 일본에서 최고의 인기를 얻고 있는 한류스타 장근석을 홍보 모델로 내세우며 20~30내의 일본 여성 소비자를 공략하는 데 성공해, 3600만 개(350ml 캔 막걸리, 2011년 기준)를 판매하였다. 이것은 일본인 3~4명 중 한 명이 서울 막걸리 한 캔을 마신 꼴로 엄청난 성공이라 할 수 있다. 하이트진로 또한 쌀의 풍부하고 깊은 맛과 톡 쏘는 신맛을 적절히 조화시켜 일본인 입맛에 맞는 깔끔하고 깨끗한 '진로 막걸리'

를 수출하였다. 그리고 현지에서 선풍적인 인기를 끌며 141만 상자 (1상자 8.4l, 2011년 기준)를 판매하였다고 한다. 이러한 눈부신 성공은 '쌀로 만든 술'이라는 것이 하나의 기준점이 되어 건강에 도움이 된다는 인식을 만들었기 때문에 가능했던 결과가 아닐까?

긍정적인 브랜드 이미지를 만드는 방법

감정 휴리스틱Affective Heuristic

Brand

의사결정은 감정이 한다?

한 고속도로 휴게소에는 가격은 똑같은데 고급커피와 일반커피로 나누어 표시된 커피 자동판매기가 있다. 이런 상황에서 대다수의 사람들은 고급커피를 선택한다. 커피의 질이나 맛에는 어떤 차이가 있는 것일까? 만약 맛의 차이가 크지 않다면 고급커피를 선택하는 이유는 무엇일까?

여러 가지 중에서 골라야 할 때 이왕이면 보기 좋은 것을 고른다는 의미로 '같은 값이면 다홍치마'라는 말이 있다. 이 표현의 유래에 대해서는 다양한 이야기가 전해진다. 조선시대 《경국대전》에는 "서인庶人 남녀 모두 홍의紅衣 자대紫帶와 금은金銀 등의 사용을 금한다"라고 언급되어 있다고 한다. 붉은색 옷은 일반 백성들이 입을 수 없었다. 양반 사대부도 옷의 안감으로만 입을 수 있었으며, 오직 왕족만이 입을 수 있었다. 특히 다홍색 치마는 왕비만이 입을 수 있다고 정했지만, 유일하게 결혼식 날에는 다른 사람들도 다홍색 치마를 입을 수 있었다고 한다. 그러므로 같은 값이면 다홍치마라는 말은 엄격한 신분제 사회에서 제약을 벗어나고 싶다는 꿈이 담겨진 말이라 할 수 있다.

다양한 설이 있기는 하지만 '같은 값이면 다홍치마'라는 말은 좀 더 끌리는 것을 갖고 싶다는 사람들의 마음을 드러내준다. 의사결정을 할 때도 인간의 이런 감정이 큰 영향을 미친다. 사람들이 명품을 갖고 싶어 하다 보니 값싼 제품에 비싼 가격표를 붙여 파는 '명품 사기극'이 등장하기도 한다. 왜 명품족은 이런 사기극에 쉽게 넘어갈까? 그 이유를 알아보기 위해 미국 캘리포니아대학교의 한 연구팀은 대학생 14명에게 가격을 알려주지 않고 10센트짜리 물건인 A와 10달러짜리인 B를 선택하도록 한 뒤 다시 가격을 말해주면서 기능자기공명영상촬영fMRI을 통해 뇌의 영상을 분석했다. 매우 재밌는 결과가 나왔는데 사람들의 뇌는 '비싼 물건'이라는 것을 안 순간 그 물건이 어떤 물건인지, 어떻게 사용하는 것인지 알아보기 전에 이미 '가치 있는 것'이라고 여긴다고 한다. 이 결과는 똑같은 물건이라도 싼 제품보다 비싼 물건이 사람들의 마음을 움직인다는 것인데 이렇게 확률 판단을 포함한 여러 형태의 판단이나 의사결정을 할 때 이성이 아닌 감성이 휴리스틱으로 작용하여 선택에 영향을 미치는 것을 '감정 휴리스틱affective heuristic'이라고 한다.

비율 앞에서 빈도는 작아진다

A와 B 두 개의 항아리에 흰 공과 검은 공이 섞여 있다. A에는 10개의 공 중 검은 공이 한 개 있고, B에는 100개의 공 중 검은 공이

여덟 개 있다. 여기서 아무 항아리에서나 검은 공을 뽑으면 선물을 준다고 하자 많은 사람들이 A보다는 B에서 공을 뽑겠다고 응답했다.[15] 확률로만 따진다면 검은 공을 뽑을 확률이 B(8%)보다 A(10%)가 더 높은데도 말이다.

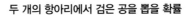

두 개의 항아리에서 검은 공을 뽑을 확률

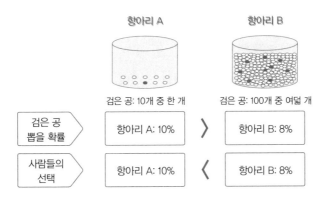

이러한 결과가 나타나는 이유는 사람들이 의사결정을 할 때 확률적 판단(10% vs. 8%)이 아닌 감성적 판단(검은 공 한 개 vs. 검은 공 여덟 개)을 하기 때문이다. 일반적으로 감정적 반응은 제일 눈에 띄는 자료에서 가장 빨리 나타나기 마련이다. 위 사례에서 가장 눈에 띄는 것은 바로 검은 공이다. 그래서 검은 공의 수를 중심으로 판단하다 보니 검은 공이 한 개밖에 없는 곳(A)보다 검은 공이 여덟 개가 있는 곳(B)에서 한 개의 검은 공을 뽑기가 상대적으로 쉽다고 여기게 되는 것이다.

또 다른 실험 결과를 보자. 크리스라는 환자의 퇴원 여부를 결정하는 과정에서 심사자들의 소견을 A, B 두 가지 방식으로 제시했다. A 소견서에는 "크리스와 유사한 환자들이 퇴원 후 6개월 이내에 폭력적인 행동을 할 확률이 20%라는 사실이 관찰되었다"라고 적혀 있었다. B 소견서에는 "크리스와 유사한 환자들 100명 중 20명이 퇴원 후 6개월 이내에 폭력적인 행동을 한다는 사실이 관찰되었다"라고 적혀 있었다. A 소견서를 본 집단의 경우에는 21%의 사람들이 크리스의 퇴원을 반대한 반면, B 소견서를 본 집단의 경우에는 무려 41%의 사람들이 크리스의 퇴원을 반대했다.[16]

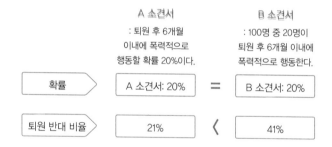

이 연구에서 흥미로운 대목은 두 소견서 모두 크리스와 유사한 환자들이 퇴원 후 6개월 이내에 폭력적인 행동을 할 확률이 20%로 동일함에도 불구하고, 비율(20%)로 제시된 경우보다 빈도(100명 중 20명)로 제시된 경우에 더 크리스의 퇴원을 반대한다는 점이다. 이 결과는 사람들이 어떤 정보를 접할 때 비율보다는 빈도로 제시된 정보에 대해 더 강하게 감성적 반응을 나타낸다는 것을 보여준다.

최초 자극의 강도를 고려하라

한 일간지에 이런 기사가 실렸다. "M 영화관은 영화 관람료를 주중 14.2%, 주말 12.5%를 올리기로 했다. 종전의 7000원과 8000원에서 각각 1000원이 오른 것으로, 영화 관람료는 성인 기준으로 평일 8000원, 금요일을 포함한 주말과 공휴일은 9000원이 된다."

사람들이 이 기사를 읽으면서 나타내는 반응의 변화는 대체로 이렇다. 처음 영화 관람료가 14.2%, 12.5% 오른다는 기사를 보고는 "영화 관람료가 10% 넘게 오르네"라고 하다가, 각각 1000원씩 올라 8000원과 9000원이 된다는 기사를 보고는 "뭐야! 1000원이나 오르는 거야?"라는 반응으로 바뀌면서 영화 관람료 인상을 심각하게 받아들인다. 왜 이러는 걸까?

이런 반응 변화는 앞서 이야기한 것처럼 사람들이 비율(14.2%와 12.5%)보다는 빈도(1000원)에 더 민감하게 반응하기 때문이다. 비율과 빈도에 대한 차별적인 감정 반응은 가격인상과 가격인하에도 영향을 미친다. 즉 다양한 가격상승 요인으로 인해 가격을 인상할 경우에는 빈도(금액)보다는 비율로 표시하는 것이 소비자의 심리적 부담을 줄여준다. 반면 가격을 할인할 경우에는 비율보다는 빈도(금액)로 표시해주는 것이 소비자의 심리적 혜택을 배가시킬 수 있다. 다만 이러한 비율과 빈도에 대한 차별적 감정 반응을 단순히 가격인상에 대한 반발을 최소화하려는 의도로 활용하는 것보다는 어쩔 수 없는 가격인상 시 소비자의 심리적 부담을 줄이기 위한 방법으로 활용하는 것이 바람직하다.

차이식역 이하의 작은 변화

기업이 제품과 관련하여 변화(가격, 패키지 등)를 꾀할 경우 중요하게 고려해야 하는 것이 바로 차이식역differential threshold이다. 차이식역은 두 개의 자극의 차이를 구분할 수 있는 최소한의 차이로 'JND Just Noticeable Difference'라고도 불린다. 차이식역 이하로 변화가 발생하면 사람들은 대체로 그 차이를 못 느낀다.

차이식역에 영향을 주는 것이 최초 자극(기준 자극)의 강도이다. 예를 들어 최초 자극이 20이고 다음 자극이 30인 경우와 최초 자극이 10이고 다음 자극이 30인 경우, 사람들이 느끼는 차이식역은 다를 수 있다. 즉 최초 기준 자극이 클수록 차이를 느끼는 데 필요한 자극량의 변화가 더 커야 하고, 기준 자극이 작으면 약간의 변화만으로도 차이를 느낄 수 있게 되는 것이다.

차이식역에 대한 고려는 기업이나 정부가 가격 정책을 수립할 때매우 중요하다. 앞에서도 언급했듯이 기업이 가격을 인상할 경우에는 소비자가 인지하지 못하는 범위 내에서 가격을 인상해야 소비자의 반발을 줄일 수 있다. 반대로 가격을 내릴 경우에는 소비자가 인지할 수 있는 범위까지 가격을 내려야 가격 할인을 통한 구매 유도가 가능해진다.

정부 정책도 마찬가지다. 예를 들어 서울시는 1996년 12월부터 남산터널의 교통 혼잡을 줄이기 위하여 혼잡통행료를 징수하기로 하고 요금을 2000원으로 결정했다. 혼잡통행료를 받기 전인 1996년에 비해 지난 2009년엔 자동차 등록 대수는 36.3% 늘었는데도 통행료를 징수하는 구간에서 승용차 교통량은 36.8%나 줄고, 버스 교통량은 113.4%로 크게 늘었다. 또 이 구간 통행속도도 시속 21.6km에서 44.0km로 두 배 이상 빨라지는 등 교통량 감소 효과가 13.3%에 달한 것으로 나타났다. 나아가 2008년부터 2010년까지 3년 동안 남산 1·3호 터널에서 총 465억 764만 7000원의 혼잡통행료를 걷어들여 대중교통사업, 도로공사 및 교통 혼잡 등의 교통 관련 사업비로 사용했다고 한다. 이 경우 차이식역을 넘긴 혼잡통행료 징수는 운전자에게 긍정적으로 인식될 수 있다. 도심 교통체증 해소와 대중교통 이용 활성화라는 두 마리 토끼를 잡았으니 말이다.

담뱃값도 차이식역과 관련해 생각해볼 수 있다. 흡연자들에게 주요 관심 대상은 담뱃값이다. 담뱃값 인상을 반기는 흡연자는 없을 것이다. 그런데 가만히 보면 지금까지 담뱃값이 지속적으로 인상이 되었음에도 불구하고 담뱃값 인상으로 실제 흡연자가 줄어들었다는 소식은 별로 없다. 왜 그럴까? 담뱃값이 조금씩 인상되다 보니 사람들이 그 차이를 크게 느끼지 못하기 때문이다. 차이식역을 고려해서 담뱃값을 2500원에서 5000원으로 올리면 흡연자의 반발은 거세겠지만 담뱃값 인상을 피부로 느끼면서 금연을 결심하는 사람도 늘어날 것이다. 그러나 정부로서는 국민 건강뿐 아니라 세금 측면도 고려해야 하기 때문에 담뱃값 대폭 인상이 쉽지 않은 선택인 듯하다.

세상을 통제할 수 있다는 **환상**

상황 1. 경마장에 가면 말들이 골인 지점으로 달려올수록 사람들은 흥분하기 시작한다. 그리고 "동방불패야! 조금만 더 빨리 달려! 달려……"라며 자신이 돈을 건 말의 이름을 절규하듯 부른다.

상황 2. 고스톱을 칠 때 자신의 패를 내려놓고 뒤집어진 패를 집어든 후 힘차게 "똥 나와라!"라고 외치며 바닥에 패를 힘껏 내리꽂는다.

상황 3. TV를 보며 로또 번호를 확인할 때 "육! 육! 육!" 하며 자신이 산 복권의 숫자를 외친다.

상황 4. 자신이 경기를 시청하면 응원하는 팀이 진다고 아예 TV를 보지 않는다.

상황 5. 주사위로 게임을 할 때 높은 숫자가 나오길 원하는 사람은 주사위를 세게 던지고, 낮은 숫자가 나오길 원하는 사람은 주사위를 천천히 던지는 경향이 있다.

우리 주변에서 흔히 볼 수 있는 광경들이다. 그러나 냉정하게 살펴보면 내가 말의 이름을 부른다고, 원하는 패를 외친다고, 로또 번호를 반복해서 말한다고, 그리고 경기를 안 보거나 주사위 던지는 강약을 조절한다고 해서 결과가 달라지지 않는다. 그런데도 사람들은 왜 이런 모습을 보이는 것일까?

확률 판단을 포함한 여러 형태의 판단이나 의사결정을 할 때 이성이 아닌 감성은 '위험과 이익에 대한 착각'이나 '통제에 대한 환상Illusion of control'과 같은 의사결정상의 편향을 유발한다.

'위험과 이익에 대한 착각'이란 무엇일까? 투자에 있어 '위험이 높을수록 수익이 높고high risk-high return, 위험이 낮을수록 수익은 낮다low risk-low return'는 사실을 모르는 사람은 없을 것이다. 그러나 감정 휴리스틱에 따라 의사결정을 하게 되면 사람들은 때로 잘못된 판단을 할 수 있다. 즉 자신이 좋아하고 친숙한 기업에 투자하는 경우에는 위험이 낮고 수익은 높을low risk-high return 것이라 판단하는 것이다. 반대로 자신이 별로 좋아하지 않고 친숙하지 않은 기업에 투자하는 경우에는 위험은 높고 수익은 낮다high risk-low return고 판단하게 된다. 이처럼 사람들이 투자 결정을 할 때 기대수익률, 투자 위험과 수익 등을 고려하기보다는 집과 같이 자신에게 친숙하고 편안한 회사에 투자하는 경향을 보이는 것을 '집 편향home bias'이라고 한다. [17] 예를 들어 코카콜라의 주식 16%를 소유하고 있는 사람들이 코카콜라 본거지가 있는 미국 애리조나 주의 애틀랜타 주민이라는 사실도 바로 이런 집 편향을 보여주는 사례라 할 수 있다.

칠성사이다(1950년), 오란씨(1971년), 에이스 크래커(1974년), 빙그레 바나나맛 우유(1974년), 페리오치약(1981년), 농심 너구리(1982년), 포카리스웨트(1987년)와 같은 장수 브랜드의 매출이 증가하는 것이나 이경규(꼬꼬면), 정형돈(도니도니돈까스) 등 유명인이 상품기획 단계부터 직접 참여하는 셀럽 브랜드celeb brand가 인기를 끈 것도 일종의 집 편향 때문이라 할 수 있다.

'통제에 대한 환상'은 자신이 통제할 수 없는 상황에 대해 통제할 수 있다고 과대평가하는 것이다. 앞에서 언급했듯이 사람들은 자신의 외침 한마디가 원하는 결과를 가져다줄 것이라는 허황된(?) 믿음을 갖곤 한다. 실제로 경마장에서 마권을 구입하거나 복권을 산 사람은 자신의 당첨 확률을 더 높게 예측하는 경향이 있다. 실제 하버드대학교 심리학과 엘렌 랭거Ellen Langer 교수는 실험 참가자들을 두 그룹으로 나누어 1달러어치 로또를 사게 하면서 한 그룹은 직접 로또 번호를 선택하도록 했고, 다른 그룹은 기계에서 자동으로 선택하도록 하였다. 이후 로또를 사고 싶어 하는 사람이 있는데 남은 로또가 없다면 당신이 구매한 로또를 팔 수 있는지, 팔게 되면 얼마에 팔 것인지를 물어보았다. 결과는 흥미롭게도 자동 선택된 번호의 로또를 가진 사람의 19%, 직접 번호를 선택한 사람들의 39%가 팔지 않겠다고 대답하였다. 직접 번호를 선택한 사람들이 두 배가량 더 많았던 것이다. 또한 자동 선택된 로또의 평균 판매가격이 1.9달러였던 반면, 직접 번호를 선택한 로또의 평균 판매가격은 8.9달러로 거의 네 배 이상 높게 나왔다. 이는 자신이 직접 숫자를 골랐다는 사실이 통제에 대한 환상을 자극해 로또의 당첨 확률을 더 높게 인식하도록 만든 것이라 볼 수 있을 것이다. 보통 이런 '통제에 대한 환상'은 자신이 친근하게 느끼는 대상, 관련 정보가 많은 상황, 그리고 그 상황에 대한 몰입도가 높은 상황일수록 더 크게 나타난다.

한 시간 빠른 뉴스와 《마법 천자문》

외국의 어느 은행이 한 시간 빠른 온라인 거래 서비스를 시작했다. 사람들이 한 시간 빠른 온라인 거래 서비스가 주는 이점이 무엇인지 궁금해할 것이라는 판단하에 은행은 'You've got the power'라는 메시지를 고객에게 커뮤니케이션했다. 자신이 친근하게 느끼는 대상일수록, 정보가 많을수록, 상황에 대한 몰입도가 높을수록 '통제에 대한 환상'은 커지기 마련이다. 이런 면에서 'You've got the power'라는 메시지는 한 시간 빠른 온라인 거래 서비스를 통해 남보다 앞선 통제력을 가질 수 있을 것이라는 느낌을 고객이 갖도록 유도한 영리한 전략이라 할 수 있다.

우리나라 방송에도 이와 유사한 사례가 있다. KBS와 MBC에 비해 후발주자였던 SBS는 '8시 뉴스'라는 새로운 카드를 들고 나왔다. 그전까지 '저녁뉴스 = 9시'라는 고정관념을 갖고 있던 시청자들에게 8시 뉴스는 '뉴스를 왜 8시에 방송하지?'라는 의문을 갖게 하기에 충분했다. 이런 상황에서 SBS는 8시 뉴스를 '한 시간 빠른 뉴스'라 명명했는데, 이 또한 시청자의 통제에 대한 환상을 성공적으로 자극한 전략이라 할 수 있다. 물론 요즘같이 인터넷으로 실시간 뉴스를 볼 수 있는 상황이라면 '한 시간 빠른 뉴스'라는 메시지가 큰 의미가 없겠지만, TV라는 매체의 힘이 강했던 때에 한 시간 빨리 세상 소식을 접할 수 있다는 말은 시청자의 마음을 사로잡기에 충분했다.

통제에 대한 환상을 통해 성공한 브랜드의 다른 예로는 《마법 천자문》을 들 수 있다. 《마법 천자문》은 어린이들이 손오공 캐릭터를 통해 자연스럽게 한자를 익히도록 기획한 책이다. 이 책은 2003년 11월 출간된 이후 밀리언셀러를 기록하는 등 학습과 놀이를 결합한 한자 학습서로 큰 인기를 누렸다. 《마법 천자문》의 마케팅에는 마법으로 세상을 통제할 수 있다는 환상을 자극하는 요소가 있었다. 그리하여 '불어라 바람 풍風', '뜰 부浮'와 같이 한자로 외치는 마법 주문, 카드놀이 등이 초등학생들 사이에서 크게 인기를 끌었고, 2010년 말까지 판매된 책 1200만 부와 관련 캐릭터 사업 등으로 약 1500억 원의 매출을 기록했다고 한다.

이는 방송용 애니메이션뿐 아니라 온라인 게임, 뮤지컬까지 등장시켰는데, 그중 2009년 출시한 '마법 천자문' 콘솔 게임은 14만 카피가 팔려 국내 제작 콘솔 게임 중 최대 판매량을 기록하기도 했다. 한자를 암기해야 한다는 고정관념에서 탈피해 《서유기》의 이야기 구조에 어린이들이 좋아할 마법과 놀이 요소를 가미하고 마법을 통해 세상을 통제할 수 있다는 환상을 심어준 것, 그러면서 자연스럽게 학습을 유도한 전략이 《마법 천자문》을 히트 상품으로 만든 것이다.

감정의 꼬리표

'아웃백 스테이크 하우스'라는 패밀리 레스토랑에 가면 호주 원주민의 전통악기인 디제리두도 있고, 호주 지도, 호주 풍경 사진 등이 벽에 걸려 있다. 마치 호주에 여행 온 느낌이 든다. 사실 아웃백 스테이크 하우스는 호주 외식업체가 아니라 미국 플로리다 주 템파에 본사를 둔 외식업체로서, 창업주도 미국인이고 첫 매장도 미국 템파에 열었다. 그런데도 메뉴에는 록햄프턴, 골드코스트 등 호주 지명이나 쿠카부라, 카카두 등 호주에서 서식하는 새 이름이 붙어 있다. 남녀 화장실 표시를 호주 원주민 문자로 쓰기도 한다. 아웃백 스테이크 하우스가 미국 외식업체이면서도 철저하게 호주풍 레스토랑을 표방한 것은 무엇 때문이었을까?

이 질문에 대답하려면 먼저 이 레스토랑 창업 당시의 분위기를 살펴볼 필요가 있다. 1980년대 후반 미국인들에게 호주를 배경으로 한 〈크로커다일 던디〉라는 영화가 인기를 끌고 있었다. 이에 따라 많은 사람들이 호주를 동경하자 아웃백 스테이크 하우스는 사람들의 감성을 자극하는 분위기로 브랜드를 꾸민 것이다.

가격은 똑같은데 고급커피와 일반커피로 나누어 표시된 커피 자동판매기가 있을 때 대부분의 사람들이 고급커피를 선택한다고 했던 것을 기억하는가? 커피의 질이나 맛에서 차이가 없다는 것을 알면서도 고급커피를 선호하는 것은 바로 '이왕이면 다홍치마'라는 심정 때문일 것이다. 이처럼 제품들 간의 차이를 지각하지 못하는 경우 사람들은 겉으로 드러난 꼬리표tag를 기준으로 선택하는 경우가 많다. 이렇게 사람들의 감성을 자극하는 꼬리표를 '감정의 꼬리표 affective tag'라고 한다. 일단 제품이나 서비스에 감정의 꼬리표가 붙게 되면 사람들은 심리적인 만족감으로 인해 그 제품이나 서비스의 가치를 원래 가치보다 더 높이 평가하게 된다.

코넬대학교의 연구진은 한 초등학교 급식의 당근 요리를 세 개로 나눈 후 1번은 아무것도 표기하지 않았고, 2번은 오늘의 당근 요리, 3번은 '투시력' 당근이라고 표시했다. 그랬더니, 아이들은 평소 먹던 양보다 3번을 두 배나 많이 먹었다고 한다. '투시력'이라는 감정의 꼬리표가 아이들의 마음을 움직인 것이다.

메시지 원천의 매력

예쁘고 멋진 유명 연예인들이 광고모델로 등장하는 것도 일종의 감정의 꼬리표를 활용한 전략이라 할 수 있다. 흔히 광고에서 제품 정보를 전달하는 사람을 메시지 원천이라고 하는데, 메시지 원천의 효과는 신뢰성(전문성과 진실성)과 매력도(유사성, 호감성, 친숙성)에 영향을 받는다. 유명 연예인을 활용한 광고는 메시지 원천의 높은 매력도(호감성과 친숙성)를 바탕으로 소비자의 이성보다 감성에 호소하여 제품 수용도를 높이려는 전략이라 할 수 있다.

또한 수많은 제품에 'new, natural, premium, gold'와 같은 수식어가 붙는 이유도 '감정의 꼬리표'와 관련이 있다. 최근 '웰빙'과 '국산' 열풍으로 원재료의 신선도와 품질이 중요해지자 식재료의 원산지를 확인하는 주부들이 많아지고 있다. 이에 따라 2011년에는 100% 국산재료, 맛, 가격의 삼박자를 갖춘 브랜드들이 큰 인기를 모았다. 예컨대 국산 햅쌀만 사용하면서도 가격은 1200원 정도로 책정하여 경쟁력을 높인 '우리쌀 생막걸리(농협)', 100% 국산 돼지고기와 토종 의성마늘을 핵심 메시지로 한 '의성마늘햄(롯데햄)', '목장의 신선함이 살아 있는 우유 무지방(서울우유)' 등이 그 예다. 말하자면 '국산', '100%', '무지방'이라는 감정의 꼬리표를 활용한 브랜드이다.

기업은 이렇게 'new, gold, premium'과 같은 감정의 꼬리표를 통해 적극적으로 긍정적인 브랜드 평가를 유도할 필요가 있다. 변화를 꾀할 때는 차이식역에 유의하여 소비자의 반발은 최소화하고 만족은 극대화시키는 방향으로 감정 휴리스틱을 적절하게 활용하는 전략을 모색해야 한다. 맥아더 장군도 제2차 세계대전을 끝내는 역사적인 날 감정의 꼬리표를 적절히 활용하였다. 1945년 9월 2일 미주리함에서는 일본의 항복문서 조인식이 있있다. 우리에게는 광복을, 전 세계에는 제2차 세계대전의 종식을 알린 역사적인 날이었다. 이날 맥아더 장군은 연합국 최고사령관의 자격으로 서명을 하게 되었는데, 재밌는 사실은 당시 연합국 최고사령관의 자격으로 참석한 맥아더 장군이 서명을 위해 무려 다섯 개의 펜을 사용했다는 점이다.

그는 첫 번째 펜으로 자신의 이름 중 몇 자를 쓴 뒤 뒤에 서 있던 웨인라이트장군에게 그 펜을 건네주었고, 두 번째 펜으로도 동일한 절차를 밟은 뒤 이를 퍼시벌 장군에게 주었다. 그리고 나머지 세 개의 펜은 미 육군사관학교와 해군사관학교, 그리고 자신의 부인인 진 여사에게 선물하기 위해 보관했다고 한다. 왜 그랬을까? 얼핏 보면 장난처럼 느낄 수도 있겠지만 맥아더 장군은 '제2차 세계대전을 종식시킨' 역사적인 이 날을 기념하기 위한 기념품을 무려 다섯 개나 만들어 주변 사람들에게 선물했던 것이다. 그냥 펜이 아닌, 제2차 세계대전을 종식시킨 펜을 말이다.

변화의 강약을 조절하라

푸르덴셜 보험의 로고는 지브롤터 해협의 바위를 표현한 것으로 강인함, 안정성, 역경의 극복을 의미한다. 그런데 처음 것과 최근 것을 보면 로고가 완전히 바뀌었다는 것을 알 수 있음에도 불구하고 많은 소비자들이 로고가 변했다는 것을 잘 느끼지 못한다고 한다. 왜 그럴까? 그것은 사람들이 차이를 인식하지 못하도록 로고를 조금씩 변화시켰기 때문이다.

소비자는 변화에 대해 기본적으로 거부감(두려움)을 느낀다. 변화의 대상이 친숙한 경우에는 거부감의 강도가 더 크다. 그렇다고 기업에 변화가 없으면 소비자에게 안일하다는 인상을 줄 수도 있다. 그러므로 기업은 일관성을 유지하면서도 지속적인 변화를 추구하는 모습을 보여주어야 한다. 어떻게 할 것인가? 기업은 소비자가 자연스럽게 변화를 받아들일 수 있도록 다음 세 가지 방향으로 감정 휴리스틱을 활용할 수 있다.

첫째, 연속성을 유지하면서 브랜드 로고를 변화시키고자 할 경우에는 점진적으로 변화시키는 것이 좋다. 이와 관련된 사례로 1991년 IBM의 오피스 제품 라인을 인수한 LEXMARK(렉스마크)를 살펴볼 수 있다. 렉스마크는 오피스 제품 라인을 사들이면서 IBM 브랜드를 5년간 양도하기로 했는데, 관건은 IBM의 이미지를 없애고 렉스마크의 이름을 부각시키는 것이었다. 렉스마크는 다음과 같이 4단계 광고전략을 수립했다. 첫 번째 단계에서는 IBM을 전면에 내세운 'IBM Laserprinter 10'이라는 로고를 썼다. 두 번째 단계에서는 LEXMARK를 보증 브랜드로 세운 'IBM LaserPrinter 10 by LEXMARK'로, 세 번째 단계에서는 LEXMARK 위에 작게 'IBM Laser Printer 10 by'로, 마지막 단계에서는 'LEXMARK LaserPrinter 10'으로 바꿨다. 이와 같이 IBM을 배제시키면서 서서히 그 그림자를 지우고 LEXMARK만의 이미지를 만들어간 것이다.

둘째, 기업은 신제품을 출시할 경우 소비자가 브랜드에 대해 느끼는 감정을 고려해야 한다. 1960년대에 펩시콜라는 블라인드 테스트를 통해 펩시콜라의 맛이 결코 코카콜라에 뒤지지 않는다는 것을 직접적으로 보여준 적이 있다. 이에 자극을 받은 코카콜라는 '뉴 코크 New Coke'를 도입하기로 하고 13세에서 65세까지 19만 명의 소비자를 대상으로 블라인드 테스트를 실시했다. 그 결과 61%의 소비자가 기존 코카콜라보다 뉴 코크가 더욱 맛있다고 평가했다. 이 결과를 바탕으로 코카콜라는 1985년 3월 23일 뉴 코크를 미국 시장에 출시했다. 그리고 기존 코카콜라는 시장에서 철수시켰다.

이후 어떤 결과가 나타났을까? 코카콜라는 뉴 코크 출시 초기 전국을 대상으로 대대적 광고를 실시하고 대규모 기자회견을 하는 등 적극적인 마케팅 활동을 펼쳤다. 이런 노력으로 인해 초기에는 1억

5000만 명이 뉴 코크를 마시며 높은 시장점유율을 기록하는 등 대대적인 성공을 거두는 듯했다. 그러나 뉴 코크 출시 이전의 코카콜라를 좋아했던 소비자들은 기존 제품이 시장에서 사라진 것에 항의하고 반대시위까지 펼쳤다. 더욱이 이들은 'Old Coke Drinkers of America'라는 단체를 설립하여 뉴 코크를 출시하면서 기존 콜라를 시장에서 철수한 것에 대해 고소하기도 했다. 뉴 코크의 선호도는 떨어졌고 결국 1985년 7월 10일 코카콜라는 기존 제품을 '코카콜라 클래식Coca Cola Classic'이라는 이름으로 다시 출시했다. 뉴 코크는 코카콜라에게 뼈아픈 실패를 안겨주고 사라진 것이다.

뉴 코크의 사례는 브랜드화된 제품은 일반 브랜드와 달리 단순한 제품 속성(맛)이 아니라 소비자가 느끼는 정서적, 상징적 가치도 중시해야 한다는 것을 여실히 보여준다. 비록 처음에는 뉴 코크에 대한 반응이 좋았지만 그럼에도 대중은 미국에서 가장 중요한 브랜드 중 하나인 코카콜라가 바뀌는 것을 원치 않았던 것이다. 이는 코카콜라가 갖고 있는 정서적, 상징적 가치 때문이라 할 수 있다.

셋째, 기업이 변화를 시도할 때에는 자기 브랜드를 적합한 분위기로 포지셔닝함으로써 긍정적인 감정을 유발하도록 해야 한다. 예를 들어 어떤 보석회사는 경쟁사들이 은銀 제품의 광택을 20일 정도 유지시키고 있으나 소비자들이 느끼는 최소한의 기간은 25일이라는 것에 주목했다. 그리고 이 회사는 자사 제품을 25일 정도 광택이 유지되도록 만들어 '더 오래가는'이라는 브랜드 포지셔닝을 구축했다. 감정 휴리스틱을 효과적으로 활용한 전략이었던 것이다.

'지방 10% 함유'보다는 '90% 무지방'으로, '실패율 1%'보다는 '성공률 99%'로, '생존율 90%'

보다는 '사망률 10%'로 메시지를 표현해야 성공률이 높다. 이것은 소비자에게 긍정적인 평가

를 유도하기 위해 프레이밍 효과Framing Effect를 활용한 것이다. 프레이밍 효과는 질문이나 문

제의 제시 방법에 따라 사람들의 판단이나 선택이 달라지는 현상이다. 프레이밍은 사람들의

사고를 제한시킨다는 측면에서 강력한 커뮤니케이션 방법이며, 일단 기업이 원하는 방향으

로 사고의 틀(프레임)이 형성되면 시장에서 강력한 경쟁우위를 확보할 수 있다.

3부

시장을 선도하는
브랜드의 힘

손해에 민감한 인간의 심리

프로스펙트 이론* Prospect Theory

* 사람들은 이득보다 손실에 더 민감하고 기준점을 중심으로 이득과 손해를 평가하며 이득과
  손해 모두 효용이 체감한다는 것을 가정하는 이론

이익으로 얻은 기쁨
vs. 손해로 인한 고통

한 점포에서 정가가 12만 5000원인 코트와 1만 5000원인 계산기를 구매하려고 한다. 이때 누군가가 20분 정도 떨어져 있는 다른 지역의 지점에서 1만 5000원 가격의 계산기를 1만 원에 판매 중이라는 정보를 준다면 사람들은 어떻게 반응할까? 실험 결과 68%의 사람들이 20분 떨어져 있는 다른 지역에 있는 점포에 가서 제품을 구매하겠다고 대답했다. 그런데 할인해서 판매하는 제품이 계산기가 아니라 코트이고 12만 5000원인 제품을 12만 원에 판매한다는 정보를 주었을 때는 단지 29%만이 다른 지역에 있는 점포를 방문하겠다고 대답했다. 왜 이런 결과가 나타났을까?

심리학자 대니얼 카너먼은 2002년 노벨 경제학상을 받았다. 심리학자인 그가 노벨 경제학상을 받을 수 있었던 것은 그가 1979년 트버스키와 함께 발표한 프로스펙트 이론prospect theory 때문이다. 그는 프로스펙트 이론에서 기존 주류 경제학의 효용함수와는 다른 준거 의존성reference dependency, 민감도 체감성diminishing sensitivity, 손실 회피성loss aversion을 특징으로 하는 새로운 형태의 가치함수value function를 제시했다.

연봉 변화와 준거점

	직장인 A		직장인 B
연봉 변화	4000만 원→3800만 원 (200만 원 감소)		2800만 원→3000만 원 (200만 원 증가)
효용	3800만 원	＞	3000만 원
행복	3800만 원	＜	3000만 원
준거점	4000만 원		2800만 원

먼저 준거 의존성이란 어느 것을 준거점reference point(기준점)으로 삼느냐에 따라 대상에 대한 평가를 달리 하는 것을 말한다. 사람들은 절대적인 변화보다는 상대적인 변화에 더 민감하다. 연봉이 3800만 원인 사람과 3000만 원인 사람 중에 누가 더 행복할 것 같은지 물으면 많은 사람들은 당연히 연봉이 3800만 원인 사람이 더 행복하다고 말할 것이다. 그렇지만 그 두 사람의 전년도 연봉이 각각 4000만 원과 2800만 원이었다는 전제가 붙는다면 연봉 3000만 원인 사람이 더 행복하다고 말할 것이다. 이런 상반된 결과가 나타나는 것은 바로 준거점 때문이다. 앞서 든 예에서 계산기와 달리 코트를 할인해서 판다면 단지 29%의 손님들만이 다른 지역에 있는 점포를 방문하겠다고 대답했다. 똑같은 5000원이라도 12만 5000원을 12만 원으로 할인해주는 것보다는 1만 5000원을 1만 원으로 할인해줄 때 더 큰 가치를 느끼는 것이다.

우리가 생활할 때도 비교의 기준이 되는 준거점(기준점)은 매우 중요하다. 부부동반 모임에 갔다 온 날에는 부부싸움을 한다는 말이 있는데 이는 더 잘나가는 동창을 기준점으로 삼아 비교를 하기 때문이다. 한 결혼정보업체가 예비부부의 싸움 원인에 대해 조사를 하였다. 남녀 모두 경제적인 이유(38.8%)가 1위였지만 남성의 싸움 원인 2위는 '주변인과의 비교(36.3%)'인 반면 여성의 2위는 '예물, 예단(20.1%)'이었다. 내용은 다르지만 둘 다 '비교'라는 공통점이 있는 것으로 보인다. 토머스 풀러Thomas Fuller는 '사람의 불행과 행복을 쇄우하는 것은 비교다'라고 하였다. 그렇다면 행복한 비교법은 무엇일까? 청백리였던 오리 이원익 대감이 "뜻과 행동은 나보다 나은 사람과 비교하고 분수와 복은 나보다 못한 사람과 비교하라"라는 말을 자식들에게 유산 대신 남겼다고 하는데, 깊이 새겨볼 만하다.

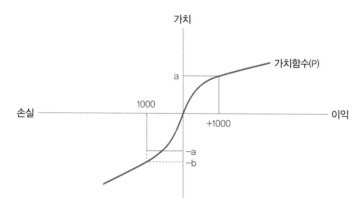

프로스펙트 이론에서 가정하는 가치함수(P)

민감도 체감성은 한계효용 체감의 법칙처럼 가치함수의 기울기가 점점 완만해지는 것으로, 이익이나 손실의 액수가 커짐에 따라 변화에 따른 민감도가 감소하는 것을 말한다. 제품 가격이 3만 원에서 3만 3000원으로 인상된 경우와 30만 원에서 30만 3000원으로 인상된 경우를 비교할 때 3000원이 인상된 것은 같지만 전자가 후자보다 더 많이 올랐다고 느끼는 것도 바로 민감도 체감성 때문이다.

손실 회피성은 손실(고통)을 줄이려고 하는 성향을 뜻한다. 손실 회피성이 나타나는 것은 사람들이 같은 크기의 이익과 손실이라 해도 이익에서 얻는 기쁨보다 손실로 인한 고통을 더 크게 느끼기 때문이다.[18]

프로스펙트 이론은 준거 의존성, 민감도 체감성, 손실 회피성과 같은 인간의 심리를 모형화한 것이다. 프로스펙트 이론에서 말하는 가치함수는 앞의 그림에서 나타난 것처럼 이익영역에서는 감소함수concave, 손실영역에서는 증가함수convex의 S자 모형을 갖고 있으며 손실영역에서의 함수 기울기가 이익영역에서의 함수 기울기보다 더 가파르다.

가령 앞의 그림과 같이 동일한 금액의 이익(+1000)과 손실(−1000)이 있을 경우, 사람들은 1000원의 이익에서 얻는 심리적 만족(그림의 a)보다 1000원의 손실에 따른 심리적 불만족(그림의 −b)을 더 크게 느끼기 때문에(|a|<|−b|) 손실을 회피하려 한다. 일반적으로 사람들이 손실에서 경험하는 불만족은 이익에서 느끼는 만족보다 두 배 이상 크다고 한다. 길거리 도박(야바위)을 할 때 확률은 반반이라고 하면서 이기면 건 돈의 두세 배를 준다고 하는 이유도 이러한 인간의 심리

와 무관하지 않다.

프로스펙트 이론의 핵심은 사람들이 이득보다 손실에 더 민감해 손실을 회피하려고 한다는 것이다. 따라서 복수의 이익과 손실이 있을 경우 복수의 이익은 나누고, 복수의 손실은 합해서 생각해야 한다. 또한 복수의 이익과 손실이 발생했을 때에는 이익이 손실보다 큰 경우에는 합하고, 손실이 이익보다 큰 경우에는 나누는 '쾌락적 편집hedonic editing' 전략을 활용하는 것이 좋다. 이렇게 하면 만족을 극대화하고 불만족을 최소화할 수 있을 것이다.

그러면 지금부터 시장을 선도하는 브랜드에 숨어 있는 프로스펙트 이론에 대해 좀더 심층적으로 다뤄보기로 하자.

선택은 상황에 따라 달라진다

실험 참가자들에게 4000만 원의 수익을 얻을 확률이 80%인 옵션 A와 3000만 원의 수익을 얻을 확률이 100%인 옵션 B 중 어느 것을 선택할 것인지 질문했다. 그리고 4000만 원의 손실이 발생할 확률이 80%인 옵션 A와 3000만 원의 손실이 발생할 확률이 100%인 옵션 B 중 어느 것을 선택할 것인지도 물어보았다. 어떤 결과가 나타났을까?

불확실성하에서 선택은 상황에 따라 달라진다. 사람들은 불확실한 이익보다는 확실한 이익을 선호한다. 예를 들어 두 개의 투자 옵션이 있다고 가정하자.

구분	옵션 A	옵션 B
수익	4000만 원	3000만 원
확률	80%	100%

실험에 참가한 사람들에게 A, B 두 개의 옵션 중 어떤 옵션을 택할 것인지 물어본 결과 약 80%의 응답자가 옵션 B를 선택했다. 기

대수익만 놓고 보면 옵션 A의 기대수익은 3200만 원(4000만 원×0.8) 이고 옵션 B의 기대수익은 3000만 원(3000만 원×1.0)이기 때문에 옵션 A를 선택하는 것이 유리하다. 그러나 사람들은 이익영역에서 불확실한 이익(4000만 원)보다는 확실한 이익(3000만 원)을 더 선호하기 때문에 B를 더 많이 선택했다. 이런 이유로 사람들이 이익영역에서는 위험 회피risk aversion 행동을 하게 되는 것이다.

위험 회피 행동과 위험 추구 행동

예전에 한 신문사에 교육프로그램을 함께 운영하자고 제안한 적이 있었다. 신문사가 자사 신문을 통해 교육생 모집광고만 내주면 강사 섭외부터 교육까지 나머지 모든 업무는 내가 처리하고 수익금을 나누자는 제안이었다. 나는 어차피 신문의 남는 지면을 이용해 광고를 하므로 신문사로서는 별도의 (기회)비용이 발생하지 않을 뿐더러, 초기 홍보만 잘되면 지속적으로 수익을 나눠 가질 수 있는 나쁘지 않은 제안이라 생각했다. 그러나 담당자는 수익 배분을 하는 것은 어렵고, 확실하게 홍보를 해줄 테니 차라리 일정 금액의 광고비를 지불하는 것이 어떠냐고 역제안을 해왔다. 결국 그 프로그램 운영은 무산되었다. 미래의 불확실한 이익(교육 수익)보다는 현재의 확실한 이익(광고비)을 선호한다는 사실을 생각하면 신문사의 대답은 이미 정해진 것이 아니었나 싶기도 하다.

이에 비해 사람들은 손실에 있어서는 불확실한 것을 선호한다. 다시 아래와 같이 두 개의 투자 옵션이 있다고 가정하자.

구분	옵션 A	옵션 B
손실	4000만 원	3000만 원
확률	80%	100%

이익영역에서는 불확실한 이익보다는 확실한 이익을 선호하는 사람들이 손실영역에서는 어떻게 반응할까? 옵션 A의 기대손실은 −3200만 원이고 옵션 B의 기대손실은 −3000만 원이기 때문에 기대손실만을 놓고 보면 옵션 B를 선택해야 할 것이다. 그러나 실험 결과 약 92%의 사람들이 두 개의 옵션 중 옵션 A를 선택했다. 이런 결과는 손실영역에서는 이익영역과 반대로 확실한 손실(−3000만 원)보다는 불확실한 손실(−4000만 원)을 더 선호한다는 것을 보여주고 있다. 이런 이유로 손실영역에서 사람들은 위험 추구risk seeking 행동을 하게 된다. 게임이나 도박을 하다가 돈을 잃었을 때 쉽게 그만두지 못하고 계속하는 것도 마찬가지다. 당장 그만두면 잃은 돈을 만회할 수 없지만(확실한 손실), 계속하게 되면 돈을 만회할 수도 있다고(불확실한 손실) 생각하는 것이다.

이익은 나누고 손실은 합하라

복수의 이익이 발생했을 때, 혹은 복수의 이익과 손실이 발생했는데 손실보다 이익이 클 때 만족을 극대화하기 위한 방법은 무엇일까?
복수의 손실이 발생했을 때, 혹은 복수의 이익과 손실이 발생했는데 이익보다 손실이 클 때 불만족을 최소화하기 위한 방법은 무엇일까?

우리는 간혹 일상적인 삶 속에서 복수의 이익과 손실이 복잡하게 얽힌 사건을 접하기도 한다. 어떻게 할 것인가? 시카고대학교 경영대학원 교수인 리처드 탈러Richard Thaler는 기대이론의 가치함수를 이용해 복합적인 사건의 효용을 극대화하기 위한 방법으로 '쾌락적 편집'의 원칙을 제시한 바 있다.

'쾌락적 편집'의 원칙

쾌락적 편집의 첫 번째 원칙은 이익은 나누고 손실은 합하라는 것이다. 프로스펙트 이론에 따르면 이익은 나누어 제시해야 만족을 높일 수 있다. 예를 들어 제품을 10% 할인하는 경우 10%를 할인한다고 이야기하는 것(통합된 이익)보다는 단골 할인 2%, 계절할인 3%, 판촉할인 5%를 합해 총 10%를 할인한다고 이야기하는 것(분리된 이익)이 더 효과적이다. 아웃백 스테이크 하우스는 '할인에 할인을 더하라'는 카피를 내세우며 테이크아웃 고객에게는 15%를 추가 할인하여 제휴할인카드와 중복할인 시 최대 약 50%까지 할인이 가능하다는 점을 제시한 바 있다. 할인(이익)을 나눠 제시함으로써 소비자가 받게 될 이익을 크게 지각하도록 만드는 할인 정책이라 할 수 있다.

마찬가지로 직원들에게 100만 원의 보너스를 지급할 경우 100만 원을 한 번에 주는 것보다는 부서 성과급으로 50만 원 주고, 며칠 후 회사 성과급으로 50만 원을 주는 것이 직원들에게 더 큰 만족을 줄수 있다. 즉 기쁨은 한 번 주는 것보다는 두세 번에 걸쳐 나누어 주는 것이 좋다는 이야기이다.

이와 관련해 일본 최고의 경영 컨설턴트로 평가받는 고야마 노보루가 "남녀가 하루 24시간을 함께 보냈다면 그저 하룻밤의 추억으로 남을 뿐이지만, 같은 24시간이라도 두 시간 데이트를 열두 번이나 하다 보면 정이 깊어져 어느새 애정으로 변한다"라고 한 말은 매우 의미심장하다 할 것이다.

반대로 손실은 합해야 불만족을 줄일 수 있다. 예를 들어 인원 감축안을 발표할 때는 1차로 30명, 2차로 20명을 감축한다고 이야기하는 것보다 총 50명을 감축한다고 한 번에 알리는 것이 직원들의 고통을 줄여줄 수 있다. 고통은 두 번 주는 것보다 한 번 주는 것이 낫기 때문이다. 가령 놀이공원에서 놀이기구를 탈 때마다 이용권을 구입하도록 하지 않고 처음 입장할 때 자유이용권을 구입해 마음껏 놀이기구를 이용할 수 있도록 하는 것도 고객의 손실 지각을 최소화하기 위한 방법이라 할 수 있다. 소셜커머스업체인 티켓몬스터는 제주도에 온 관광객들이 방문하고자 하는 명소에서 입장료를 장소별로 지불(손실 분리)하도록 하는 대신 'Big 3 자유이용권'을 구매(손실병합)하도록 했는데, 이것 역시 손실 지각을 최소화하려는 전략이라 할 수 있다.

하지만 이런 소비자 심리를 이해하지 못해 고객의 불만을 자초하는 경우가 있다. 그것은 바로 '선택 관광'을 강요하는 것이다. 저렴한 비용으로 고객을 모집한 후 현지에서 각종 선택 상품을 강요하는 경우가 많아 즐거워야 할 여행을 망치는 경우가 많다. 그래서인지 한 온라인 여행사는 여행 비용을 정가에 모두 포함해 팁 지불, 기념품 쇼핑 등 추가 비용 부담을 없앤 '몽땅 포함팩'을 출시하기도 하였다. 여행은 돌아온 후의 만족도가 매우 중요하기 때문에 저렴한 가격을 앞세워 일단 상품을 판 후 현지에서 추가비용을 받으려고 하는 것은 손실을 나누는 매우 어리석은 행동이라 할 수 있다.

'쾌락적 편집'의 두 번째 원칙은 (손실보다) 이익이 클 경우에는 합하고 (이익보다) 손실이 클 경우에는 나누라는 것이다. 계란을 한 바구니에 담지 말라는 오래된 주식 격언이 있다. 그래서 사람들은 주식 투자를 할 때 여러 종목에 걸쳐 투자를 하는데, 그러다 보면 이익이 나는 주식도 있고 손실이 나는 주식도 있게 마련이다.

예를 들어 A와 B 두 주식에 투자했다고 가정해보자. 만약 주식 A에서 100만 원의 평가 이익이 나고, 주식 B에서 80만 원의 평가 손실이 발생했다면? 이 경우에는 이익이 손실보다 크기 때문에 'A에서 100만 원 벌고, B에서 80만 원 잃었네!'라고 생각하기보다는 그냥 '주식투자로 20만 원 벌었네!'라고 생각해야 기쁨이 커진다('이익이 손실보다 클 경우에는 합해라'). 이익에서 얻는 기쁨보다 손실에서 느끼는 슬픔이 두 배 이상 크기 때문이다. 반대로 주식 A에서 100만 원의 평가 손실이 나고, 주식 B에서 80만 원의 평가 이익이 발생했다면 어떨까? 이 경우에는 손실이 이익보다 크기 때문에 '주식투자로 20만 원 잃었네!'라고 생각하기보다는 'A에서 100만 원 잃었지만, B에서 80만 원 벌었다!'라고 생각해야 슬픔이 작아진다('손실이 이익보다 클 경우에는 나눠라').

에이스침대의 성공 비결

소비자에게 가격을 공지하는 방법은 다음 두 가지가 있다.

- **방법 A**: 현금 결제는 10만 원, 카드 결제는 수수료가 추가되어 10만 5000원
- **방법 B**: 카드 결제는 10만 5000원, 현금 결제는 10만 원

두 가지 방법 중 어떤 경우에 사람들이 현금 결제를 더 많이 할까?

예전에 전자상가에 가서 물건을 산 적이 있다. 판매원에게 가격이 얼마냐고 물어봤을 때는 10만 원이라고 했는데, 막상 결제하려고 카드를 줬더니 카드 결제 시 수수료가 붙어 '10만 원 + α'라고 했다. 나는 잠시 카드로 결제해야 하나 현금인출기에서 현금을 찾아야 하나 고민했다. 기격을 올리는 것은 고객에게 손실로 인식되므로 불공정하다는 인식을 줄 수 있을 텐데, 그들은 왜 이런 행동을 하는 걸까?

서두에서 언급한 것처럼 소비자에게 가격을 공지하는 방법은 두 가지가 있다. 방법 A는 현금으로는 10만 원이고, 카드로 하면 수수료가 추가되어 10만 5000원이라고 말하는 것이다. 방법 B는 카드

로 하면 수수료를 포함해 10만 5000원인데, 현금으로 하면 10만 원이라고 말하는 것이다. 언뜻 보면 방법 A와 방법 B는 별 차이가 없는 것 같다. 그러나 미세한 차이가 있다. 방법 A는 5000원을 더 내야 한다는 것이 부각되어 소비자 입장에서는 손실로 인식할 수 있지만, 방법 B는 5000원을 할인받는 것이 강조되어 이익으로 인식하기 쉽다는 것이다.

그럼 현금을 낼 확률은 어느 쪽이 더 높을까? 사람은 이익보다는 손실에 더 민감하고, 따라서 손실을 회피하려는 성향이 있다는 점을 고려하면 손님들이 현금으로 결제할 확률은 방법 A가 더 높다. 이렇게 본다면 내가 방문했던 전자상가는 현금을 받기 위해 나름대로 효과적인 방법을 썼던 것이다.

손실에 민감한 소비자의 마음

월간 〈현대경영〉의 자료에 의하면 40년 전의 국내 100대 기업 중 40년이 지나서도 100대 기업에 포함된 회사는 12개에 불과했는데, 그중 하나가 바로 1963년에 설립된 에이스침대다. 철저한 '품질 최우선 주의'를 표방하며 장인정신이 담긴 침대를 만들었던 에이스침대에도 위기는 다가왔다. 1990년 초반 종합가구업체들이 가구 시장의 침체를 극복하기 위해 침대 시장에 진입한 것이었다. 결국 1993년 에이스침대는 계속되는 시장점유율 하락을 막기 위해 특단의 조치를 취해야만 하는 상황에 이르렀다.

에이스침대는 어떻게 이 위기를 극복했을까? 가장 먼저 소비자 조사를 실시한 그들은 침대 시장이 품질을 중시하는 시장, 기능과 가격을 중시하는 시장, 세트 구매가 많이 이루어지는 혼수 시장으로 재편되고 있다는 것을 파악했다. 그리고 이미 품질을 중시하는 시장에서는 강점을 가지고 있으므로 다른 두 개 중에서 하나를 목표 시장으로 선정하기로 했다. 에이스침대는 침대만을 전문적으로 생산해왔기 때문에 세트 구매가 많은 혼수 시장으로 진입하기는 어려웠다. 따라서 그들은 기능과 가격을 중시하는 시장을 공략하기로 했다. 그러나 이 시장에서 자금력이 풍부한 종합 가구업체들을 상대로 가격으로 승부를 걸 수는 없었다. 결국 오랜 장점인 품질로 승부를 보기로 한 에이스침대는 저렴한 가격에 주목하여 종합 가구업체의 침대를 사려고 하는 잠재 고객들을 대상으로 '침대는 가구가 아닙니다. 과학입니다'라고 커뮤니케이션하기 시작했다.

이 카피는 당시 대단한 반향을 불러일으켰다. 초등학교 학생들이 침대는 가구가 아니라고 생각한다는 이유로 서울시 교육청에서 광고문안의 변경을 요청할 정도였다. '침대는 가구가 아닙니다. 과학입니다'라는 카피는 지금까지도 침대를 가구의 일부로 여기고 가격을 중시해 종합가구업체의 침대를 사려던 소비자들에게 어필하고 있다. 손실(전문 침대를 사지 않을 경우 나중에 후회함)을 각인시켜줌으로써 소비자의 마음을 효과적으로 움직인 것이다. 1992년에 18.3%였던 에이스침대의 시장점유율은 이 광고를 통해 27.8%로 상승하였다.

반면 고객의 손실 회피 성향을 파악하지 못해 1위 기업이 하루아침에 무너진 사례도 있다. 초기 인터넷 기업들은 고객 확보를 위해 가입비를 줄 정도로 고객 유치에 적극적이었다. 그러나 무료회원이 늘어나면서 회원들에 대한 관리 비용이 증가하자 인터넷 기업들은 무료회원을 유료회원으로 전환시키는 것에 기업의 사활을 걸었다. 예컨대 인터넷 커뮤니티 사이트인 F사는 2002년 유료회원제로 전환하면서 수익성을 내지 못하는 회원을 정리하고 유료사용자 위주의 서비스를 제공하기로 결정했다. 한마디로 무료회원들을 정리하겠다는 것이었다.

　문제는 유료회원들에게 '추가이익additional benefit'을 주는 방식을 취하지 않고 무료회원에게 강제 전환을 유도했다는 것이다. 그전까지 무료로 F사 커뮤니티를 이용하던 고객들은 일정 기간 내에 유료로 전환하지 않으면 자신들이 운영하는 사이트를 이용할 수 없다는 사실에 분노했고, 결국 집단적으로 이탈하기 시작했다. 이로 인해 싸이월드와 같은 다른 커뮤니티 사이트가 급성장하게 되었다. 1년이 지난 후 F사는 무료회원들이 운영했던 커뮤니티를 복구시켜주었지만 한번 떠난 고객은 다시 돌아오지 않았다. 한때 '아이러브스쿨'에 이어 국내 최대의 커뮤니티 사이트였던 F사는 고객의 손실 회피 성향을 외면해 고객들의 불만족을 유발함으로써, 고객들의 기억 속에서 사라지고 말았다.

'처분효과'를 피할 수 있을까?

현재 당신은 다섯 개의 주식 종목을 보유하고 있다. 그중 두 개 종목은 10%의 이익이 났고, 한 개 종목은 그대로이며, 다른 두 개 종목은 10%의 손실이 났다. 당신은 어떤 종목을 매도할 것인가? 만약 이 질문에 이익이 난 종목을 판다고 답했다면 당신은 '처분효과disposition effect'의 영향을 받았다고 할 수 있다.

처분효과란 이익이 발생한 주식은 너무 빨리 팔고 손실이 난 주식은 너무 늦게 파는 투자자들의 성향을 말하는 것으로, 개인투자자들이 낮은 수익을 얻거나 손해를 보는 이유를 설명하는 이론이다. 그렇다면 투자자들에게 왜 처분효과가 나타나는 것일까?

IMF 이후 벤처 열풍이 세상을 뒤덮을 때 사람들의 관심은 주식에 집중되었다. 초기에는 증권사나 투자회사를 이용한 간접투자가 많았지만 초고속 인터넷의 발달로 주식 단기 매매가 가능해지면서 '개미'라고 불리는 개인투자자의 수가 급격히 증가했다. 이들 중에는 적은 원금으로 엄청난 수익을 올리면서 일명 스타덤에 오른 '슈퍼개미'도 있었지만 '묻지마 투자'로 엄청난 손실을 본 개미들이 훨씬 많았다.

주식시장에서 사람들에게 많이 알려진 효과로는 '캘린더 효과'라는 것이 있다. 캘린더 효과에 대해 간략히 설명하면 첫째, 1월부터

12월까지 다른 달의 수익률에 비해 월등히 높은 달은 1월이다. 둘째, 한 달 중 다른 날에 비해 수익률이 높은 날은 초반 4일 동안이다. 셋째, 월요일부터 금요일 중 다른 날들에 비해 수익률이 낮은 요일은 월요일이다. 한 연구자가 1953년부터 1970년까지의 S&P 500 지수의 수익률 변화를 연구한 결과, 이 기간 동안 39.5%의 월요일에 지수가 하락한 반면 62%의 금요일에 지수가 증가한 것으로 나타났다.[19] 넷째, 공휴일 전날의 수익률이 평균적으로 높다. 실제로 1963년부터 1982년까지의 데이터를 분석한 결과, 공휴일 전날의 하루 수익률이 다른 날의 하루 수익률의 14배를 넘어선 것으로 나타났다.[20]

캘린더 효과가 전체 투자자들의 행동 패턴을 분석해 나온 효과라면 일반적인 주식투자자의 성향을 이야기할 때 자주 인용되는 것은 '이익주는 너무 빨리 팔고, 손실주는 너무 늦게 판다'는 처분효과 disposition effect다. 처분효과는 "왜 개인투자자들은 낮은 수익을 얻거나 손해만 보고 있는 것일까?"라는 물음에 답을 제공해준다.

개인투자자들은 왜 이런 '비합리적인' 투자 성향을 보이는 걸까? 먼저 이익주를 너무 빨리 파는 것은 불확실한 이익보다는 확실한 이익을 선호하는 이익 현실화 욕구 때문이다. 반대로 손실주를 늦게 파는 것은 확실한 손실보다 불확실한 손실을 선호하는 사람들의 성향에서 비롯된 것으로, 손실을 현실화시키고 싶지 않은 욕구 때문이다. 실제로 1998년에 버클리대학교 교수 오딘Odean이 1만 개의 계좌를 대상으로 거래 기록을 분석한 결과, 이익이 발생한 주식의 평균 보유 기간은 104일, 손실이 발생한 주식의 평균 보유 기간은 124일로 나타났다. 또 다른 연구 결과에서도 이익 및 손실과 관련된 정보를 제공한 후 14차례에 걸쳐 거래할 수 있도록 했을 때, 매도 주식의 60%가 이익이 발생한 주식인 것으로 나타났다. 이 역시 처분효과가 나타난 결과라고 볼 수 있다.[21]

또 다른 연구에도 하위 10%의 저조한 펀드를 해지한 경우는 전체 해지 가구의 15%에 불과해 손실 난 펀드를 해지할 가능성에 비해 두 배 이상 높게 나타나 처분효과가 유효하다는 것을 입증해주었다.

이렇게 가장 합리적인 판단을 해야 하는 주식시장에서도 인간의 심리와 성향 탓에 비합리적인 행태가 빈번하게 발생하곤 한다. 그렇기 때문에 브랜드 관리자는 손실에 민감한 소비자의 기본 심리를 파악하는 것이 매우 중요하다. 여기서 말하는 손실은 단순히 금전적인 부분만을 의미하는 것은 아니다. 예를 들어 명품 브랜드의 할인 판매는 많은 소비자에게 금전적인 혜택을 안겨주는 좋은 방법이라 생각할 수 있으나, 이 브랜드를 구입하는 사람이 많아질수록 희소성이 사라지기 때문에 사람들이 심리적인 손실을 느끼고 브랜드와 결별하는 상황이 생길 수 있다. 즉 소비자를 확대한다는 것이 잘못하면 '스놉효과snob effect(특정 제품에 대한 소비가 증가하면 그 제품의 수요가 줄어드는 현상)'를 발생시킬 수 있는 것이다. 그러므로 브랜드 관리자에게는 손실에 민감한 소비자의 심리를 정확히 파악하고 응대할 수 있는 섬세함이 절실히 필요하다. 소비자는 제품을 사는 것이 아니라 브랜드를 사는 것이기 때문이다.

Take 7

욕망의 블랙홀
보유효과와 심리적 회계
Endowment Effect & Mental Accounting

왠지 모를 상실감

연구 참여 대가로 참여자에게 가치(가격)가 비슷한 커피 잔이나 펜을 무작위로 나누어주었다. 그리하여 반은 커피 잔을 받았고, 나머지는 펜을 받았다. 이후 참여자들에게 받은 선물을 가지고 서로 거래할 기회를 주었다. 무작위로 선물을 배포했기 때문에 자신이 받은 선물에 만족하지 않은 사람들끼리는 거래를 통해 선물을 맞바꿀 것으로 예상했지만 실제 거래는 거의 일어나지 않았다.[22] 왜 이런 결과가 나타났을까?

"군주는 백성들의 재산을 빼앗는 일은 삼가야 한다. 왜냐하면 인간은 재산을 잃은 슬픔보다 부모의 죽음을 더 빨리 잊는 존재이기 때문이다."

《군주론》의 한 대목이다. 부모를 해친 자는 불구대천의 원수라 하여 같은 하늘 아래 절대로 함께 살 수 없다고 생각하는 사람에게는 충격적인 말이 아닐 수 없다. 그러나 돈 때문에 벌어지는 수많은 사건 사고들을 접하다 보면 일견 이해되는 말이기도 하다.

소유욕은 인간의 본성이므로 소유한 것을 잃거나 빼앗긴다는 것은 인간에게 극심한 상실감을 안겨준다. 프로스펙트 이론에서 이야기한 것처럼 사람들은 손실 회피 성향이 강하기 때문에 이런 상실감을 쉽게 받아들이려 하지 않는다. 그렇다면 물건을 잠시 보유하거나 보관할 뿐 소유하지는 않은 상황에서는 어떨까? 전에 친구에게 스키복을 빌린 적이 있다. 친구는 스키복이 두 벌이라 흔쾌히 빌려주었고, 스키를 타고 온 나는 스키복을 세탁해서 돌려주려고 세탁소에 맡겼다가 찾아와서는 깜빡 잊고 거의 1년 동안 옷장에 보관하고 있었다. 다시 겨울이 왔고 친구와 만나 이야기하다가 스키복을 아직 돌려주지 않았다는 사실을 깨닫고 친구에게 스키복을 돌려주려고 하는데 왠지 모를 상실감이 느껴졌다. 원래 내 물건이 아닌데 왜 그런 감정이 느껴지는지 이해할 수가 없었다.

이처럼 사람들은 어떤 대상(사물)을 소유하거나 소유할 수 있다고 생각하는 순간 그 대상(사물)에 대한 애착이 생기게 되는데, 이를 '보유효과endowment effect'라 한다. 일단 보유효과가 나타나면 사람들은 자신에게 없는 것을 얻는 기쁨보다 자신이 보유한 것을 잃는 고통을 더 크게 느낀다. 보유효과와 관련한 연구 결과를 살펴보자.

사람들에게 동일한 머그컵을 나눠주고 자신의 머그컵을 팔 경우의 최소 판매가격과 타인의 머그컵을 살 경우의 최대 구입가격을 적으라고 하였다. 결과는 일반적으로 최소 판매가격(5.2달러)이 최대 구입가격(2.75 달러)보다 더 높게 나타난다.[23] 보유효과로 인해 동일한 제품일지라도 구입가 buying price와 판매가selling price를 다르게 매기는 것이다.

이러한 결과가 나타나는 것은 사람들이 보유한 제품을 포기할 때의 상실감이 새로운 제품을 취득할 때의 기쁨보다 더 크기 때문이다. 이처럼 자신의 물건에 대해 더 높은 가치를 부여하는 보유효과로 인해 실제로 소유하지 않아도 소유한 것과 동일한 효과가 나타날 수 있다. 예를 들어 친구가 잠시 물건을 맡아달라고 한 후 때가 되어 찾아갈 때 왠지 모를 상실감이 드는 것도 보유효과 때문이다. 보유효과로 인해 판매가와 구입가가 차이가 나타나는 것은 상대방보다는 자신을 중심으로 생각하기 때문인데, 보유효과는 보유 기간이 길어질수록 더 크게 나타난다.

가격 책정의 비밀

보유효과가 자동차 구매 결정에 어떤 영향을 미치는지를 연구하기 위해 실시한 실험을 살펴보자(Park, Jun and MacInnis, 2000). 이 실험에서는 참가자들을 두 그룹으로 나누어 각각 다른 가격 책정 방법을 보여주었다.

- 집단 1에 제시된 가격 책정 방법: 기본 모델은 1200만 원이고 자동변속기, 에어백, 선루프 중에서 손님이 원하는 옵션을 추가하시면 됩니다. 모든 옵션을 추가하게 되면 1700만 원입니다.
- 집단 2에 제시된 가격 책정 방법: 풀 옵션 모델은 1700만 원이고

자동변속기, 에어백, 선루프 중에서 손님이 원하지 않는 옵션을 빼시면 됩니다. 모든 옵션을 제거하게 되면 1200만 원입니다.

집단 1에 제시한 가격 책정 방법과 같이 기본 모델에 추가된 옵션만큼 가격이 비싸지는 것을 '옵션 추가 방법additive option framing method'이라 한다. 또 집단 2에 제시한 가격 책정 방법과 같이 풀 옵션 모델에서 제거된 옵션만큼 가격이 싸지는 것은 '옵션 제거 방법 subtractive option framing method'이라고 한다. 언뜻 보면 두 가지 가격 책정 방식이 차이가 없을 것 같지만 어떤 방식을 선택하느냐에 따라 소비자의 최종 구입가격은 달라진다. 연구 결과를 보면 옵션 추가 방법이 제시된 경우(집단 1)의 자동차 최종 구입가격은 평균 1440만 원이고, 옵션 제거 방법이 제시된 경우(집단 2)의 자동차 최종 구입가격은 평균 1530만 원이었다. 옵션 제거 방법을 쓰는 경우 평균 자동차 구입가격이 더 높게 나타난 것이다.

이러한 결과가 나타난 이유는 다음과 같다. 첫째, 자동차에 부착되어 있는 옵션에 대해 소비자는 보유자산의 일부로 간주한다. 따라서 그것을 포기하는 것에 대해 손실의 아픔을 느끼게 된다. 이에 반해 아직 부착되지 않은 옵션은 자산(자신의 소유물)이 아니므로, 그것을 선택하는 것을 이득으로 간주한다. 프로스펙트 이론에 의거하여 말하자면, 이미 부착된 옵션을 포기하면서 느끼는 아픔(손실)이 옵션을 새로이 추가하면서 느끼는 기쁨(이득)보다 훨씬 크게 지각되기 때문에 사람들은 이미 부착된 옵션을 가능한 한 포기하지 않으려 할 것이다. 프로스펙트 이론대로라면 이미 옵션으로 장착된 50만 원의 스테레오를 포기하는 데 따른 아픔은 50만 원을 절약할 때 느끼는 기쁨보다 크게 느껴진다. 반면에 아직 장착되지 않은 스테레오를 장착하는 기쁨은 50만 원을 지불하는 데 따른 슬픔보다 작을 것이다.

둘째, 옵션을 추가하는 쪽은 옵션 추가에 따른 금전적 손실 economic losses로 인해 갈등하는 반면, 옵션을 제거하는 쪽은 옵션 제거에 따른 효용 상실losses in utility로 인해 갈등하게 된다. 결국 금전적 손실을 더 크게 느끼는지 효용의 손실을 더 크게 느끼는지가 관건인데, 일반적으로 사람들은 금전적 손실보다는 효용 상실을 더 크게 느낀다(Hardie, Johnson and Fader, 1993). 즉 사람들은 옵션을 추가해서 금전적 손실이 발생하는 것보다 옵션을 제거해서 효용 상실을 경험하는 것을 더 싫어한다. 옵션 추가 조건보다 옵션 제거 조건에서 최종 구입가격이 더 높게 나타나는 것도 이와 같은 이유를 통해 설명할 수 있다.

체험 마케팅이 진짜로 **노리는 것**

과거 한솔CS클럽은 웅진코웨이와 손잡고 웅진 '룰루비데'와 정수기를 2주간 무료로 대여하는 서비스를 실시해 좋은 성과를 거두었다. 또한 공기청정기회사 청풍은 신제품 출시에 앞서 온·오프라인 매장에서 고객 체험단을 모집해 공기청정기 시장의 60% 이상을 점유하기도 했다. 과거 애플컴퓨터가 신제품을 출시할 때에도 구매자의 80%가 체험단 활동을 한 사람이었다고 한다. 체험단 활동이 효과적인 이유는 무엇일까?

보유효과를 활용한 마케팅 방법으로는 크게 환불보장제도와 체험단 활동이 있다. 환불보장제도란 제품을 구매한 고객에게 일정 기간 동안의 시험 기간을 제공하고 그 기간 동안 사용한 제품이 마음에 들지 않는 고객에게는 제품을 돌려받고 환불을 해주는 제도이다. 소비자들은 이 제도 때문에 별 부담 없이 제품을 구입할 수 있다. 그러나 시험 기간 동안 제품에 익숙해져 그것을 자산의 일부로 느끼게 되는 소비자는 시험 기간이 끝난 후 제품을 반환하는 것에 대해 손실감을 느끼게 된다. 그래서 제품에 문제가 없는 한 반환을 하지 않는다. 제품을 반환할 때 느끼는 손실이 환불로 생기는 이득에 비해 더 크게 지각되기 때문이다.

예를 들어 부동산 침체로 입주 시점에 위약금 없이 고객이 계약해지를 원할 경우 계약금 100%를 돌려주는 '계약금 환불보장제'를 시행하는 것이나 한 종합인터넷 쇼핑몰이 운영하는 중고차 서비스에서 허위·미끼 매물을 일절 취급하지 않고 구매 후 마음에 들지 않는다는 고객에게 100% 환불 보장제도를 실시하는 것도 이런 심리를 활용한 전략이라 할 수 있다.

체험단 활동은 소비자들이 직접 참여해 제품을 보고, 만지고, 느끼고, 사용해보도록 유도하는 적극적인 마케팅 활동이다. 체험단 활동은 소비자로 하여금 제품을 직접 경험하게 해서 긍정적인 구전을 유도할 뿐만 아니라 제품 구매 가능성을 높이는 효과도 있다. 체험하는 순간부터 나타나는 보유효과로 인해 소비자는 제품 반환 시 상실감을 느끼게 되기 때문에 체험 제품을 할인해주면 당연히 구매할 확률이 높아지게 된다. 실제로 웅진 비데와 정수기가 2주간 무료 체험 대여 서비스를 실시하여 구매에 따른 심리적 저항감을 무료 체험이라는 방식으로 무마시켜 좋은 성과를 거둔 적이 있고, 휴롬이 원액기 시장을 창조하며 2010년 600억 원이었던 연 매출을 1년 새 1500억 원으로 늘릴 수 있었던 것도 35만 원이 넘는 고가의 제품을 무료로 써보게 하고 마음에 들지 않으면 반품할 수 있도록 한 체험 마케팅 때문이라고 한다.

김치냉장고의 경우

체험 마케팅을 통해 성공한 대표적인 사례인 딤채에 대해 살펴보자. 위니아만도의 '딤채'는 김치냉장고 시장을 새롭게 개척한 브랜드이다. 이후 김치냉장고는 폭발적인 인기를 모으며 엄청난 규모의 새로운 가전산업 분야로 성장했다. 출시 첫해 판매 대수 4000대에 불과했던 김치냉장고 시장 규모는 1996년 2만 대, 1998년 20만 대, 2001년 120만 대로 늘어났고 2002년엔 170만 대에 도달했다. 출시한 지 15년이 되는 2010년까지 김치냉장고의 누적 판매량은 1300만 대에 달했다. 이런 폭발적인 성장에 따라 김치냉장고의 일반 가정 보급률은 2000년 11%, 2002년 33%, 2004년 48%, 2006년 63%로 매년 꾸준히 상승했고 2010년에는 80%를 넘어섰다. 텔레비전과 냉장고는 최초의 국산 제품이 나온 지 21년 만에, 세탁기는 23년 만에 보급률 80%를 넘어선 것과 비교하면 대형 가전으로서는 가장 빠르게 보급률 80%를 돌파한 것이다. 1995년 18억 원에 머물던 매출 규모는 2009년에는 1조 1200억 원으로 약 620배 성장했다. 단일 품목으로 시장 규모가 1조 원을 넘어서서 '1조 시장'을 형성하게 된 것이다.

만도기계(위니아만도의 전신)의 김치냉장고 개발은 '일본에는 생선냉장고가 있고 프랑스에는 와인냉장고가 있는데 우리나라에는 왜 김치냉장고가 없는 거야?'라는 단순한 발상에서 시작되었다. 그리하여 수년에 걸쳐 700~800억 원의 자금을 쏟아 제품 개발을 했지만,

1995년 '딤채'의 판매량은 4000대에 불과했다. 그중 3000대가 체험 마케팅의 일환으로 판 것이기 때문에 첫해의 판매량은 매우 저조한 수준이었다. 딤채가 처음 나온 1995년만 해도 대부분의 주부들 사이 에서는 "도대체 김치냉장고가 왜 필요하지?" 같은 반응이 대부분이 었다. 그러나 1996년부터 주부들의 입소문을 타고 시장이 커지면서 2001년에는 100만 대 판매를 돌파하는 데 성공했다.

주부들의 입소문 덕을 톡톡히 봤던 위니아만도는 2002년 11월 '딤 채클럽'이라는 김치냉장고 전용 사이트를 개설하기도 했다. 딤채를 사용하는 소비자들이 다양한 정보를 교환하는 공간으로, 소비자는 이 홈페이지를 통해 '망친 김치 되살리기 비법'과 같은 정보를 얻었 다. 또한 이 공간을 통해 많은 사람들이 김치냉장고를 김치의 숙성 및 보관에 사용하는 것은 물론이고 과일, 육류, 생선 등을 보관하거 나 음료수를 살짝 얼리기 위해서도 사용한다는 정보도 얻을 수 있었 다. 위니아만도는 이러한 소비자의 체험 정보를 바탕으로 김치냉장 고의 기능을 확대하는 데 효율적으로 이용했다.

어느 쪽이 더 많은 **후회를 느끼게 될까?**

안정적으로 전력 공급(높은 질의 전력 공급)을 받는 대신 비싼 요금을 내는 집단과 불안정적으로 전력 공급(낮은 질의 전력 공급)을 받지만 싼 요금을 내는 집단을 대상으로 조사를 실시했다. 이들에게 다양한 전력 공급의 질(전력 공급 안정성)과 요금체계를 제시해 원하는 전력 서비스를 선택하라고 하면 결과는 어떻게 될까?
비싸고 질 높은 서비스를 이용한 고객이나 싸고 질 낮은 서비스를 이용한 고객 모두 자신이 기존에 이용하던 전력 서비스를 더 선호하는 것으로 나타났다. 왜 이런 결과가 나타났을까?

"모두가 세상을 변화시키려고 생각하지만, 정작 스스로 변하겠다고 생각하는 사람은 없다." 톨스토이의 말이다. 복지부동伏地不動이란 말이 있다. 이 말은 땅에 엎드려 움직이지 않는다는 뜻이다. 그런데 사람들이 자기가 마땅히 해야 할 일을 하지 않고 몸을 사리는 이유는 뭘까?

사람들이 의사결정 후 느끼는 후회의 종류에는 크게 두 가지가 있다. 하나가 행동후회action regret이고, 다른 하나는 무행동후회inaction regret이다. 벤처 주식은 역시 위험하다고 생각해 주식을 사지 않았는데 그 주식가격이 급등할 때(상황 1) 느끼는 후회가 무행동후회라면, 위험하긴 하지만 벤처 열풍이라 주식을 샀는데 며칠 후 주식 가격이 급락할 때(상황 2) 느끼는 후회가 행동후회다. 일반적으로 사람들은 상황 1보다는 상황 2에서 더 많은 후회의 감정을 느낀다. 행동하지 않았기 때문에 발생한 부정적인 결과보다는 행동했기 때문에 나타난 부정적인 결과에 대해 더 많이 후회하는 것이다.

이런 이유로 사람들은 의사결정을 할 때 새로운 시도를 하기보다는 현재 혹은 이전의 결정을 유지하려는 성향을 강하게 나타낸다. 현재 상태에서 변화를 피하려는 사람의 성향을 새뮤얼슨Samuelson과 젝하우저Zeckhouser는 '현상유지효과status quo effect'라 명명했다.

왜 현상유지효과가 발생하는 것일까? 이에 대해서는 '규범이론norm theory'을 통해 설명할 수 있다. 자신의 결정을 쉽게 합리화하거나 사회적으로 인정받을 수 있는 판단 기준을 규범이라고 한다. 그리고 사람들은 대체로 새로운 것을 시도하기보다는 기존에 있는 것을 그대로 받아들이는 것이 더 '규범적normal'이라고 생각한다.

현상유지효과와 관련하여서는 유럽의 국가별 장기기증 의사 차이에 관한 연구를 살펴볼 만하다. 유럽 국가 대부분은 운전면허를 신청할 때 장기기증 의사를 묻는다. 장기기증 의사는 국가에 따라 차이가 나는데, 이 차이는 운전면허신청서에 기본 선택 사항이 적혀 있는지 여부에 따라 결정된다고 한다. 즉 기본 선택이 '장기기증 의사가 있다'로 되어 있는 국가에서는 기증 의사 비율이 높고, 기본 선택 없이 장기기증 의사가 있을 경우 표시하게 되어 있는 국가에서는 기증 의사 비율이 낮다. 이는 기본조건을 그대로 받아들이려 하는 현상유지효과, 또는 '디폴트default 효과' 때문이다.

현상유지효과는 마케팅에도 다양하게 활용할 수 있다. 예컨대 인터넷, 컴퓨터, 전자상거래, 게임, IT 등 정보통신 관련 뉴스를 제공하는 '아이뉴스 24'는 회원들에게 뉴스다이제스트(IT, 경제, 정치, 시사 분야), 조이다이제스트(연예, 스포츠, 레저 분야), 이슈포커스, 칼럼다이제스트, 비즈플라자 등의 이메일 서비스를 제공했다. 그런데 이메일 서비스 신청란에 디폴트(기본)로 모든 이메일 서비스 항목을 체크해놓고, 원하지 않는 분야의 서비스는 지울 수 있는 옵션 제거 방법을 채택했다. 이는 회원들이 더 많은 분야의 이메일 서비스를 받도록 유도하는 유용한 방법이 되었다.

현상유지 심리를 자극하라

사람들의 행동을 변화시키는 일은 매우 어렵다. 변화에 대한 작은 두려움이라도 감지되면 사람들은 본능적으로 고슴도치처럼 자신의 몸을 움츠리고 날을 세워 현 상황을 유지하려 한다. 사람들의 이런 성향은 2004년 미국 대선 결과만 봐도 잘 알 수 있다. 선거 전문가와 조사 기관마저 결과를 예측할 수 없을 정도로 접전을 벌였던 2004년 미국 대선은 예상과는 달리 매우 싱겁게 끝났다. 선거 막판까지 부시는 이라크 침공에 대한 비난 여론으로 인해 고전을 면치 못하고, '지금은 전쟁 중On the war'이라는 말로 방어하기에 급급했던 상황이었다.

그런데 선거가 얼마 남지 않은 상황에서 오사마 빈 라덴의 테러 위협 방송이 뉴스를 통해 보도되었다. 그러자 그전 여론조사에서 48%(부시) 대 46%(케리)로 박빙이었던 지지율이 방송 직후 50%(부시) 대 44%(케리)로 요동치기 시작했다. 지지율 격차가 점점 벌어지면서 숨 가빴던 대선 레이스는 결국 부시의 승리로 끝이 났다. '오사마 빈 라덴은 백악관에 숨어 있다'라는 우스갯소리가 나올 정도로 2004년 대선 당시 빈 라덴의 등장은 이렇게 유권자들의 현상유지 심리를 자극하는 데 결정적 역할을 했다.

이처럼 현상유지편향은 인간의 자연스러운 심리이기는 하지만 이런 편향은 개인 삶의 만족도에 부정적인 영향을 미치기도 한다. 우리가 삶을 돌아보면서 하는 후회 중 많은 경우는 하지 않은 것에 대한 후회라는 것을 잘 알 것이다. 왜냐하면 해본 것에 대한 후회는 시간이 지나면 진정되지만, 해보지 못한 것에 대한 후회는 시간이 지날수록 더 커지기 때문이다. '시도'는 현상유지편향을 극복할 수 있는 유일한 대안이다.

심리적 회계장부를 주시하라

2010년 무렵 세종시 문제로 온 나라가 시끄러운 적이 있었다. 그 당시 정부는 '행정도시'가 아닌 '살기 좋고 일자리 많은 첨단 경제도시'로 세종시를 발전시켜나가겠다는 내용의 발전방안을 내놓았다. 언론에서도 '행정' 빼고 다 담은 종합선물세트라는 말을 할 정도로 많은 혜택을 담은 방안이었다. 그러나 결국 이명박 정부의 수정안(기업도시)이 아닌 노무현 정부의 세종시 원안(행정도시)이 채택되었다. 왜 이런 결과가 나타났을까?

지난 2004년, 이동통신 이용자가 통신회사를 변경하더라도 기존에 사용하던 번호는 그대로 유지하면서 자신이 원하는 이동통신사의 서비스를 이용할 수 있게 하는 번호이동제도가 실시되었다. 번호이동제도가 실시된 이후 SK텔레콤은 154만 명의 가입자를 빼앗긴 반면 LG텔레콤은 107만 7000명, KTF는 46만 9000명의 가입자가 증가한 것으로 나타났다. 그리하여 업계 리더인 SK텔레콤의 시장점유율은 53.8%에서 2004년 11월 51.3%로 감소했다.

당시 공격자인 LG텔레콤과 KTF는 '굿 타임 찬스'와 같은 문구를 써서 놓칠 수 없는 기회라는 점, 경제성 등을 부각시켰다. 이와 달리 방어하는 입장인 SK텔레콤은 "통화료가 싸다는 말에, 기회라는 말에 바꿀 뻔 했다", "쓰던 번호 그대로라는 말에 솔깃했었다", "다시 한번 생각하면……"과 같이 통신사 변경에 따를 '후회'를 집중적으로 부각시켰다. 고객에게 주는 혜택을 강조하기보다는 변화를 선택할 때 나타날 수 있는 후회를 인식시켜 소비자들의 현상유지효과를 극대화시키는 전략을 쓴 것이다.

중요한 것은 변화를 유도하기 위해서는 혜택을 제공해주는 것뿐만 아니라 심리적 비용을 줄여주는 세심함이 필요하다는 것이다. 세종시 문제와 관련해 정부가 원하는 수정안이 아닌 원안이 채택된 것도 사람이 이익(살기 좋고 일자리 많은 첨단 경제도시)보다 손실(행정도시라는 심리적·상징적 의미)에 더 민감하다는 점을 무시한 채 '경제도시'라는 실리에만 포커스를 맞췄기 때문이 아닐까? '종합선물세트', '줄 수 있는 것은 다 줬다'와 같은 말로 해당 주민의 자존심을 건드린 탓도 어느 정도 있을 것이다.

본전 생각나지요?

다음 연구를 살펴보자. 입장권이 5만 원인데 공연을 보러가는 도중 입장권을 잃어버린 상황 A와 입장권을 사려고 준비한 5만 원을 잃어버린 상황 B가 있다. 만약 입장권을 살 돈이 남아 있다면 상황 A, B 중 어느 쪽이 입장권을 구입하는 비율이 더 높을까?

이 두 상황 모두 5만 원의 손실이 발생했기 때문에 입장권 구입 비율이 같을 것이라 생각할 수도 있다. 그러나 실제 상황 A에서 입장권을 다시 사겠다고 한 사람은 46%인 반면, 상황 B에서 입장권을 사겠다고 답한 사람은 88%로 거의 두 배에 달했다.[24] 왜 이런 결과가 나타났을까?

주변에서 가계부나 회계장부를 흔히 볼 수 있을 것이다. 그런데 사람들의 마음속에도 심리적 회계장부mental accounting가 있다. 사람들은 제품 구매 시 제품별로 회계장부를 만든 후 제품 구매에 따른 비용cost과 제품 소비에 따른 혜택benefit을 비교한다. 제품에 대한 가치를 지불하는 시점에 심리적 회계장부를 열고, 제품 소비가 완료되면 심리적 회계장부를 마감한다.

여기서 중요한 것은 사람들이 심리적 회계장부를 적자로 마감하지 않으려는 경향이 있다는 것이다. 흔히 지불한 비용만큼 혜택을 누리지 못할 때 '본전 생각난다'라는 말을 자주 쓰곤 하는데, 이 말이 바로 심리적 회계장부를 적자로 마감하지 않으려는 심리를 정확히 드러내준다. 앞서 돈을 잃어버린 상황 B보다 입장권을 잃어버린 상황 A에서 입장권을 다시 사겠다고 한 사람의 비율이 낮은 것은 다시 공연 입장권을 사는 것이 너무나 아깝다고 느끼기 때문이다.

AXA다이렉트는 주행 거리에 따라 보험료를 최대 9%까지 할인해주는 '마일리지 자동차보험'을 자동차업계 최초로 선보인 바 있다. 이 보험은 주행 거리가 짧은 운전자들이 보험료를 절약할 수 있게 만든 것으로 1년간 운행하기로 약정한 주행 거리에 각각 다른 할

인율(5000km 이하 9% 할인, 5000~7000km 이하 5% 할인, 7000km 초과 할인 없음)을 적용하여 보험료를 즉시 할인해주는 방식을 시행했다. 비용 대비 보험 혜택을 못 누렸다고 생각하며 보험료가 아깝다고 여긴 운전자들을 효과적으로 유인한 마케팅 사례로 꼽을 만하다.

한편 디지털 손해보험사 캐롯손해보험은 2020년 2월부터 1년치 보험료를 선납하는 기존 상품과 달리 자동차 보험료도 '탄 만큼만' 후불로 내는 '퍼마일per mile 자동차 보험'을 선보였다. 출시 100일과 150일 만에 각각 신규 계약 1만 건, 2만 건을 달성했고, 10월에 2편의 TV 광고를 론칭하면서 5일 만에 유튜브 합산 약 35만 뷰를 기록하는 등 소비자들의 관심을 끌었다. 그 결과 신규 가입 계약은 5만 건(2020년 11월 2일 기준)에 이르렀다. '탄 만큼만' 후불로 내는 방법이 사고 없이 자동차 보험을 갱신할 때마다 기존에 지불했던 보험료가 아깝다고 생각했던 소비자들의 마음을 사로잡았던 것이다.

착한 보상판매

ABC마트에서는 헌 신발을 가져온 고객에게 새 신발 가격을 20%까지 할인해주는 이벤트를 진행했다. 함께 행사를 주관한 국제구호개발[NGO] 굿네이버스는 수거된 헌 신발과 동일한 수량의 새 신발을 해외 빈곤 아동에게 전달하고, 수거된 헌 신발은 친환경제품을 만드는 데 재활용했다. 또한 CJ오쇼핑은 '아름다운 가게'와 공동으로 각 가정의 창고에서 잠자고 있는 냄비와 프라이팬을 수거해 가치 있는 곳에 쓰이도록 하는 '굿 키친' 캠페인을 펼치기도 했다. 상태가 양호한 제품은 손질을 거쳐 아름다운 가게에서 싸게 재판매하고 더 이상 사용하기 힘든 제품은 고철로 판매했다.

기업들이 이처럼 보상판매를 적극적으로 활용하는 이유는 무엇일까?

제품을 구매할 때 지불한 비용과 제품을 쓰면서 느끼는 효용의 차이를 '심리적 장부 가치'라 한다. 일반적으로 심리적 계정은 제품 구매 후 소비를 통해 누적된 효용이 초기 구매비용과 같아지는 시점, 즉 심리적 장부 가치가 0인 시점에 마감을 하게 된다. 따라서 기존 제품의 효용이 남아 있는 상태에서 신제품을 구매하게 되면 심리적 계정을 적자로 마감해야 한다는 심리적 부담감이 생긴다. 이때 소비자가 느끼는 심리적 불편함을 완화시켜주고 나아가 교체에 대한 명분을 제공해줄 수 있는 효과적인 방법이 있으니, 그것이 바로 보상판매trade-in이다.

보상판매는 과거 어려운 시절 헌 신발이나 주방기구를 가져가면 엿으로 바꿔주던 엿장수의 판매 기법을 떠올리게 한다. 특히 PC처럼 성숙기에 접어든 제품군에서는 신규 고객 유치와 기존 고객 유지를 병행해야 하기 때문에 보상판매가 활성화될 수밖에 없다.

이익과 공익을 접목하라

아직까지 보상판매는 경제적 보상에 국한되어 진행되는 측면이 있다. 그러나 보상판매가 더 많은 교체수요를 유발하기 위한 것이라면 좀 더 많은 사람들이 참여할 수 있는 방법이 없는지를 고민해봐야 한다. 경제적인 보상에만 집착하다 보면 자칫 출혈 가격 경쟁과 같은 일이 벌어질 수 있기 때문이다.

이런 측면에서 경제적 이익과 공익을 접목한 '착한 보상판매' 방법을 주목할 필요가 있다. 가령 소니코리아는 보상판매를 통해 모은 구형 카메라를 '아름다운 가게'에 기증해 소외계층을 위한 기금 마련에 활용했다. 또한 리바트는 친환경 판촉행사의 일환으로 고객이 사용 중인 가구에 부착된 공산품 인증 마크를 리바트 전국 가정용 전시장으로 가져오면 리바트의 제품을 구매할 때 보상금을 지급해주는 행사를 실시했다. 가구를 교체하려는 고객이 폐가구 처리 비용 부담을 덜면서 새로운 가구로 교체할 수 있는 기회를 제공한 것이다.

앞서 등장한 '현상유지효과'라는 용어에서도 알 수 있듯이 소비자는 모름지기 기존의 선택을 유지하려고 하는 성향이 있다. 그러다 보니 '잡아놓은 물고기에게는 먹이를 주지 않는다'는 식으로 기존 고객에게 신경을 쓰지 않고 신규 고객만 유치하려고 하는 기업도 적지 않다. 그러나 과거와 같이 신규 고객 유치에만 혈안이 된 '수렵형 경영' 방식으로는 경쟁에서 이길 수 없다. 그보다는 기존 고객 관리와 신규 고객 유치를 병행하는 '경작형 경영'이 필요하다. 가령 기업은 마일리지나 포인트를 제공하는 '충성고객 프로그램'을 통해 소비자의 현상유지효과를 건드리면서 기존 고객의 이탈을 막을 수 있다. 이와 함께 소니코리아나 리바트의 경우처럼 착한 보상판매에 적극적으로 참여함으로써 신제품 판매 증가와 기업 이미지 상승이라는 두 마리 토끼를 잡는 방법도 고려할 만하다.

틀을 만들다, 틀에 갇히다
프레이밍 효과 Framing Effect

틀 안에서 움직이는 사람들

미국에서 특이한 형태의 아시아산 질병이 발생했다. 이 질병으로 600명이 사망할 것으로 예상되는 상황이다. 해결방안을 제시한 각 프로그램에 대해 예측한 자료를 보면 다음과 같다.

① 프로그램 A가 채택되면 200명이 살 것이다. 프로그램 B가 채택되면 600명 모두가 살 확률은 3분의 1이고, 600명 모두가 사망할 확률은 3분의 2다. 프로그램 A, B 중 어떤 프로그램을 선택하겠는가?

② 프로그램 C가 채택되면 400명이 사망할 것이다. 프로그램 D가 채택되면 600명 모두가 살 확률은 3분의 1이고, 600명 모두가 사망할 확률은 3분의 2다. 이런 상황이라면 어떤 프로그램을 선택하겠는가?

위의 선택지를 살펴보자. 먼저 ①의 경우, 당신이 일반적인 사람들과 비슷한 생각을 갖고 있다면 당신은 프로그램 A를 선택할 것이다. 실제 연구 결과도 프로그램 A를 선택한 비율이 72%, 프로그램 B를 선택한 비율이 28%로 프로그램 A를 선택한 비율이 압도적으로 높게 나타났다. ②의 경우에는 대체로 프로그램 D를 선택할 것이다. 실제 연구 결과도 프로그램 C를 선택한 비율이 22%, 프로그램 D를 선택한 비율이 78%로 프로그램 D를 선택한 비율이 압도적으로 높게 나타났다.

그런데 자세히 보면 프로그램 B와 D는 같다. 프로그램 A와 C도 말만 바꿨을 뿐 200명이 살아남는다는 사실은 같다. 그럼에도 불구하고 똑같은 이야기를 긍정적(600명 중 200명이 산다)으로 표현하느냐 부정적(600명 중 400명이 죽는다)으로 표현하느냐에 따라 선택 확률이 72%와 22%로 극명하게 달라졌다.

왜 그럴까? 앞서 설명한 프로스펙트 이론을 이해한 사람이라면 다음과 같이 설명할 수 있을 것이다. 사람들은 이익 영역에서는 불확실한 이익(프로그램 B)보다 확실한 이익(프로그램 A)을 선호하기 때문에 프로그램 A를 택한 사람이 더 많을 수밖에 없다. 반면 손실 영역에서는 확실한 손실(프로그램 C)보다 불확실한 손실(프로그램 D)을 선호하기 때문에 프로그램 D를 더 많이 선택한 것이다. 그러나 이 설명만으로는 부족하다. 똑같은 내용인 프로그램 B와 D를 각각 불확실한 이익, 불확실한 손실이라고 말했기 때문이다. 핵심은 어떻게 표현하느냐에 따라 똑같은 이야기도 불확실한 이익이 될 수도 있고, 불확실한 손실이 될 수 있다는 점이다.

어떻게 표현하느냐가 핵심

'아 다르고 어 다르다'라는 말이 있다. 똑같은 말이라도 말하는 방법에 따라 상대방을 기쁘게 할 수도, 화나게 할 수도 있다는 말이다.

이처럼 질문이나 문제의 제시 방법에 따라 사람들의 판단이나 선택이 달라지는 현상을 '구성효과, 틀효과, 또는 프레이밍 효과framing effect'라 한다. 일단 틀frame이 만들어지면 사람들의 사고나 행동은 그 틀 안에서 움직이게 되고, 그것을 깨지 못하는 한 틀 밖으로 벗어나는 것은 불가능해진다. 창의적 사고를 방해하는 가장 큰 원인인 고정관념도 일종의 틀이라 할 수 있다.

그러나 고정관념에서 벗어나는 것은 매우 힘들다. 예전에 '두루마리 화장지로 할 수 있는 일'을 최대한 많이 적으라고 하면 초등학생은 한국과 미국 모두 160~180개, 중·고등학생은 한국에서 80~90여 개, 미국에서 110~120개, 그리고 대학생은 한국에서 40~50여 개, 미국에서 70~80개 정도의 아이디어를 낸다는 내용의 글을 본 적이 있다. 아마도 이 글은 주입식 교육이 한국 학생들의 창의적 사고를 저해한다는 점을 보여주기 위한 연구 결과였을 것이다.

나는 이 글을 보고 정말 그 정도밖에 안 나올까 반신반의하면서 똑같은 주제로 대학생들과 창의력 워크숍을 한 적이 있다. 혼자 하면 생각을 많이 안 할 것 같아서 3~4명씩 팀을 만들어주고 제일 많이 아이디어를 낸 팀에게 특별 점수를 준다는 제안도 했다. 30분 정도 시간을 준 후 조별로 총 몇 개의 아이디어를 냈는지 물어보니 가장 적게 낸 팀이 40여 개, 가장 많이 낸 팀이 80개 정도였다. 앞서 언급한 연구 결과와 별 차이가 없었다.

나는 학생들에게 기존 연구 결과를 이야기해주면서 무심코 두루마리 화장지로 할 수 있는 일 중에는 역기를 만들거나 탑을 쌓을 수도 있다는 말을 했다. 그러자 학생들이 웅성웅성하더니 "교수님! 두루마리 화장지 한 개 가지고 하는 거 아니었나요?"라며 질문을 하는 것이 아닌가. 나는 두루마리 화장지로 할 수 있는 일을 적으라고 했지 두루마리 화장지 한 개를 가지고 할 수 있는 일을 적으라고 하지 않았는데……. 100여 명의 학생들은 모두 스스로 만든 고정관념의 틀에서 헤어나오지 못했던 것이다.

2012년 한 임산부가 모 프랜차이즈 식당에서 식당 종업원이 임신한 자신의 배를 발로 차는 등 폭행을 했고 사장은 보고도 말리지 않았다며 인터넷 카페에 글을 올렸다. 그러자 네티즌들이 분노하여 프랜차이즈 본사에 항의를 하기 시작했고 결국 본사에서는 공식 사과와 함께 지점을 폐점하겠다는 조치를 취했다. 그런데 며칠 후 놀라운 반전이 시작된다. 매장 CCTV와 경찰을 통해 수사한 결과, 몸싸움을 한 정황은 있으나 종업원이 임산부의 배를 찬 사실이 없는 것으로 나타났다. 처음에는 임산부의 일방적 주장에 동조해 종업원에 대한 마녀사냥 식 비난과 해당 업체에 대한 불매운동까지 벌인 네티즌들이 경찰 조사 결과 발표 이후에는 반대로 임산부에 대한 무차별 인식공격으로 이어졌던 것이다. 이처럼 프레이밍 효과는 사람들의 생각을 가두고 한 방향으로 사고하도록 만드는 강력한 힘이 있기 때문에 어떤 행동을 하기 전에 스스로 프레임에 갇혀 있는 건 아닌지 돌아봐야 한다.

이런 고정관념의 틀에서 벗어나기 위해 기업들마다 '프레임을 깨부술 방법'을 고안해내고 있다. 그중에서도 미국의 디자인 컨설팅 기업, 아이디오IDEO의 브레인스토밍과 프로토타이핑을 살펴볼 만하다. 아이디오는 브레인스토밍 단계에서는 60~90분을 넘기지 않는다는 규칙만 하나 정한 뒤 이 시간 동안 가능한 한 많은 아이디어를 내고, 누가 무슨 이야기를 하든 비난하지 않는다고 한다. 모든 아이디어는 문자 혹은 그림으로 표현해 벽에 붙인 후 자신의 맘에 드는 아이디어에 색깔 포스트잇을 붙인다. 이렇게 브레인스토밍을 통해 아이디어가 나오면 죽이 되든 밥이 되든 일단 실물 크기로 프로토타이핑 즉 시제품을 만든다. 이런 방법을 만든 것은 어떤 제품이나 서비스든, 팀원이나 고객에게 실제로 해 보이는 과정을 통해 '프레임'을 깨뜨리는 연습이 가능하기 때문이다.

월 단위 vs. 일 단위

자선단체에서 두 종류의 기부금 광고 메시지 중 하나를 선택하여 캠페인을 전개하려 한다고 하자. 메시지 A는 하루 1000원이면 아프리카 난민 가족의 생계를 책임질 수 있다는 내용, 메시지 B는 한달에 3만 원(1년에 36만 원)이면 아프리카 난민 가족의 생계를 책임질 수 있다는 내용이다. 어떤 메시지가 기부금을 모을 때 더 효과적일까? 한 달을 30일이라고 가정했을 때 메시지 A와 메시지 B는 똑같은 이야기이다. 차이가 있다면 하나는 금액을 하루 단위로 분리해서 제시했고, 다른 하나는 월(년) 단위로 통합해서 제시했다는 것이다. 이때 메시지 A와 같이 손실을 하루 단위로 나누어 제시하는 것을 '일 단위 가격 분리 프레이밍' 또는 'PAD pennies-a-day' 전략이라 한다.

연구 결과 사람들은 실제로 '일 단위 분리(하루 85센트)' 메시지를 본 60명 중 52%가 동참의사를 밝혀 총 9360달러의 기부금이 모인 반면, '연 단위 통합(1년에 300달러)' 메시지의 경우는 60명 중 30%만이 동참의사를 밝혀 일 단위 분리 메시지의 67.6% 수준인 5400달러의 기부금이 모이는 데 그쳤다.[25] 사람들은 외부 가격정보를 보는 순간 그 가격과 비교할 만한 대상을 떠올리고 그 금액이 상대적으로 크지 않다고 느끼면 메시지에 대해 긍정적으로 반응하지만, 금액이 상대적으로 크다고 느끼면 메시지에 대해 부정적으로 반응한다. 전자는 동화효과 assimilation effect, 후자는 대조효과 contrast effect로 설명할 수 있다.

다시 앞의 예를 살펴보자. 사람들은 하루 1000원이라는 메시지를 볼 때는 대중교통 요금, 음료수 가격과 같이 일상생활에서 빈번히 지불하는 값을 떠올리며 기부에 부담을 느끼지 않는다. 그러나 3만 원이라는 메시지를 본 후에는 학원비, 인터넷 요금 등 일상생활에서 자주 지불하지는 않는 것들을 떠올리며 약간의 부담을 느끼게 된다. 이런 이유로 월 단위 통합 제시(메시지 B)보다 일 단위 분리 제시(메시지 A)의 메시지를 사람들이 더 선호하게 되는 것이다.

월 단위 분리 제시나 일 단위 분리 제시 방법을 자주 활용하는 상품 중 하나는 보험 상품이다. '하루 1400원씩 아끼면', '월 9970원이면……'과 같은 광고 문구도 역시 일(월) 단위 분리 제시를 통해 소비자들에게 부담 없이 보험에 가입할 수 있도록 설득하는 메시지라 할 것이다.

동메달 딴 사람이 은메달 딴 사람보다 행복하다?

SK증권은 외근 중 주식이 올랐을 때 스마트 트레이딩을 안 하면 시기를 놓쳐 후회할 수 있으니 기회를 놓치지 말라고 설득하는 광고를 선보인 적이 있다. 후회는 의사결정에 어떤 영향을 미칠까?

의사결정을 한 뒤 부정적인 결과가 나타나면 사람들은 어떤 식으로 반응할까? 아마 대부분의 사람들은 '만약 그때 그렇게 하지 않았다면……' 또는 '만약 그때 그렇게 했더라면……' 하고 당시의 결정과 다른 생각을 할 것이다. 예를 들어 약속 시간에 맞추기 위해 버스를 탈지 지하철을 탈지, 혹은 자가용을 탈지 고민하다 버스를 탔는데 길이 너무 막혀서 난감했던 경우를 생각해보자. 이런 상황에서는 '지하철을 탔으면 약속 시간에 늦지 않았을 텐데……' 하고 자책할 수도 있고, '자가용을 가지고 왔으면 더 늦었을 거야'라며 위안할 수도 있다. 이때 '지하철이나 자가용을 탔더라면'은 선행 요인이 되고 '약속에 늦지 않았을 텐데' 또는 '약속에 더 늦었을 텐데'는 결과 요인이 된다.

이처럼 사람들이 어떤 결과가 발생했을 때 선행 요인을 바꾸어 다른 결과 요인을 생각하는 사고방식을 '가정법적 사고counterfactual thinking, CFT'라고 한다. 가정법적 사고는 사람들의 심리 상황에 따라 다르게 나타난다. 위의 예에서 '지하철을 탔으면 늦지 않았을 텐데'와 같이 실제 나타난 결과보다 더 좋은 결과를 가정하는 것을 상향 가정법적 사고upward CFT라고 하고, '자가용을 탔으면 더 늦었을 텐데'와 같이 실제 나타난 결과보다 더 나쁜 결과를 가정하는 것을 하향 가정법적 사고downward CFT라고 한다.

상향 가정법적 사고는 부정적 결과를 일으킨 선행 요인(버스)보다 더 좋은 선행 요인(지하철)이 있었음에도 불구하고 선택하지 않았기 때문에 나타나는 후회나 아쉬움과 관련이 있다. 반면 하향 가정법적 사고는 부정적 결과를 일으킨 선행 요인(버스)보다 더 나쁜 선행 요인(자가용)이 있었지만 선택하지 않았기 때문에 나타나는 안도감이나 다행스러움과 관련이 있다.

상향 가정법 vs. 하향 가정법

이번에는 가정법적 사고가 사람들의 만족감에 어떤 영향을 미치는지 살펴보자. 올림픽 육상 100미터 결승전을 떠올려보라. 출발 총소리와 함께 결승에 오른 선수들이 질주를 하기 시작하고, 10여 초후 결승선을 제일 먼저 통과한 선수는 펄쩍펄쩍 뛰며 기쁨을 만끽한다. 이어 두 번째, 세 번째 선수가 결승선을 통과한다. 자, 시상대에 오른 선수 중 누가 가장 슬픈 표정을 지을까? 금메달을 딴 선수가 가장 기뻐하는 것은 당연할 것이다. 은메달 수상자와 동메달 수상자 중 누가 더 기뻐하는지가 관건이다.

심리학자 메드벡Medvec, 메디Madey, 길로비치Gilovich는 올림픽에서 은메달을 수상한 20명과 동메달을 수상한 15명을 대상으로 순위가 결정된 순간과 시상대에서의 모습을 담은 동영상을 사람들에게 보여주며 누가 더 행복해하는가를 연구했다. 흥미롭게도 순위가 결정된 순간과 시상대 모습에서 은메달 수상자보다는 동메달 수상자가 더 행복해한다고 보는 사람이 많았다.[26]

왜 이런 결과가 나타났을까? 은메달 수상자는 '조금만 출발이 빨랐다면 금메달을 받을 수 있었을 텐데'라며 더 긍정적인 결과(금메달)를 생각하는 '상향 가정법적 사고'를 하는 반면, 동메달 수상자는 '잘못했으면 메달을 받지도 못했을 텐데'라며 더 부정적인 결과(메달권 탈락)를 가정하는 '하향 가정법적 사고'를 할 가능성이 높기 때문이다. 그래서 동메달 수상자가 은메달 수상자보다 더 행복하게 보일 수 있는 것이다.

사람들은 동일한 사건에 대해 어떤 방식으로 생각하느냐에 따라 다른 감정을 느낄 수 있다. 부정적인 결과가 발생했을 때는 정신 건강을 위해 상향 가정법적 사고보다는 하향 가정법적 사고가 더 좋다. 그러나 부정적인 결과가 발생한 순간 사람들은 본능적으로 상향 가정법적 사고를 하게 되므로 하향 가정법적 사고를 하기 위해서는 일정한 훈련이 필요하다.

그런데 상향 가정법적 사고가 항상 나쁜 것일까? 꼭 그렇지만은 않다. 상향가정법적 사고는 하향 가정법적 사고가 갖고 있지 못하는 '미래를 준비하는 기능'을 가지고 있기 때문이다. 보통 하향 가정법적 사고를 하는 사람은 부정적인 결과가 나타나면 향후 동일한 결과가 나타나지 않도록 조심하기보다는 더 안 좋은 결과를 생각하며 위로를 하는 편이다. 그러나 상향 가정법적 사고를 하는 사람은 다음에 똑같은 결과가 나타나지 않도록 더 많은 준비를 하기 때문에 미래에 더 좋은 성과를 낼 가능성이 크다.

프레이밍 효과를 활용한 메시지

타이레놀이 두통약 시장에 진입한 당시 시장 내 절대 강자는 아스피린이었다. 타이레놀은 "지금까지 두통약 복용 후 속 쓰린 적이 없으십니까? 이젠 걱정 마세요. '순한 두통약' 타이레놀이 있으니까요"와 같은 메시지 광고를 지속적으로 전개했다. 이 결과 '타이레놀=순한 두통약, 아스피린=독한 두통약'이라는 사고의 틀이 만들어지게 되었고, 마침내 타이레놀이 시장을 지배할 수 있게 되었다.

'지방 10% 함유'가 아닌 '90% 무지방'으로, '실패율 1%'보다는 '성공률 99%'로 메시지를 표현하라! 이것은 소비자에게 긍정적인 평가를 유도하기 위해 프레이밍 효과를 활용하는 좋은 예라고 할 수 있다. 프레이밍은 사람들의 사고를 제한시킨다는 측면에서 강력한 커뮤니케이션 방법이다. 그래서 많은 기업들이 프레이밍 효과를 활용한 브랜드 포지셔닝 전략을 자주 활용하고 있다. 물론 이 방법이 늘 성공을 거두기는 쉽지 않지만, 일단 기업이 원하는 방향으로 사고의 틀(프레임)이 형성되면 시장에서 강력한 경쟁우위를 확보할 수 있다.

2011년 라면 시장에 엄청난 지각변동이 일어났다. 오랫동안 이어져온 '신라면'의 아성이 흔들리기 시작한 것이다. 신라면으로 대표되는 '빨간국물 라면' 시장에 '꼬꼬면'이라는 '하얀국물 라면'이 돌풍을 몰고 왔다. 한 오락 프로그램의 라면요리 대회 편에서 유명 연예인이 개발한 꼬꼬면은 닭육수를 쓴 하얀국물과 담백하고 칼칼한 맛으로 차별화를 꾀해 좋은 평가를 받았다. 이후 꼬꼬면은 한국야쿠르트를 통해 상품화된 지 4개월 만에 누적 판매량 7000만 개를 돌파하면서 품귀현상을 빚기도 했다.

이후 나가사끼 짬뽕(삼양식품), 기스면(오뚜기)이 잇달아 출시되면서 빨간국물 라면 시장 저편에 하얀국물 라면 시장이 형성되었다. 이에 따라 절대 강자였던 농심의 시장점유율은 2011년 4분기에는 60% 초반으로 하락하는 등 최악의 실적을 보였다. 꼬꼬면은 이렇게 라면 시장에서 '빨간국물 vs. 하얀국물'이라는 틀을 만드는 데 성공하면서 좋은 성과를 낼 수 있었다. 비록 그 이후엔 하얀국물 라면의 판매가 다소 주춤해졌으나 성공적인 프레이밍을 통해 후발주자가 선발주자를 크게 위협한 사례로 들기에 무리는 없어 보인다.

다시다의 경우는 어떤가. 1970년대 중반까지 대상(주)의 발효조미료 '미원'은 국내 조미료 시장을 거의 독점하고 있었다. 1975년 11월, CJ제일제당은 발효조미료가 아닌 천연 원료를 섞은 종합조미료 '다시다'를 출시하며 미원의 아성에 도전했다. 당시 다시다는 '천연조미료'라는 새로운 제품 콘셉트를 바탕으로 '고향의 맛! 다시다'라는 광고캠페인을 실시했다. 그 결과 '다시다 = 천연조미료, 미원 = 인공조미료'라는 사고의 틀이 만들어지면서 수십 년간 시장을 독점해온 미원의 아성이 무너져버렸다. 이후 다시다는 경쟁 제품의 치열한 공세 속에서도 80% 이상의 시장점유율을 기록하며 30년 이상 장수하는 브랜드가 되었다.

흥미로운 부분은 대상 청정원이 마늘, 파, 다시마, 버섯 등 원재료 입자 크기를 키워 자연 그대로 만든 웰빙조미료 '맛선생'을 출시한 지 4년 만인 2010년 2월에 물량점유율 60.3%, 판매액 58.4%로 자연조미료 시장 1위를 탈환했다는 점이다.[27]

서울우유의 사례도 프레이밍 효과와 관련하여 살펴볼 만하다. 서울우유가 제품 상단에 제조일자를 표시한 이후 시장에는 지각 변동이 일어났다. 서울우유의 제조일자 표기 마케팅의 시장 파급효과는 상당했다. 서울우유의 하루 평균 판매량은 800만 개 정도였으나 제조일자를 표기한 2009년 7월 이후에는 900만 개를 넘어섰고, 한때 1000만 개를 돌파하기도 했다. 서울우유가 실시한 광고 효과 조사에서 응답자의 64%가 제조일자를 확인했고, 이 가운데 98%는 제조일자 표기가 구매 의사결정에 영향을 미쳤다고 대답했다.

제조일자 표기 아이디어는 우유를 사기 전에 여러 제품을 들었다 놓았다 하면서 유통기한을 확인하는 소비자를 관찰하면서 나왔다고 한다. 유통기한을 확인하는 소비자들의 행동은 신선함을 추구하기 위한 것이었지만 사실 유통기한은 각 우유 제조업체마다 다르다. 말하자면 유통기한이 10일 남았다 하더라도 바로 어제 생산된 제품일 수도 있고, 5일 전에 생산된 제품일 수도 있는 것이다. 따라서 유통기한을 표기하는 것만으로는 신선함을 추구하는 소비자의 욕구를 완전히 만족시킬 수 없었다. 그래서 나온 해결책이 제조일로부터 며칠이 지났는지 쉽고 정확하게 알 수 있도록 제조일자를 표기해주는 것이었다.

서울우유 내부에서도 이러한 아이디어에 반대하는 의견은 있었다고 한다. 고객들이 물어보지도 않았는데 굳이 제조일자를 밝혀서 출고된 지 오래된 제품의 경쟁력을 스스로 떨어뜨릴 필요가 있느냐는 것이었다. 또 제조일이 며칠 '지난' 제품보다는 유통기한이 며칠 '남은' 제품을 선호할 것이란 반론도 있었다. 그러나 서울우유는 소비자들을 대상으로 조사를 실시해 제조일자 표기로 신뢰를 얻을 수 있다고 최종 판단했고, 결국 제조일자 마케팅을 실시했다.[28] 그리고 서울우유의 제조일자 마케팅은 시장을 제조일자를 밝힌 서울우유와 그렇지 않은 우유로 나누는 데 성공했다.

시장을 재편할 강력한 한 방

프레이밍이 항상 성공하는 것은 아니다. 과거 라면 시장에서 점유율이 미미했던 빙그레는 기존 라면이 모두 다량의 콜레스테롤을 함유하고 있는 팜유를 사용하고 있다는 점에 착안, 콜레스테롤이 없는 콩기름을 사용한 '매운 콩 라면'을 개발했다. 만약 시장에서 '팜유냐 콩기름이냐'라는 논쟁이 불붙기만 한다면 시장은 재편될 수도 있는 상황이었다. 그러나 이러한 빙그레의 계획을 사전에 입수한 업계 1위 농심은 빙그레 매운 콩 라면 출시 며칠 전에 '콩 라면'이라는 방패 브랜드를 출시하며 대대적인 광고를 시작했다.

일단 농심 콩 라면 광고가 전파를 타자 이후 출시된 빙그레 매운 콩 라면은 일종의 모방상품이 되고 말았다. 사실 '콩 펩타이드'라는 콩 성분을 포함시킨 농심 콩 라면과 콩기름으로 튀긴 빙그레 매운 콩 라면은 엄연히 다른 제품이었지만, '콩'이라는 공통된 단어가 들어갔다는 이유로 소비자 눈에 비슷한 제품으로 보인 것이다. 빙그레는 팜유 일색의 라면 시장에 콩기름을 사용한 매운 콩 라면을 출시하여 연간 450억 원의 매출을 올리는 히트 상품을 만들기는 했다. 그러나 '팜유 대 콩기름' 논쟁이 예상했던 만큼 큰 이슈가 되지 않으면서 빙그레의 시장 재편의 꿈은 미뤄지게 되었다.

또 다른 사례로 '컨피던스'가 있다. 컨피던스는 1995년 아미노산, 비타민, 미네랄이 함유되어 있는 건강 음료로 출시되었다. 그러나 비타민 음료의 효시가 되었을지도 모르는 이 제품은 출시 초기 '신나는 놀이 음료'라는 애매한 콘셉트로 소비자에게 크게 어필하지 못했고, 서서히 잊혀져갔다.

반면 2001년 3월 출시된 '비타 500'은 2004년 10월 4800만 병을 판매하며 40년 동안 부동의 1위를 차지하고 있던 '박카스'의 월 판매량을 넘어섰다. 나아가 2005년에는 수많은 제품이 난립하고 있던 비타민 음료 시장에서 약 70%의 시장점유율을 차지하는 등 성공신화를 이어갔다. 이러한 성공은 '마시는 비타민 음료'라는 제품 콘셉트를 바탕으로 '비타 500 = 건강 음료'라는 인식을 소비자에게 심어주었기 때문에 가능했다. 비타 500 출시 이후 비타민 음료 시장이 성장하면서 2009년 컨피던스는 '다섯 가지 비타민이 들어 있는 음료'라는 새로운 콘셉트로 재포지셔닝을 시도했다. 그러나 소비자에게 신선한 바람을 일으키기에는 시기적으로 너무 늦어버렸다.

아이패드의 브랜드 포지셔닝 전략

2010년 1월 27일 아이패드가 세상에 공개되면서 인터넷 공간이 후끈 달아올랐다. 스티브 잡스는 아이패드가 기존 넷북보다 얇고 가볍기 때문에 휴대가 간편하고, 큰 화면으로 언제 어디서나 무선인터넷을 이용할 수 있으며, 애플 앱스토어에서 14만여 개의 애플리케이션도 이용할 수 있는 차세대 개인 휴대용 IT 기기라는 점을 강조했다. 그러나 아이패드의 사양을 본 소비자 중에는 멀티태스킹이 불가능하고 USB·카메라 기능이 지원되지 않으며 배터리 교환도 안 되는, 그저 '화면만 큰 아이폰'이라고 평가절하하는 이들도 있었다.

브랜드 포지셔닝이란 소비자의 마음속에 브랜드와 관련된 고정관념을 만드는 활동이다. 브랜드 포지셔닝을 쉽게 정의하면 '표적 시장 내 고객의 마음속에 호의적이고 독특하고 강력한 브랜드 이미지를 구축하는 것'이라 할 수 있다. 소비자의 마음속에서 개별 브랜드의 포지션(위치)은 제품 범주 내의 다른 브랜드와 구별되는 속성 및 이미지의 차이에 의해 결정된다.

이러한 차이 인식은 브랜드에 대한 소비자의 스키마와 밀접한 관련이 있다. 스키마는 어떤 대상(제품 범주 혹은 브랜드)에 대한 소비자의 기대나 지식들이 거미줄처럼 서로 네트워크로 연결되어 있는 것을 의미한다(37페이지 '맥도날드의 연상 네트워크' 참고). 특정 제품군에서 신규 브랜드가 새롭게 출시되면 사람들은 자신이 가지고 있는 기존 스키마를 바탕으로 신규 브랜드의 정보를 처리한다. 이때 신규 브랜드의 속성 정보가 소비자가 기존 제품 범주에 대해 갖고 있는 스키마와 중간 수준으로 불일치moderately discrepant할 경우, 동화 과정process of assimilation이 일어난다. 또한 신규 브랜드의 속성 정보가 기존 스키마와 매우 불일치strongly discrepant할 경우에는 조정 과정 process of accommodation을 거치게 된다.

동화 과정을 거치게 된 신규 브랜드는 소비자들의 마음속에 독특한 꼬리표unique tags의 형태로 저장된다. 즉 기존 제품 범주의 스키마와 일치하는 속성들은 신규 브랜드로 복사가 되지만, 기존 스키마와 일치하지 않는 속성은 기존 스키마에 포함되지 않고 독특한 꼬리표의 형태로 남게 된다. 이것은 기존 스키마에 태그의 형태로 인식된다고 해서 '스키마 플러스 태그 모델schema plus tag model'이라고 한다. 그러나 이러한 독특한 속성 꼬리표는 기존 스키마와 강력하게 연결된 것이 아니기 때문에 시간이 지날수록 빠르게 약해진다는 문제가 있다. 차별화된 속성을 강조하는 브랜드가 많은 비용을 들여 광고를 하는 이유도 바로 이 독특한 꼬리표가 소비자들의 기억에서 사라지지 않도록 하기 위해서이다.

한편 조정 과정을 거치게 되는 신규 브랜드는 독자적인 존재로 저장되거나, 혹은 외면당해 기억 속에서 사라지게 된다. 이때 기존 스키마와 매우 불일치한 정보를 받아들이기 위해 하위 범주를 만드는 과정을 '서브타이핑sub-typing'이라 한다. 이렇게 서브타이핑을 통해 만들어진 하위 범주는 기존 제품 범주 내의 다른 브랜드와 공유되는 특성은 적고, 구별되는 정보는 많다는 특성이 있다. 요컨대 신규 브랜드의 속성이 얼마나 독특하고 새로운가에 따라 신규 브랜드를 시장에 출시하는 기업은 차별적 포지셔닝 전략differentiated positioning strategy과 서브타이핑 포지셔닝 전략subtyped positioning strategy을 취할 수 있다.

아이패드의 경우를 다시 살펴보자. 2010년 스티브 잡스는 아이패드를 출시하면서 아이패드를 기존 노트북(넷북)과는 완전히 다른 '차세대 개인 휴대용 IT 기기'로 인식시키고자 했다(서브타이핑 모델). 그러나 일부 소비자들은 아이패드는 기존 아이폰과 성능 면에서 큰 차이가 없는, 단지 화면이 큰 아이폰(독특한 태그) 정도로 폄하하기도 했다(스키마 플러스 태그 모델). 그러나 아이패드는 출시 후 1년 동안 2000만 대가 넘게 판매되어 일부 소비자들의 비난이 무색할 정도로 엄청난 성공을 거두었다.

아이패드는 스티브 잡스의 말대로 차세대 개인 휴대용 IT 기기로 시브타이핑되면서 태블릿 PC의 대표 제품으로 확실히 포지셔닝되었다. 이렇게 아이패드가 시장의 표준이 되자 이후 출시되는 태블릿 PC들은 자연스럽게 아이패드와 비교가 되었다. 그 결과 지금까지도 시장은 '아이패드 vs. 다른 태블릿 PC들'이라는 구도가 유지되고 있는 상황이다.

	차별적 포지셔닝	서브타이핑 포지셔닝
정보 처리 모델	스키마 플러스 태그 모델	서브타이핑 모델
개념	제품 범주 내 다른 브랜드와 차별화된 제품으로 포지셔닝	제품 범주와 구별되는 독자적인 시장을 형성할 수 있는 제품으로 포지셔닝
방법	카테고리 내의 다른 브랜드들과 중요한 속성 또는 제품 특징을 공유하고 구별되는 속성에서 우월하게 포지셔닝한다.	차별적인 속성을 더욱 강력하게 포지셔닝함으로써 전체 시장 내 브랜드들과 구별되는 독자적인 시장을 형성한다.
장점	넓은 시장 형성 가능	경쟁적 위치를 잘 방어할 수 있다.
단점	지속적인 차별화가 어렵다.	고유한 하위 시장 형성이 어렵다.
적합한 상황	복잡한 제품 범주 내 신규 브랜드의 수용을 촉진시키고자 하는 경우	다양성을 추구하는 소비자가 많은 경우
	지속적인 신제품 개발로 시장 지배력을 유지하려는 선도 브랜드	새로운 시장 개척을 통해 시장을 재편하려는 후발 브랜드
유사 개념	정반대의 법칙	영역의 법칙, 블루오션 전략

참고: Mita, Sujan and James R. Bettman(1989), 'The Effects of Brand Positioning Strategies on Consumer's Brand and Category Perceptions: Some Insights From Schema Research,' 〈Journal of Marketing Research〉, 26(4), 454~467.

정치에서 프레이밍이 자주 **활용되는 까닭**

1992년 미국 대선 당시 클린턴 민주당 대통령 후보 진영의 슬로건은 바로 "문제는 경제야, 이 멍청아!It's Economy, Stupid!"였다. 이 슬로건으로 인해 선거 구도에서는 걸프전 승리가 아닌 나빠진 경제상황에 관한 문제가 부각되었고, 클린턴은 대통령에 당선되었다. 이처럼 프레이밍을 가장 적극적으로 활용하고 있는 분야가 바로 정치다.

미국의 정치 컨설턴트인 딕 모리스Dick Morris는 선거에서 이슈가 되는 조건으로 첫째, 대중의 관심사일 것, 둘째, 선거에 영향을 미칠 수 있어야 할 것, 셋째, 찬반이 분명하게 나누어질 것, 넷째, 주도권을 쥘 수 있을 것 등 네 가지를 언급하였는데 이는 '프레이밍'을 통해 극대화시킬 수 있다.

정치에서는 프레이밍이라는 날 대신 '구도構圖'라는 말이 흔히 사용된다. 보수 대 진보, 독재 대 반독재, 민주 대 반민주, 우파 대 좌파, 안정 대 변화……. 색깔론이나 북풍이란 것도 결국 사람들의 인식의 틀을 제한한다는 면에서는 프레이밍이라 할 수 있다.

예를 들어 제6공화국까지 우리나라의 모든 대선에서는 '독재 대

반독재'의 구도가 주를 이루었다. 이후 '민주 대 반민주'의 구도가 진행되다가 '개혁 대 보수'의 구도로 이어졌다. 정치에서 대립 구도를 활용하는 전략은 사람들을 이분법적으로 사고하게 만들어 세력을 집결시키는 데 큰 역할을 한다. 이처럼 정치에서 프레이밍이 자주 활용되는 것은 마케팅과 마찬가지로 정치에서도 인식을 선점하는 것이 중요하기 때문이다. 다만 문제는 정치에서 사용하는 프레이밍 전략이 자칫 소모적이고 부정적인 이분법적 사고를 확대 재생산하면서 국론을 분열시키고 국가 발전을 저해할 수 있다는 것이다.

정치에서 자주 활용되는 프레이밍은 다음 세 가지가 있다. 첫째는 파괴적 프레이밍이다. 히틀러는 게르만 민족주의와 반유대주의를 내세우며 독일의 수상, 국가원수, 총통이 되었다. 총통이 된 후 히틀러는 경제 회생, 영토 회복, 유럽과 러시아에 대한 무력 합병을 목표로 세웠다. 초기 히틀러는 외교계, 경제계, 군부 요인들의 협력을 얻어 외교적인 성공, 경제의 재건과 번영, 군비 확장 등을 이끌어냈다. 그리하여 독일을 유럽에서 최강국으로 만들어 국민의 열광적인 지지를 얻었다.

그러나 그는 전후 빈곤과 사회 불안의 원인을 유대인에게 돌리고, 유대인이 언론과 자본을 장악하고 세계를 지배하려 한다는 음모론에 집착하면서 유대인 말살정책을 현실화했다. 탁월한 연설가였던 히틀러는 게르만 민족의 우월성을 강조하면서 국민들의 사고를 획일화시킨 후, 제2차 세계대전을 일으켜 결국 세계를 전쟁의 소용돌이에 몰아넣었다.

정치에서 자주 활용되는 두 번째 프레이밍은 건설적 프레이밍이다. 역대 대한민국 대통령 중 가장 논란이 많은 대통령은 아마 박정희일 것이다. 독재자라는 멍에와 경제 발전의 업적이 교차하기 때문이다. 한국갤럽이 창사 30주년을 기념해 '한국인이 가장 좋아하는 40가지'란 주제로 특별 기획 여론조사를 실시한 바 있는데, 전·현직 대통령 중에서 가장 좋아하는 사람으로 응답자의 절반가량인 47.9%가 박정희 전 대통령을 선택했다. 박 전 대통령은 10대를 제외하고 전 연령층에서 선두였고 2·3위는 김대중 전 대통령(14.3%)과 노무현 전 대통령(6.7%)이 차지했다. 그다음은 전두환(1.7%), 이승만(1%), 김영삼(1%) 전 대통령 순이었다.

독재자라는 불명예스러운 칭호에도 불구하고 박정희 전 대통령이 인기 있는 리더로 뽑히는 데는 크게 두 가지 이유가 있다. 하나는 집권 중에 사망했기 때문에 다른 대통령처럼 비참한 말로를 보이지 않았다는 점이다. 또 다른 이유로는 국민들을 통합시키고 그들에게 희망을 주었다는 점을 들 수 있다. '새마을운동'의 주제가인 '잘 살아보세'라는 노래를 기억하는 사람들이 있을 것이다. 가끔 TV에서 이 노래를 들을 수 있는데, 새마을운동에서 사용된 프레임은 매우 간단하다. '가난에서 벗어날 것인가 아니면 계속 이렇게 굶주릴 것인가'라는 것이다. 박정희 전 대통령의 건설적 프레임은 '이 지긋지긋한 가난에서 벗어나보자', '하면 된다'와 같은 인식을 국민들에게 심어주며 전 국민적인 동참을 이끌어낸 측면이 있다. 이는 실제로 '한강의 기적'을 만드는 밑거름이 되기도 했다.

정치에서 활용되는 프레임 중 세 번째로 언급할 수 있는 것은 전환적 프레이밍이다. 우리나라 16대 대통령인 노무현은 '제왕적 대통령'의 모습만을 기억하는 국민들에게 '서민 대통령'이라는 인식을 심어준 최초의 대통령이었다. 노무현 전 대통령은 지역통합이라는 자신의 정치적 소신을 펼치기 위해 1990년 3당 합당 참여를 거부하고 1992년 14대 총선 때 고향인 부산에서 출마했지만 낙선했다. 1998년에는 제15대 국회의원 보궐선거를 통해 종로에서 당선됐지만, 2000년 16대 총선 때 다시 부산에서 출마하여 높은 지역감정의 벽 앞에서 또 한 번 고배를 마셨다. 그러나 부산에서 낙선하던 날을 기점으로 노무현 전 대통령은 '바보 노무현'이라는 아름다운 닉네임과 한국 최초의 정치인 팬클럽 '노사모(노무현을 사랑하는 모임)'의 주인공이 되었다.

이후 노무현 전 대통령은 민주당 대선 후보로 선출되었고 결국 대한민국 16대 대통령이 되었다. 경선 과정에서 노무현 전 대통령은 20~30대의 젊은 유권자들의 적극적인 참여를 이끌어내며 일부 당원의 배타적이고 폐쇄적이었던 정당행사를 국민과 함께하는 개방적이고 참여적인 행사로 바꿔놓았다. 대통령 재임 기간 동안 보수 진영으로부터는 친북좌파라는 비난을, 진보 진영으로부터는 신자유주의자라는 비판에 시달려야 했지만 낡은 정치 청산, 지역주의와 권위주의 타파, 국토 균형 발전, 대등한 대미對美 외교 등 전환적 프레이밍을 통해 새로운 인식의 틀을 만들기 위해 노력했다.

이런 노무현 전 대통령의 진심은 사후 새롭게 조명되고 있는 것 같다. 2012년 5월 여론조사기관 리서치뷰와 (사)한국미래발전연구원이 공동으로 전국 성인 남녀 1000명을 대상으로 실시한 조사에서 박정희 전 대통령(31.4%)를 제치고 노무현 전 대통령(35.3%)이 역대 대통령 중 선호도 1위를 차지했으니 말이다.

생각의 프레임을 바꿔야 하는 이유

- **자동차 홀짝제**: 홀수 날에는 홀수차가 쉰다.
- **지하철 진입 시**: 안전선 밖으로 한 걸음 물러서주시길 바랍니다.
- **은행 이용 시**: 현금 지급기, 지급 이자, 복권 당첨금 지급 기간
- **대중교통 이용 시**: 버스 정류장, 매표소(표 파는 곳)
- **식당 이용 시**: 무엇을 드릴까요?
- **상품 판매 시**: 특별 보급가격

위의 표현들을 잘 살펴보라. 무엇이 문제일까?

'손님은 왕'이라는 말이 무색할 정도로 소비자(국민)에게 제품이나 서비스를 제공하는 기업(정부)들이 아직도 공급자 관점의 사고에서 탈피하지 못하는 경우가 있다. 더 큰 문제는 자신이 공급자(관리자) 관점의 사고를 가지고 있다는 사실 자체를 모른다는 것이다.

위에 든 예 중에서 지금은 바뀐 것도 있지만 대다수는 예전에 우리가 일상생활에서 흔히 듣고 본 말이다. 언뜻 보면 너무 자연스러운 말이라서 이상하다는 생각이 들지도 않는다. 그러나 자세히 보면

모두 공급자(관리자)의 관점에서 만들어진 말이라는 것을 알 수 있다.

예를 들어 자동차 홀짝제의 경우 관리하는 사람의 입장에서 보면 홀수 날에는 홀수 차가 못 다니게 하면 된다. 전동차 운전자의 경우 사고를 방지하기 위해 승객들이 안전선 밖으로 물러나줘야 한다. 공급자의 관점에서 보면 현금을 지급하고, 표를 팔고, 음식을 드리고, 상품을 보급하는 것이기 때문에 전혀 문제가 없다.

그러나 소비자(사용자)의 입장에서 보면 완전히 다르다. 홀수 날에는 홀수 차가 다녀야 하고, 안전선 밖으로 나가면 전동차에 치여 죽을 수도 있기 때문에 안으로 들어와야 하고, 내가 예금한 현금을 찾는 것(인출)이 더 자연스러운 것이다. 그러므로 위의 말은 소비자 관점으로 보면 다음과 같이 바뀌어야 한다.

- **자동차 홀짝제:** 홀수 날에는 홀수차가 간다.
- **지하철 진입 시:** 안전선 안으로 한 걸음 물러서주시길 바랍니다.
- **은행 이용 시:** 현금 인출기, 수령 이자, 복권 당첨금 수령 기간
- **대중교통 이용 시:** 버스 승강장, 표 사는 곳
- **식당 이용 시:** 무엇을 드시겠습니까?
- **상품 판매 시:** 특별 구입가격

이미 바뀐 말도 있지만 아직까지 이 말이 입에 붙지 않아서 어색할 수도 있다. 그러나 의도적으로라도 소비자적 언어를 쓰는 습관을 들여야 생산자적 관점에서 소비자적 관점으로 인식이 바뀔 수 있고,

나중에는 자연스럽게 소비자(사용자) 관점의 사고를 할 수 있게 된다.

위기에서 기회를 만드는 방법

"위기라는 말에는 위험과 기회의 의미가 담겨 있다.
위험이라 생각할지 기회라 생각할지는 각자의 몫이다."

― 정주영(前 현대그룹 회장)

1976년 사우디아라비아가 발주한 주베일항만 공사는 공사금액만
해도 당시 우리나라 예산액의 절반에 맞먹는 9억 3000만 달러로, 실
로 어마어마한 공사였다. 그 무렵은 제1차 석유파동 이후 석유 가격
이 급등하면서 넘쳐나는 달러를 주체하지 못하던 중동국가들이 여
러 가지 사회 인프라를 건설하려던 참이었다. 그러나 낮엔 너무 더
워서 일을 할 수가 없고, 건설공사에 절대적으로 필요한 물이 부족
해 어느 나라에서도 선뜻 나서지 않았다. 우리나라에서도 공무원들
을 보냈지만 갔다 온 공무원들도 역시 공사를 할 수 없는 나라라고
보고했다.

그러나 정주영 회장은 대통령을 만난 자리에서 지금까지 다른 사
람들이 했던 말과는 완전히 반대되는 이야기를 했다. 즉, 중동은 1
년 내내 비가 오지 않기 때문에 '1년 내내 공사를 할 수 있고', 모래
가 지천에 있으니 자재 조달이 쉬워 '건설공사를 하기 제일 좋은 땅'

이라고 했다. 또 부족한 물은 '다른 곳에서 공수해오고', 뜨거운 더위는 '낮에 자고 밤에 일하면' 극복할 수 있다고 말했다. 이러한 발상의 전환으로 시작된 주베일항만 공사는 성공적으로 끝났고, 이후 현대건설은 두바이 발전소 등 중동 일대 대형 공사를 잇달아 수주하며 5년 동안 약 51억 6400만 달러를 벌어들였다. '하고자 하는 사람은 방법을 찾고, 하기 싫어하는 사람은 구실을 찾는다'라는 말이 있다. 정주영 회장은 방법을 찾았고 그 결과 위기 속에서 기회를 만들어낸 것이다.

고객을 유지하는 실용적인 전략

매몰비용효과 Sunk Cost Effect

왜 그런 선택을 했을까?

미시간으로 가는 주말 스키 여행 티켓을 100달러에 구입하고, 며칠 후 위스콘신으로 가는 주말 스키 여행 티켓도 50달러에 구입한 사람이 있다. 개인적으로 이 사람이 더 선호하는 것은 위스콘신 스키 여행이다. 그런데 한참이 지난 후에야 위스콘신과 미시간의 스키 여행 날짜가 겹친다는 것을 알게 되었다. 티켓을 팔거나 환불받기에는 너무 늦은 상황에서 이 사람은 둘 중 하나를 선택해야 한다. 이런 상황에서 어떤 여행을 선택할 것인가? 이 질문에 54%의 사람들이 미시간으로 스키를 타러 간다고 결정했다.[29] 왜 그런 선택을 했을까?

"일을 하기 위해서가 아니라 성과를 올리기 위해 일해야 하며,

군살을 키우는 게 아니라 힘을 길러야 하고, 과거가 아닌 미래를 위해 일

할 능력과 의욕을 갖도록 해야 한다."
　　　　　　　　　　　　　　　　　　　　　　　　　– 피터 드러커Peter Drucker

이미 엎질러진 물은 다시 주워 담을 수 없다는 것을 모르는 사람은 없다. 그래서 고전 경제학이나 규범적 의사결정 이론에서는 과거의 투자가 아닌 현재 이후에 발생하게 되는 비용incremental cost과 이익incremental benefit을 비교하여 의사결정을 하는 것이 합리적 의사

결정이라고 말한다. 앞서 언급한 스키 여행 시나리오에서도 합리적인 사람이라면 당연히 자신이 더 좋아하는 위스콘신 스키 여행을 선택해야 한다. 그러나 실제로 사람들은 미래가 아닌 과거를 기준으로 의사결정을 하곤 한다. 이처럼 사람들이 일단 시간, 돈, 노력을 투자한 후 과거 의사결정을 계속 유지하려는 성향을 '매몰비용효과 sunk cost effect'라고 한다. 여기서 '매몰비용'이라는 것은 경제 주체가 의사결정을 한 후 발생한 비용(돈, 시간, 노력) 중 회수할 수 없는 비용 irreversible cost을 말한다. 다음과 같은 상황을 생각해보자.

비행기 제조 회사의 사장인 당신은 평범한 레이더에는 포착되지 않는 비행기를 만드는 프로젝트를 위해 1000만 달러를 투자하기로 했다. 지금까지 900만 달러를 투자하여 프로젝트는 90% 완성된 상태다. 그런데 경쟁사에서 당신 회사에서 만들려고 했던 비행기를 이미 시판하기 시작했다. 게다가 경쟁사가 만든 비행기는 당신 회사가 만들고 있는 비행기보다 더 빠르고, 경제적이다.

이런 상황에서 비행기를 완성시키기 위해서 10%(100만 달러)의 남은 프로젝트 기금을 투자할 것이냐고 질문하면 어떤 결과가 나올까? 무려 82%의 사람들이 성공 가능성이 희박한 상황이라도 남은 돈을 투자할 것이라고 대답했다. 이미 경쟁사가 자신의 회사보다 더 경제적이고 빠른 비행기를 시판한 이상, 조금이라도 손해를 덜 보기 위해서는 남은 프로젝트 기금을 투자하지 않는 쪽으로 의사결정을 해야 한다. 그럼에도 불구하고 많은 사람들은 성공 가능성이 희박한 프로젝트에 남은 돈을 투자하기로 결정했다. 바로 과거에 지불한 비용(미시간 스키 여행 비용 100달러, 연구프로젝트 비용 900만 달러) 때문이다.

콩코드 오류

앞의 두 가지 사례에서 만약 스키 여행의 비용이 같거나 비행기 프로젝트를 막 시작하려는 시점이었다면 사람들은 아마도 다른 선택을 했을 것이다. 실제로 동아일보 미래전략연구소와 전국경제인 연합회 국제경영원, 안서원 연세대 심리학과 연구교수 등은 2009년 8월 17일부터 27일까지 한국 최초로 기업체 과장급 이상 리더 165명을 대상으로 앞서 언급한 시나리오(레이더에 포착되지 않는 비행기)를 수정한 항목을 통해 매몰비용효과에 대한 설문을 진행했다. 조사 결과 매몰비용이 있는 집단에서는 61.5%가 투자를 계속하겠다고 응답한 반면, 매몰비용이 없는 집단에서는 15.9%만이 투자를 하겠다고 응답해 현재 국내 기업 리너로 있는 사람들에게서도 매몰비용효과가 강하게 나타난다는 사실이 나타났다.

이 비행기 시나리오의 모태가 된 사례가 있다면 '콩코드 비행기 Concorde aircraft'일 것이다. 1969년 영국과 프랑스는 파리와 뉴욕 간 비행시간을 기존 일곱 시간에서 세 시간대로 단축시킬 수 있는 최초의 초음속(마하 2.2) 여객기 콩코드 개발에 착수했다. 사실 개발 당시부터 엄청난 투자비용과 낮은 수익성 때문에 콩코드 개발을 중단해야 한다는 비판이 많이 있었다. 그럼에도 불구하고 개발에 참여한 이들은 기존에 투자한 돈을 헛되게 할 수 없다며 연구개발을 계속 진행했고, 그 결과 1976년에는 꿈에 그리던 상업비행을 성공적으로 마칠 수 있었다.

그러나 온 세상의 이목을 받으며 화려하게 출발한 사업은 항공업계의 불황, 기체 결함, 만성 적자에 허덕이며 2003년 초라하게 막을 내렸다. 이처럼 기존에 투자한 돈 때문에 사업을 중단하지 않고 강행하여 결국 더 큰 손해를 보게 되는 잘못된 의사결정을 가리켜 '콩코드 오류Concorde fallacy'라고도 한다. 이렇게 하여 콩코드는 세계 최초의 초음속 비행기라는 명예뿐만 아니라 잘못된 의사결정의 대표적인 사례로 사람들의 기억 속에 영원히 남게 되었다.

기존의 의사결정을 고수하려는 심리

식당에서 식사를 마친 사람들이 저마다 한마디씩 한다.
"와! 이제 배가 너무 불러서 물도 못 마시겠다."
"그러게. 너무 많이 먹어서 움직이기도 힘들다."
이렇게 식사 후 포만감에 젖어 대화를 하고 있는 그들에게 종업원이 다가왔다.
"손님, 디저트는 커피, 주스 중 뭐로 드시겠습니까?"
그들이 모두 괜찮다고 하자 종업원이 조심스럽게 한마디 덧붙였다.
"손님, 디저트 비용은 이미 손님들이 주문한 식사 가격에 포함되어 있습니다."
이 말이 끝나자마자 손님들은 말한다.
"난 커피!"
"난 주스!"

매몰비용효과는 우리들의 일상생활에서 매우 빈번하게 발생한다. 서로에 대한 애징도 없고 만나면 싸우기만 하는데 헤어지지 못하는 연인, 십 년 이상을 고시에만 매달리는 사람, 도박에 빠져 가정을 팽개치는 사람들의 공통점은 '바로 지금까지 투자한 시간과 돈이 너무 아까워서', 즉 '본전 생각' 때문에 과거의 늪에서 벗어나지 못한다는 것이다.

매몰비용효과는 일상생활뿐 아니라 조직의 의사결정, 나아가 국가 정책을 집행하는 상황에서도 나타난다. 특히 국가 정책을 집행할 때는 규모면에서 개인이나 조직 의사결정보다 크기 때문에 매몰비용효과가 나타나지 않도록 신중을 기해야 한다.

　이와 관련된 사례로 새만금 간척 사업을 들 수 있다. 새만금 방조제 사업은 1987년 농림수산부가 서해안 간척 사업의 하나로 계획했지만 경제성이 없다는 이유로 보류 판정을 받았다. 이후 민정당의 노태우 대통령 후보의 공약으로 정부 사업으로 확정되었고, 1991년 11월 새만금 간척 사업 기공식이 강행되었다. 그러나 해양 생태계 훼손과 수질 악화 우려 등으로 사업 반대 여론이 거세지자 1999년 사업 전면 재검토를 위해 공사가 중단되었다. 2001년 5월 정부가 '사업을 계속 추진한다'고 결정하면서 2006년 4월에는 33킬로미터의 새만금 방조제 구간이 이어지기도 했다. 환경단체와 주민들은 경제성도 없고 환경파괴의 우려가 예상된다며 사업 중지 소송을 제기했지만 2006년 법원은 '이미 1조 원 이상의 비용이 투입된 국가적 사업을 포기할 수 없다'는 논리를 내세워 정부의 손을 들어주었다.

　정부가 사업을 추진하다 보면 생각지도 않은 변수로 인해 사업을 중단해야 하는 상황이 발생하곤 한다. 그런데 그때마다 '사전 준비가 철저하지 못해서 국민의 세금을 낭비했다'는 반성을 하기보다는 '사업을 중단하면 국민의 혈세가 낭비되기 때문에 멈출 수 없다'는 논리로 강행하는 장면을 보게 된다. 매몰비용효과가 얼마나 큰 영향을 미치는지 확인할 수 있는 씁쓸한 장면이다.

'못 먹어도 고?"

그렇다면 매몰비용효과는 어떤 이유로 발행하는 것일까? 첫째, 다른 사람에게 자신의 선택이 옳았다는 것을 보여주고 싶어 하는 욕구 때문에 발생한다. 과거 의사결정에 대해 책임이 작은 사람보다는 책임이 큰 사람에게서 매몰비용효과가 더 크게 나타난다는 것이 그 증거라고 할 것이다.[30]

둘째, 일관성을 유지해야 한다는 사회 규범norms for consistency을 따르려 하기 때문에 발생한다. 많은 사람들이 어려서부터 일관성을 유지하는 것이 자신의 이미지, 명성, 체면 등을 지키는 데 중요하다고 교육받아왔다. 금전적(경제적) 책임이 없는 상황에서도 사람들이 기존 의사결정을 고수하려 하는 것은 이 때문일 것이다.[31]

셋째, 낭비를 회피하고 싶은 욕구 때문이다. 처음 등장한 문제에서 미시간(100달러)과 위스콘신(50달러)의 스키 여행 티켓 중에서 덜 좋아하지만 가격이 비싼 미시간의 것으로 택하는 것도 어려서부터 자원을 낭비해서는 안 된다는 교육을 받았기 때문이다.

넷째, 심리적 회계장부를 적자(손실)로 마감하지 않으려는 사람들의 싱향 때문이다. 적자로 마감하지 않으려는 심리는 본전을 뽑기 전에는 그만두지 못하는 심리와 같다. 예를 들어 농구 티켓을 1만 원을 주고 산 사람(A)과 공짜로 얻은 사람(B)이 있다고 하자. 경기 당일 폭설이 내리고 눈보라가 심할 때 경기장에 갈 확률은 어떻게 될까? 합리적 의사결정 이론에 따르면 두 사람의 확률은 차이가 없어야 한다. 그러나 실제로 보면 돈 주고 산 사람(A)이 눈보라를 뚫고 경기장으로 갈 확률이 더 높다. 농구 티켓을 무료로 받은 사람은 경기에 가지 않아도 심리적 계정을 손실 없이 마감할 수 있지만, 돈을 주고 농구 티켓을 산 사람은 경기장에 가지 않으면 −1만 원의 손실로 심리적 계정을 마감해야 하기 때문이다.

무엇이 인텔과 코닥의 운명을 결정했을까?

> 33년간 매일 아침 거울을 보면서 제 자신에게 물었습니다.
> "오늘이 내 인생의 마지막 날이라면, 오늘 하려고 하는 일을 할 것인가?" 그리고
> 여러 날 동안 그 답이 '아니오'로 이어질 때, 나는 무언가를 바꿔야 한다는 것을 알
> 게 되었습니다.　　　　　　　　　　－ 스티브 잡스, 스탠퍼드대학교 졸업식 축사 중에서

일을 할 때, 고시공부를 할 때, 연애를 할 때, 주식투자를 할 때처럼 어떤 대상에 대해 시간과 돈, 많은 노력을 투자해 애착이 생기거나 강한 책임감을 느끼게 되면 자신도 모르게 매몰비용효과가 발생하게 된다. 그리고 이 매몰비용효과는 우리의 합리적 의사결정을 방해하곤 한다. 류시화 시인의 〈새는 날아가면서 뒤돌아보지 않는다〉라는 시를 보면 "다시는 묻지 말자. 내 마음을 지나 손짓하며 사라진 그것들을, 저 세월들을, 다시는 돌이킬 수 없는 것들을……. 새는 날아가면서 뒤돌아보는 법이 없다"라는 구절이 나온다.

자, 뒤돌아보지 않는 새처럼 과거에 얽매이지 않고 합리적인 의사결정을 하기 위한 방법은 무엇일까?

합리적인 의사결정을 하려면

첫째, '제로 베이스zero base'에서 생각한다. 만약 시간, 돈, 노력을 투자하지 않은 상황에서도 동일한 선택을 할지를 자문해본다면 매몰비용효과에서 벗어날 수 있을 것이다.

잭 웰치Jack Welch는 1980년대 말 미국의 대표기업인 GE(제너럴일렉트릭)의 회장으로 취임하였다. 그는 강도 높은 구조조정을 단행하며 당시 컨설턴트였던 피터 드러커와 만났다. 피터 드러커는 어떤 사업을 구조조정 대상 후보에 올려야 할지 고민하던 잭 웰치에게 "만약 당신이 이미 그 사업을 하고 있지 않았다면, 지금이라도 그 사업에 뛰어들겠습니까?"라는 질문에 답할 것을 권했다. 그리고 그 질문에 "예"라는 답이 나오는 사업은 비록 현재 1, 2위가 아니더라도 지속적으로 투자하여 집중 육성하고, "아니오"라는 답이 나오는 사업은 비록 업계 선두라도 구조조정을 하라는 간단한 기준을 제시해주었다. 결국 잭 웰치는 피터 드러커의 조언에 따라 성공적으로 구조조정을 마무리할 수 있었다. 피터 드러커는 평소에도 "포기에 관한 결정은 아주 중요한데 가장 소홀히 여겨지고 있다"라는 말을 자주 했는데, 포기에 관한 결정을 할 때 우리가 주의해야 할 것이 다름 아닌 이 매몰비용이다.

둘째, 과거보다는 미래 관련 정보를 의식적으로 찾도록 노력한다. 실패 위험이 있는 상황에서 참가자에게 과거지향적 정보와 미래지향적 정보 목록을 각각 보여준 후 의사결정에 필요한 12가지 정보를 선택하도록 한 실험이 있다. 실험 결과 과거지향적 정보를 선택한 비율은 과거 의사결정에 책임이 큰 집단(매몰비용이 있는 집단)에서 75%로 매우 높게 나타난 반면, 책임이 작은 집단(매몰비용이 없는 집단)에서는 25%로 낮게 나타났다. 이 결과는 실패에 대한 책임이 있는 상황에서 사람들은 본능적으로 과거 행동을 합리화하려는 '과거지향적 합리성retrospective rationality'이 발동하여 미래보다는 과거지향적 정보에 우선순위를 둔다는 것을 보여준다. 이러한 성향은 의도적으로 미래지향적 정보를 찾도록 한 경우에야 비로소 줄어들기 때문에 의사결정을 할 때는 의식적으로 미래 관련 정보를 보도록 노력해야 할 것이다.[32]

1998년 《하버드 비즈니스 리뷰HBR》에는 매몰비용효과가 은행의 대출업무 과정에서 종종 나타난다는 연구 결과가 제시되었다. 사업에 실패한 채무자는 기존 대출금을 회수하기 위해 위험을 무릅쓰고 추가 대출을 한다. 그래서 매몰비용효과로 인한 불합리한 의사결정을 최소화하기 위해 일부 은행에서는 추가 대출 건은 새로운 담당자가 처리하도록 한다고 한다.

인텔의 경우를 보자. 과거 컴퓨터 메모리칩 시장의 80% 이상을 석권하며 1960~1970년대 독점적 지위를 누리던 인텔에 위기가 찾아온 것은 1980년대였다. 가격을 무기로 무차별 공격을 하는 일본 반도체업체가 등장한 것이다. 위기 상황에서 인텔의 창업자인 앤디 그로브Andy Grove는 고심 끝에 회사의 주력제품이었던 메모리칩을 버리고 마이크로프로세서를 새로운 주력제품으로 삼아 미래를 개척하기로 결정했다. 이렇게 과거에 집착하지 않고 미래를 준비한 인텔은 마이크로프로세서 분야에서 타의 추종을 불허하는 세계 최고기업이 될 수 있었다.

반면 132년 전통을 자랑하며 세계적인 필름 생산업체로 명성이 높았던 이스트먼 코닥은 2012년 1월 미국 뉴욕남부법원에 파산 보호 신청을 내며 무너졌다. 코닥은 설립 이후 "버튼만 누르세요. 나머지는 저희가 알아서 하겠습니다"라는 광고카피처럼 꾸준히 사진 및 영상 관련 산업으로 사업을 확장해나갔다. 1987년 《포브스》가 창간 70주년을 맞아 미국 주요 기업들의 변화를 다루었을 때도 GE와 함께 유일하게 70년 동안 시가총액의 평균 성장률이 시장의 평균 성장률을 상회한 기업으로 뽑힌 건실한 회사였다. 그러나 공교롭게도 처음으로 매출 100억 달러를 기록한 1981년에 소니가 디지털카메라 '마비카Mavica'를 출시하면서 코닥의 위기는 시작되었다. 사실 코닥은 1975년 세계 최초로 디지털카메라 기술을 개발하고도 이윤이 많이 나지 않는다며 관련 개발을 포기했다. 후지필름 같은 경쟁업체들이 디지털카메라 기술에 관심을 가지며 관련 사업을 준비했을 때도, 심지어 소니와 캐논이 디지털카메라 상용화에 나섰을 때도 코닥은 여전히 필름 제조와 생산에 집중하며 필름에 대한 미련을 버리지 않았다.

코닥이 얼마나 필름에 집착했는지는 '어드밴틱스 프리뷰ADVANTIX PREVIEW'라는 제품을 출시한 데서도 잘 나타난다. 이 제품은 필름이 필요한 디지털카메라로서 사진을 찍으면 이미지가 필름에 포착되고, 카메라 뒤쪽에 장착된 디스플레이를 통해 즉시 사진을 확인할 수 있는 '필름이 결합된 디지털카메라'였다. 당시 코닥은 소비자가 디지털카메라를 구매한 후에도 필름 가격을 지불할 것이라는 말도 안 되는 생각을 할 정도로 과거에 집착하고 있었던 것이다. 결국 코닥은 자사가 보유한 약 1100여 개에 달하는 디지털 이미징 기술 관련 특허를 무기로 기사회생을 도모해야 하는 신세가 되었다. '오랫동안 기억하고 싶은 아름다운 순간'을 '코닥 순간Kodak moment'이라고도 하는데, 안타깝게도 코닥의 '코닥 순간'은 1981년 이전이었던 것이다.

합리적인 의사결정을 하기 위해서는 의사결정 이면에 있는 기회비용을 함께 고려하는 습관을 길러야 한다. 기회비용을 고려하는 순간 매몰비용으로 인해 만들어진 사고의 편향성이 깨지게 된다. 매몰비용이 있는 경우 사람들의 생각은 갈린다. 기존 프로젝트를 포기함으로써 지금까지 투자한 돈을 모두 날릴 것인지(확실한 손해), '모 아니면 도'라는 마음으로 더 큰 손해를 볼지, 아니면 이익을 낼지(확률적 이익) 갈등하게 되는 것이다. 즉 자신도 모르게 '프로젝트를 중단하고 남은 돈을 새롭게 투자했을 때 얻을 수 있는 확률적 이익'이나 '프로젝트를 계속 진행할 때 잃게 되는 확실한 손실' 같은 기회비용을 고려하지 않는 편향된 사고에 빠지게 된다. 그러므로 기회비용을 상기하거나 성과 비교를 통해 기존 투자 실패의 원인을 자세히 따져볼 필요가 있다. 이렇게 해야 매몰비용효과가 줄어들 수 있다.[33]

매몰비용에 대한 집착이 부른 **승자의 저주**

어느 날 수업시간에 투명한 유리병에 동전을 넣고 학생들에게 입찰을 시켜서 가장 높은 가격을 제시한 학생이 가져가도록 하였다. 실제로 입찰을 했더니 최종낙찰가가 병 속에 있는 담긴 동전의 합보다 높게 나타나는 결과가 발생했다. 이게 가능할까?

1971년 애틀랜틱 리치필드 사에서 근무하던 케이펜Capen, 클랩Clapp, 캠밸Campbell은 〈고위험 상황에서의 경쟁적 입찰Competitive bidding in high risk situations〉이란 논문에서 처음으로 '승자의 저주winner's curse'라는 말을 사용하였다. 승자의 저주는 실제 가치보다 더 비싸게 사서 결국 손해를 보는 현상을 말하는 것으로 '피루스의 승리Pyrrhic victory'라고도 한다. 이는 기원전 279년 피루스가 로마와 전투를 벌여 승리했지만 병력의 3분의 1 이상을 잃은 후 "이런 승리를 또 한 번 거뒀다간 우리가 망할 것이다"라고 말한 데서 유래한 말이다. 너무 많은 희생을 치르고 얻는 승리를 일컫는다고 할까? 쉽게 말하면 '전투'에서 이기고 '전쟁'에서 지는 상황을 표현한 말이라 할 것이다.

최근 들어 급격한 환경 변화와 함께 인수합병을 통해 규모를 키우려는 기업들이 늘어나면서 브랜드 인수와 관련된 의사결정은 중요한 이슈로 떠오르고 있다. 브랜드 인수는 브랜드 개발과는 차원이 다르기 때문에 두 가지 점에서 주의를 기울여야 한다. 첫째, 브랜드 인수합병 시 승자의 저주에 빠지지 않도록 주의해야 한다는 것이다. 브랜드 인수 도중 승자의 저주에 빠지면 기존 브랜드마저 위험해지기 때문이다. 둘째, 브랜드 인수 후 시너지 효과를 창출하기 위해 기존 브랜드와 효과적으로 통합시켜야 한다는 것이다. 이를 위해서는 당연히 치밀한 기업 브랜드 전략이 수반되어야 한다.

승자의 저주에 빠지지 않기 위해

실제로 브랜드 인수합병 시 승자의 저주가 빈번히 발생한디. 예를 들어 금호아시아나 그룹은 2006년 인수자금 6조 4255억 원 중 3조 5000억 원을 국내외 금융기관에 빌리며 국내 1위 건설사인 대우건설 인수에 성공했지만, 글로벌 금융위기와 함께 극심한 자금난을 겪으면서 그룹 전체가 유동성 위기에 빠지고 말았다. 결국 2009년 12월 30일 주력 계열사들이 워크아웃(기업 개선 작업)에 들어가게 되었다. 이랜드 그룹의 경우도 2006년 4월 홈에버(예전의 까르푸)를 인수하면서 인수금액 1조 7500억 원 가운데 1조 500억 원을 모두 부채로 충당한 후, 경제적인 손실과 함께 비정규직 노동자들을 탄압하고 착취하는 기업이라는 부정적 이미지까지 얻고 말았다. 이렇게 아무리 좋은 브랜드라도 인수합병 시 승자의 저주에 빠지게 되면 자칫 기존 브랜드마저 타격을 받을 수가 있다.

그런데 브랜드 인수합병 시 기업은 왜 승자의 저주에 빠지게 되는 것일까? 첫째, 기업의 가치를 평가할 수 있는 능력이 부족해 실제 가치보다 높게 평가하기 때문이다. 둘째, 거래 성사에 따른 금전적 이익과 거래 참여 실적을 얻기 위해 어떤 식으로든 거래를 성사시키려는 담당자들의 도덕적 해이moral hazard 때문이다. 셋째, 최고경영자가 '무언가 해야 한다'는 강박감에 사로잡혀 인수합병의 당위성도 불명확한 상태에서 일을 진행하는 식의 '묻지마 인수'를 자행하기 때문이다. 마지막으로 시작한 이상 인수에 성공해야 한다는 '거래 열병deal fever'에 빠져 무리수를 두는 것에서 이유를 찾을 수 있다. 가령 출판계에서 나타나는 출판권 무한 경쟁이 그렇다. 한국에서 인기 있는 작가의 신작이 나오거나 해외에서 상을 받은 작품이 나오면 그 저작권을 따기 위해 과도한 출혈경쟁을 벌이는 것이다. "최고 입찰가에 10% 더"를 외치는 출판사도 있다고 한다. 이렇게 수천만 원 또는 억대의 비싼 선인세를 지급한 책이 출판되면 출판사는 선인세에 준하는 마케팅 비용을 들여 신문, 지하철, 버스 광고를 하고 나아가 '배보다 배꼽이 큰' 발간기념 선물까지 끼워주기도 한다. 앞으로는 벌고 뒤로는 밑지는 장사가 되는 것이다.

그러면 브랜드 인수합병 시 승자의 저주에 빠지지 않기 위해 어떤 전략이 필요할까? 첫째, 최대한 많은 정보를 입수하되, 지나친 낙관

주의는 경계하며 최대한 보수적으로 접근해야 한다. 나아가 인수합병이 진행되는 동안 내가 혹시 승리 그 자체에 몰입하고 있는 것은 아닌지 끊임없이 되물어야 한다. 둘째, 너무 많은 입찰자가 있는 경매는 경계해야 한다. 공통가치경매(유전, 광산과 같이 경매 참가자가 그 가치를 추정하여 참여하는 것)의 경우 참여자가 많으면 최종낙찰가가 지나치게 상승하게 된다. 너무 많은 사람이 경매에 참여하게 되면 경매 대상을 원래 가치보다 더 높게 평가하면서 꼭 낙찰을 받아야 할 것 같은 착각에 빠지게 되기 때문이다.

셋째, 입찰가격조정bid-shading 전략을 활용할 필요가 있다. 즉 불완전한 정보로 경매대상에 대한 정확한 가치평가를 하기 힘든 경우 입찰자가 지불할 가치가 있다고 믿는 금액보다 낮은 가격으로 입찰에 응하면 승자의 저주를 피할 수 있다. 예를 들어 NTT는 자사의 통신 기술에 디멘션 데이터dimension data의 글로벌 네트워크를 더한다면 기업용 시스템 시장을 개척할 수 있겠다는 판단을 하였다. 이에 따라 2010년 7월 남아프리카 IT업체 디멘션 데이터를 32억 4000만 달러(약 471억 원)에 인수했다. 이후 NTT는 총 76건의 공동 수주 성과를 거두는 등 90억 달러에 달하는 성과를 거두었다. 이처럼 기업이 브랜드 인수합병 시 승자의 저주에 빠지지 않는다면 브랜드 시너지 효과를 창출하기 위한 토대를 마련할 수 있다.

다른 기업의 브랜드를 인수하게 되면 향후 어떻게 브랜드를 관리할 것인지 결정해야 한다. 인수합병에 따른 브랜드 관리 방법이 성공적으로 이루어질 때 비로소 '전투'에서도 이기고 '전쟁'에서도 승리를 거머쥘 수 있다. 브랜드 관리 방법은 다음 세 가지를 들 수 있다.

첫째, 인수와 동시에 기존 브랜드명을 없애고 흡수된 기업의 브랜드명으로 통합시키는 방법이다. 가령 2002년 SK텔레콤에 인수되면서 사라진 신세기통신의 017이 그랬고, 2006년 신한금융에 인수되면서 신한카드로 통합된 LG카드가 그랬다. 같은 해 한국 최초의 초고속인터넷 통신망인 두루넷도 하나로텔레콤에 인수되면서 자취를 감췄다.

둘째, 인수 기업 브랜드와 인수 대상 기업 브랜드를 병행해서 사용하는 방법이다. 현대기아차그룹(1998년 현대차가 기아차 인수), SK하이닉스(2011년 SK텔레콤이 하이닉스 인수), CJ대한통운(2011년 CJ가 대한통운 인수)이 그 적절한 예라 할 수 있다. 브랜드를 병행해 사용하는 방법은 인수된 기업의 브랜드 파워가 여전히 유효한 경우에 사용하는 것으로, 초기에는 병행하여 사용하다가 시간이 지나면서 인수 기업의 브랜드로 통합시키는 편이다.

마지막으로 기존 브랜드를 그대로 사용하는 방법을 들 수 있다. 이는 기존 브랜드를 사용하는 것이 인수한 기업의 브랜드를 사용하는 것과 병행하여 사용하는 것보다 효과적일 때 사용하는 방법이다. 인켈(1994년 해태전자가 인수), 콜롬보(이탈리아 명품 악어가방 브랜드로 2011년 제일모직이 인수), 더페이스샵(2010년 LG생활건강이 인수), 코치넬리(이탈리아 패션 브랜드로 2012년 이랜드그룹이 인수)이 그 좋은 예라 할 것이다.

매몰비용효과를 긍정적으로 활용하는 방법

- 경기 당일 심한 눈보라가 치고 있다. 1년 전에 농구 티켓을 구입한 사람과 하루 전에 구입한 사람 중 어느 쪽이 농구 경기를 보러 갈 확률이 높을까? 후자다. 왜냐하면 티켓을 하루 전에 구입한 사람은 비용과 혜택의 심리적인 연결이 강한 상태(커플링)인 반면, 티켓을 1년 전에 구입한 사람은 시간에 따라 사전에 지불한 티켓 비용에 민감도가 떨어지는 '지불 비용에 대한 감가상각payment depreciation'이 발생하여 비용과 혜택의 심리적 연결이 약하기 때문이다.[34]

- 캠퍼스 극장의 시즌 티켓을 정상 가격(15달러)을 주고 산 집단과 할인(2달러 또는 7달러)을 받고 산 집단의 극장 이용 횟수를 조사했다. 그 결과 시즌 초반에는 정상 가격을 주고 티켓을 산 집단의 이용 횟수가 더 많은 것으로 나타났다. 하지만 시즌 후반에는 정상 가격을 주고 산 집단과 할인 가격으로 산 집단 간의 극장 이용 횟수에 차이가 없는 것으로 나타났다. 이는 결제 시점과 소비 시점 간의 시간적 차이가 커짐에 따라 매몰비용효과가 줄어드는 것으로 풀이할 수 있다.

"우리는 우리의 기억보다 우리의 상상을 더 활용해야 한다."
– 시몬 페레스Shimon Peres 전 이스라엘 대통령(노벨 평화상 수상자)

사람들이 일단 시간, 돈, 노력을 투자하면 과거에 했던 의사결정을 지속하려는 매몰비용효과가 나타난다고 했다. 그렇다면 헬스클럽이나 학원을 등록하는 식의 자기계발을 할 때도 매몰비용효과가 일어날까? 답은 물론 "그렇다"이다. 다만 그 강도가 눈에 보일 정도로 강하지 않을 뿐이다. 예를 들어 헬스클럽이나 영어학원을 등록하면 초반에는 열심히 참석한다. 일단 비용이 지불되면 혜택과 심리적인 연결 고리가 강하게 만들어지는 '커플링coupling' 상태가 되어 본전 생각이 강하게 들기 때문이다. 그러나 시간이 지날수록 출석률은 감소한다. 결제를 한 시점과 소비를 하는 시점 간의 시간적 거리가 멀수록 비용과 혜택이 분리되는 '디커플링decoupling'으로 인해 매몰비용효과가 줄어들기 때문이다. 그러다가 종료일이 다가오면 다시 참석률이 증가하기도 한다. 점차 돈이 아깝다고 느껴지기 때문이다.

매몰비용을 상쇄시키는 확실한 혜택

매몰비용효과도 잘만 활용하면 많은 도움을 얻을 수 있다. 매몰비용효과를 잘 활용할 수 있는 방법을 정리하면 다음과 같다.

첫째, 초기에 투자를 집중한다. 어느 기업인이 세계적으로 유명한 컨설턴트를 만나 이런 고민을 털어놓았다. "요즘은 일이 너무 많아서 어떻게 해야 할지 모르겠습니다. 어떻게 하면 일을 효과적으로 할 수 있을까요?" 이 말을 들은 컨설턴트는 100만 달러를 내면 바로 이 자리에서 회장님의 고민을 해결해주겠다고 제안했다. 비용이 너무 비싸 잠시 고민하던 회장은 어떤 대답이 나올지 궁금해 돈을 지불하기로 하고 자문을 구했다. 컨설팅 비용으로 100만 달러를 받기로 한 그 컨설턴트는 다음과 같이 답했다.

"회장님! 일의 우선순위를 정해서 제일 중요한 일부터 처리하십시오." 컨설턴트의 말이 틀린 것은 아니지만 너무 상식적인 답이라 회장은 당황했다. 잠시 후 회장은 컨설턴트에게 최대한 부드럽게 되물었다. "좋은 말씀이기는 한데 그 답이 100만 달러의 가치가 있나요?" 이에 컨설턴트는 만면에 미소를 띠며 이렇게 대답했다. "아마 제가 회장님에게 그냥 말씀드렸다면 회장님은 한 귀로 듣고 한 귀로 흘려보냈을 겁니다. 이제 100만 달러를 지불하기로 하셨으니 회장님은 돈이 아까워서라도 제가 말씀드린 대로 하실 테고, 그러면 100만 달러 이상의 효과를 보실 겁니다." 그 말을 들은 회장은 고개를 끄덕이며 컨설턴트에게 흔쾌히 100만 달러를 지불하기로 했다.

오랫동안 운동이나 취미생활을 하는 사람들의 공통점 중 하나는 초기 투자비용이 많다는 것이다. 그들은 장비나 복장에 많은 투자(매몰비용)를 한다. 일단 초기 투자비용이 많으면 자기합리화 욕구, 일관성 유지 욕구, 낭비 회피 욕구 등 매몰비용과 관련 모든 심리적 기제들이 활성화되기 때문에 실천에 옮기려는 개인의 의지가 강화되는 것이 사실이다.

매몰비용효과를 활용하는 두 번째 방법은 과정을 어렵게 만들어야 한다는 것이다. '쉽게 얻은 것은 쉽게 잃는다Easy come, easy go'라는 말이 있다. 사람이나 조직이나 너무 쉽게 친해지고, 너무 쉽게 들어오면 그 소중함을 잘 느끼지 못한다. 힘들고 어려운 관문(매몰비용)을 통과해야 비로소 상대방이나 조직(동아리, 동호회)에 대한 애정이 깊어지고, 만족도도 높아진다. 시간, 돈, 노력을 더 많이 투자할수록 그만큼 강한 유대관계가 만들어지고 장기적인 관계로 발전하기 쉽다. 마찬가지로 더 높은 회원 등급, 더 좋은 서비스 제공을 받기 위해서는 고객도 그만큼의 시간과 돈을 투자해야 한다. 고객 이탈을 최소화시키기 위해 서비스 기업들이 운영하고 있는 다양한 로열티 프로그램(마일리지, 포인트 제도 등)도 사실은 상호간의 투자를 전제로 만들어진 것이라 할 수 있다.

국내 컨설팅기업에서 근무하는 사람으로부터 "외국계 컨설팅회사가 좋은 성과를 내는 것은 비싸기 때문이다"라는 말을 들은 적이 있다. 컨설팅 성공 여부는 내용도 중요하지만 얼마나 열정을 갖고 실천하느냐가 중요하다. 그런데 외국계 회사는 컨설팅을 쉽게 해주지도 않을 뿐더러 비용도 비싸기 때문에 일단 힘들게 컨설팅을 받은 입장에서는 시간, 돈, 기회가 아까워서라도 컨설팅 내용을 최대한 적용시키려고 노력한다. 그러다 보니 컨설팅 성과가 좋게 나올 수밖에 없다는 것이다.

매몰비용효과를 활용하는 세 번째 방법은 손실(매몰비용)을 상기시켜야 한다는 것이다. 기존 고객을 유지하는 것이 신규 고객을 만드는 것보다 더 쉽다는 말이 있다. 비즈니스 연구자인 레이첼드Leicheld 와 새서Sasser의 연구 결과(1990)에 따르면 새로운 고객을 유치하는 비용은 기존 고객을 유지하는 비용의 다섯 배에 이르고, 고객 이탈률이 5% 감소하면 순이익은 25~85% 증가한다고 한다. 결국 기존 고객을 유지하는 것이 관건인 셈이다. 기존 고객은 그동안의 거래로

마일리지나 포인트가 누적되어 있다. 그런데 마일리지나 포인트는 다른 서비스로 이동할 경우 사용할 수 없는 일종의 매몰비용 성격의 자산이다. 그러므로 이 점을 고객에게 효과적으로 상기시켜준다면 적은 비용으로도 고객을 관리할 수 있을 것이다.

실제로 나는 몇 년 전에 거의 사용하지 않는 카드가 있어 카드를 해지하려고 카드사에 전화를 한 적이 있다. 상담원에게 카드를 해지해달라고 하자 상담원이 지금 카드를 없애면 지금까지 쌓은 마일리지(포인트)도 함께 소멸되는데 괜찮겠냐고 물었다. 좀 더 생각해본 후 다시 전화를 하겠다며 전화를 끊었다. 사실 지금까지 마일리지가 있는 줄도 몰랐으니 없는 셈 치면 되는데, 막상 없애려고 하니 괜히 아깝다는 생각이 들었다. 나는 결국 카드를 해지하지 못했다.

매몰비용효과를 활용하는 네 번째 방법은 매몰비용을 상쇄시킬 수 있는 확실한 혜택을 제공하는 것이다. 돈, 시간, 노력이 투자되면 과거 결정을 지속하려는 매몰비용효과가 나타나는데, 이런 상황에서 매몰비용효과를 줄여주는 요인 중 하나는 바로 복권 당첨과 같은 '뜻밖의 이익windfall gain'이나 '제품의 품질'과 같은 직접적 혜택이다. 매몰비용을 상쇄시킬 수 있는 확실한 혜택을 고객에게 제공하면 고객 전환을 유노할 수도 있다.

매몰비용효과는 이처럼 때에 따라 적절히 활용할 수 있다. 초기에 투자를 집중하거나, 과정을 어렵게 만들거나, 매몰비용을 상기시킨다면, 이는 고객을 유지시키는 실용적인 전략이 된다.

변화를 주도할 때 중요한 것은 리듬 관리다. 리듬 관리란 기업과 관계를 맺고 있는 공급자와 소비자 또한 기업의 변화에 발맞출 수 있도록 관리하는 것을 뜻한다. 리듬을 관리하기 위해서는 속도를 낼 때(몰아붙이기)와 속도를 늦출 때(숨 고르기)를 적절히 판단해야 한다. 그렇지 않으면 공급자와 소비자가 기업이 의도한 속도를 따라갈 수 없기 때문이다. 특히 제품 시장이 몇 개의 상이한 욕구를 가진 소비자로 세분화되었을 경우에는 세분 시장별 변화 속도를 다르게 설정해야 한다. 소비자의 욕구가 급변하고 있는 세분 시장에서는 끊임없이 신제품 출시를 통해 시장을 주도해야 하지만, 상대적으로 욕구의 변화가 적은 세분 시장에서는 기존 모델을 좀 더 오래 유지하는 것이 효과적이다. ▦

4부

대세를 바꾸는
브랜드의 무기

독점보다 경쟁이 좋은 이유

유인효과 Attraction Effect

Brand

적의 적은 나의 동지다?

한 무리의 실험 참가자들에게 크로스^{Cross} 펜과 6달러의 현금 가운데 하나를 선택하도록 했다. 그 결과 참가자들 가운데 36%만이 크로스 펜을 선택했다. 또 다른 무리의 참가자들에게는 크로스 펜, 비슷해 보이지만 크로스 펜보다 덜 매력적인 펜, 그리고 6달러의 현금 가운데 하나를 선택하게 하자 46%가 크로스 펜을 선택했다. 왜 크로스 펜을 선택한 사람의 수가 증가했을까?

일반적으로 새로운 제품이 출시되면 기존 제품이 가지고 있던 시장
점유율은 감소하게 되고, 시장점유율의 감소 폭은 신제품과 유사한
제품일수록 더 클 것이라고 생각한다. 이러한 일반적인 생각을 선
택 모형choice model에서는 '정규성의 원리regularity principle'와 '유사성
효과similarity effects'라고 한다. 정규성의 원리에 의하면 기존 선택 집
합에 새로운 대안이 추가되면 기존 대안의 선택 확률은 결코 높아질
수 없다. 또 유사성 효과에 따르면 기존 대안들 중 새로운 대안과 유
사한 것일수록 선택 확률은 더 낮아지게 된다.

그러나 이러한 생각이 실제 시장에서도 들어맞는 것은 아니다.
마케팅을 연구한 휴버Huber, 페인Payne, 푸토Puto는 1982년 자신

들의 논문에서 '기존 제품에 비해 비대칭적으로 열등한 신규 대안 asymmetrically dominated alternative, 미끼 대안decoy, 유인 대안'이 등장 하게 되면 새로 진입한 대안과 유사한 기존 대안의 선택 확률이 오 히려 증가할 수 있다'는 것을 증명하고, 이것을 '유인효과attraction effect'라 명명했다. 여기서 '기존 제품들에 비해 비대칭적으로 열등한 대안'이라는 것은 기존 대안 중 한 대안에는 절대적으로 열등하지만 다른 대안에는 절대적으로 열등하지 않은 신규 대안을 의미한다.

더 매력적으로 보이는 이유

예를 들어 설명해보자. 다른 모든 조건은 동일한 노트북 A(무게 1.5kg, 가격 350만 원)와 노트북 B(무게 2.2kg, 가격 300만 원)가 있다. 최 초 선택 비율은 각각 48.4%(노트북 A), 51.6%(노트북 B)였다. 그런데 새로운 노트북 C(무게 2.0kg, 가격 350만 원)가 등장했을 때 노트북 A 의 선택 비율은 72.7%로 24.3% 증가한 반면, 노트북 B의 선택 비 율은 24.2%로 27.4% 감소했다. 왜 이런 드라마틱한 변화가 나타났 을까?[35]

노트북 A의 무게는 1.5kg으로 2.2kg인 노트북 B보다 가볍지만, 가격이 350만 원으로 300만 원인 노트북 B보다 비싸다. 즉 노트북 A와 B는 무게와 가격 속성에서 각각 경쟁력을 가지고 있는 '속성 간 상쇄관계trade-off'에 있다. 이 상황에서 새롭게 등장한 노트북 C는 노트북 A와 비교할 때 가격은 같은데 무게가 0.5kg 무겁기 때문에 절대적으로 열등한 반면, 노트북 B와 비교할 때는 가격은 50만 원 비싸지만 무게는 0.2kg 가볍기 때문에 절대적으로 열등하다고 할 수 없다.

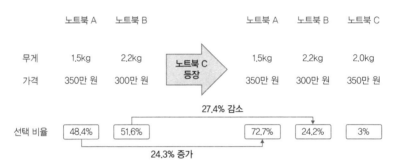

유인효과와 노트북 구매

결국 기존 제품들에 대해 비대칭적으로 열등한 노트북 C의 등장은 노트북 A의 선택 확률을 증가(48.4%→72.7%)시키고, 유사한 노트북 B의 선택 확률은 감소(51.6%→24.2%)시키며 정규성의 원리와 유사성 효과를 무력화시킨다. 앞서 든 예에서 크로스 펜의 선택 비율이 36%에서 46%로 증가한 것도 새로 추가된 미끼용 제품이 크로스 펜을 실제보다 더 매력적으로 보이게 만들었기 때문이라 할 수 있다. 이런 유인효과가 발생하는 이유는 두 가지 측면에서 살펴볼 수 있다.

첫째, 인식상의 변화로 기존 대안의 전체 효용이 변하기 때문이다. 예를 들어 나중에 등장한 노트북 C는 노트북 B보다 0.2kg 가볍고 50만 원 비싼 반면, 노트북 A는 0.7kg 가볍고 50만 원 비싸기 때문에 노트북 A가 더 매력적으로 보인다. 노트북 A의 선택 확률이 높아지는 것이다.

둘째, 합리화self justification 욕구로 인해 유인효과가 발생한다. 이 욕구 때문에 선택이 힘든 상황일수록 자신의 선택을 합리화하기 쉬운 대안을 선택하게 된다. 즉 노트북 C보다 절대적으로 우수한 노트북 A를 선택하면, 노트북 C보다 절대적으로 우수하다고 할 수 없는 노트북 B를 선택할 때보다 선택을 합리화하기 쉽기 때문에 A의 선택 확률이 높아지는 것이다.

유인효과 사용설명서

르노삼성자동차는 2004년 12월에 파격적인 디자인, 14년 연속 세계 10대 엔진에 빛나는 닛산 VQ 엔진 탑재, 닛산 플랫폼 등으로 무장한 준대형 세단 'SM7'을 출시했다. 그리고 2005년 1월 '뉴 SM5'를 선보였는데, 출시하자마자 뉴 SM5의 인기는 매우 높았다. 그런데 짧은 시차를 두고 두 제품을 출시하다 보니 재미있는 일이 벌어졌다. 새로 나온 뉴 SM5는 SM7과 동일한 차체에 엔진만 변경한 것이어서 외관상 비슷하기 때문에 SM7와 뉴 SM5를 착각하는 사람들이 생겨난 것이다. 그러다 보니 SM7을 구매했던 사람 중에는 비싼 돈을 주고 대형차를 샀는데 사람들이 중형차로 생각한다며 속상해하는 이들도 있었다. 이를 두고 유인효과를 공부한 사람들 사이에서는 SM7이 뉴 SM5를 돋보이게 하기 위해 만든 미끼 제품이 아닌가 하는 이야기가 나오기도 했다.

유인효과는 직원 채용 과정에서도 나타날 수 있다. 한 실험에서 A, B 두 집단의 사람늘에게 마틴, 데이비스, 도일이라는 세 명의 공장 관리자 후보를 보여주고 누구를 공장 관리자로 채용할 것인지를 물어보았다.[36] 그 결과, A집단에서는 67%의 사람들이 마틴을 선택했고, B집단에서는 64%의 사람들이 데이비스를 선택했다.

A집단과 B집단의 선택 비율 비교

A집단의 선택 비율				VS.	B집단의 선택 비율			
	마틴	데이비스	도일			마틴	데이비스	도일
업무 진행 능력 (9점 만점)	5점	7점	4점		업무 진행 능력 (9점 만점)	5점	7점	6점
성과 (100점 만점)	80점	66점	72점		성과 (100점 만점)	80점	66점	54점
선택 비율	67%	33%	0%		선택 비율	36%	64%	0%

위에 제시된 비교 내용을 보자. 도일의 업무 진행 능력과 성과 점수만 제외하고 A집단과 B집단에 제시된 마틴과 데이비스의 능력은 동일하다. 그럼에도 불구하고 A집단에서는 마틴을, B집단에서는 데이비스가 공장 관리자로서 더 적합하다고 선택했다. 이런 결과가 나타난 것은 바로 도일이라는 후보 때문이다. 즉 A집단에 제시된 도일의 능력은 마틴에 비해 절대적으로 열등하지만, 데이비스를 상대로는 강점(성과)과 약점(업무 능력)을 모두 가지고 있어 절대적으로 열등하다고 할 수 없다. 이 때문에 67%의 사람들이 마틴을 공장 책임자로 선택했다. 한편 B집단에 제시된 도일의 능력은 데이비스에 비해 절대적으로 열등하지만, 마틴을 상대로는 강점(업무 능력)과 약점(성과)을 모두 가지고 있어 절대적으로 열등하다고 할 수 없다. 그리하여 64%의 사람들이 데이비스를 공장 책임자로 선택한 것이다.

나 역시도 비슷한 경험이 있다. 예전 광고회사에서 면접을 보던 때의 일이다. 내가 지원한 분야는 AE Account Executive(광고기획자)였는데, 오전에 실무진 면접을 보고 오후에 임원진 면접을 볼 예정이었다. 그리하여 나는 오전에 함께 면접을 봤던 사람들과 점심을 먹게 되었는데, 식사하는 동안 한 친구가 내게 AE가 무슨 일을 하는 사람이냐고 물었다. 그래서 나는 "어떤 사람은 AE가 하는 일이란 제작팀에서 만든 광고 시안을 광고주에게 갖다주는 것이 전부라며 AE를 철가방이라고 비하하기도 하지만, AE는 광고기획을 담당하고 광고주를 관리하는 사람"이라고 이야기해주었다.

오후가 되어 임원면접을 하게 되었다. 갑자기 면접관이 그 친구에게 "본인은 AE가 뭐라고 생각하세요?"라고 질문했다. 당황했는지 그 친구는 "전 철가방이라고 생각합니다"라는, 부적절한 대답을 하고 말았다. 그 후 아무도 그에게 질문을 하지 않았다.

실제로 한두 사람을 제외하고는 면접에 올라온 사람들의 수준은 큰 차이가 없다. 따라서 면접을 볼 때 어떤 인상을 면접관에게 심어주느냐가 중요하다. 특히나 서너 명이 함께 보는 집단면접의 경우는 절대평가보다는 상대평가가 이루어지기 때문에 유인효과가 나타날 확률이 높다. 아마도 'AE = 철가방'이라고 답한 친구는 다른 경쟁자들의 미끼 대안이 되었을 것이다. 그 덕분인지는 몰라도 결과적으로 나는 엄청난 경쟁률을 뚫고 그 회사의 신입사원이 되었다.

반대로 내가 다른 사람의 미끼 대안이 된 적도 있었다. H광고회사에서 면접을 볼 때였다. 면접관이 내게 광고회사에 들어오기 위해 학창시절 어떤 노력을 했는지를 물어봤다. 난 광고 동아리를 만들어 지금까지 꾸준히 활동하고 있고, 평소에도 TV를 보면서 광고에 대해 평가하는 연습을 하고 있다고 답했다. 면접관은 샤론 스톤이 나온 광고를 봤는지 물어봤고, 나는 샤론 스톤의 섹시한 이미지를 이용한 정유사 광고를 본 적이 있다고 답했다. 이어 면접관이 그 광고가 어떠냐고 질문했는데, 나도 모르게 "쓰레기 같은 광고"라고 답하고 말았다. 정말 그 광고가 '쓰레기'라고 생각하여 그렇게 말했다기보다는 당시에는 섹스 어필 광고(최초 이 광고의 메시지는 "강한 걸로 넣어주세요"였는데, 심의 과정에서 "강한 걸로 주세요"라고 바뀌었다고 한다)에 대해 막연한 반감이 있었기 때문에 순간적으로 그 말이 나왔던 것이다.

하지만 '쓰레기'라는 단어는 면접에서 쓸 말이 아니었다. 아차 싶었지만 상황은 이미 되돌릴 수 없었고 그 후 아무도 내게 질문을 하지 않았다. 면접이 끝나고 난 후 같이 면접을 봤던 사람이 "그런 식으로 말하면 어떻게 하냐"라고 하기에 난 단순히 '쓰레기'라는 표현이 문제였다고 생각했다. 그런데 알고 보니 내가 쓰레기 같다고 한 광고가 바로 그 회사에서 만든 광고였다. 지금도 그분들께는 미안한 마음이 든다. 어쨌거나 당시 난 확실한 미끼 대안이 되었다.

누가 누구의 미끼 대안이 될 것인가

1992년 미국 대통령 선거를 앞두고 텍사스의 억만장자 기업인이었던 로스 페로Ross Perot가 불황 극복을 슬로건으로 하여 대선에 출마했다. 빌 클린턴Bill Clinton 진영과 조지 부시George W. Bush 진영은

로스 페로의 대선 출마가 자신들에게 어떤 영향을 미칠지를 분석하기 위해 분주히 움직였다. 《타임》에 '왜 부시는 페로를 환영하는가?Why Bush Welcomes Perot?'라는 제목의 기사가 실렸던 것을 보면 당시 페로의 등장은 부시가 아닌 클린턴에게 부정적인 영향을 미칠 것이라 예상했던 듯하다. 그러나 이러한 예상과 달리 빌 클린턴(43%)이 조지 부시(38%)와 로스 페로(17%)를 제치고 미국의 제42대 대통령이 되었다.

이러한 흥미로운 대선 레이스를 보고 팬Pan, 오커리O'Curry, 피츠Pitts[37] 등은 1992년 대선을 5~10일 앞둔 시점에 일종의 부동층(어느 후보가 다른 한 명의 후보보다는 좋지만 그렇다고 다른 두 후보 모두보다 좋다고 생각하지는 않는 사람)을 대상으로 유인효과 실험을 했다. 먼저 부동층에 있는 사람들에게 국가안보와 국민건강 보호에 대한 세 후보의 공약에 대해 평가하게 했고, 이후 자신의 평가를 바탕으로 한 명의 후보를 선택하도록 했다. 마지막으로 국가안보와 국민건강 보호의 중요도에 대해 평가를 하게 했다. 이 연구는 기존 연구와 달리 후보자에 대한 평가 점수를 연구자가 임의로 만들어 제시하지 않고 개인이 직접 평가하고 후보를 선택하게 했다. 연구 결과 국가안보와 국민건강 보호의 중요도는 큰 차이가 없었으며, 선호하는 대통령으로는 클린턴 51%, 부시 28.3%, 페로 20.7% 순으로 나타났다(최종 투표 결과는 빌 클린턴 43%, 조지 부시 38%, 로스 페로 17%로 빌 클린턴이 당선되었다).

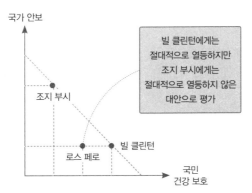

미국 대통령 후보와 유인효과 실험

국가 안보

조지 부시

빌 클린턴에게는
절대적으로 열등하지만
조지 부시에게는
절대적으로 열등하지 않은
대안으로 평가

로스 페로

빌 클린턴

국민
건강 보호

* 이 그림은 이해를 위해 단순 도식화한 것임

　실제 결과와는 약간의 차이가 있긴 하지만 부동층을 대상으로 한 연구의 결과임을 고려한다면 매우 의미 있는 것이라 할 수 있다. 특히 관심의 초점은 로스 페로가 클린턴과 부시 둘 중 어느 후보의 표를 잠식하느냐에 있었는데, 연구 결과 314명 중 로스 페로가 부시의 미끼 대안이 된다고 평가한 사람은 25명(8%)인 반면 클린턴의 미끼 대안이 된다고 본 사람은 120명(38%)이었다. 실험 참가자에게 로스 페로는 부시보다 클린턴을 돋보이게 한 미끼 대안이었던 것이다.

모방 제품의 등장은 이로울까, 해로울까?

기업이 시장에서 가장 원하는 것은 무엇일까? 기업은 경쟁이 없는 상황, 즉 모든 것을 쥐고 흔들 수 있는 절대 권력을 내심 희망한다. 그러나 위대한 기업이 되는 데 가장 큰 적은 좋은good 기업이다. '좋아'라는 그 한마디가 사람들의 성취 의욕을 갉아먹기 때문이다. "좋은 기업은 많지만 위대한 기업은 드물다"라는 짐 콜린스Jim Collins의 말처럼 독점적 지위는 오히려 기업의 성장을 저해하는 독이 될 수 있다.

시장 내에서 독점적 지위를 가지고 있는 기업에게는 파멸도 성장도 없다. 많이 좋아졌다고는 하지만 여전히 동사무소나 공공기관의 서비스가 일반 기업에 비해 만족할 만한 수준은 아닌데, 이는 경쟁이 없어 더 좋은 서비스를 제공하려고 노력하지 않기 때문이다. 물론 경쟁은 기업에 심한 압박감을 준다. 그러나 경쟁이 주는 이점을 최대한 살릴 수만 있다면 경쟁은 기업에게 더 큰 이익을 안겨다준다.

그렇다면 경쟁이 주는 이점은 무엇일까? 첫째, 시장 규모를 빠르게 확장시킨다는 것이다. 세상에서 가장 재미있는 구경이 싸움구경과 불구경이라고 한다. 왜 그럴까? 당사자는 죽을맛이겠지만 그것을 보는 사람들은 묘한 흥분과 재미를 느끼기 때문이다. 시장의 경쟁도 마찬가지다. 하나의 기업이 독점을 하게 되면 자연스럽게 그 시장이나 제품은 소비자의 관심에서 멀어지게 된다. 치고받고 싸워야 사람들의 눈길을 끌 수 있다. 그래야 사람들이 제품이나 서비스에 관심을 갖게 되고 시장도 확대되는 것이다. 예컨대 이동전화가 시장에 출시된 이후 5년 동안 가입자 수는 200만 명에 불가했다. 그러나 1997년 PCS가 등장하자 단말기 가격이 낮아지고 경쟁이 심해지면서 1년 만에 500만 명, 2년이 지나서는 2000만 명을 돌파했다. 이런 것이 바로 경쟁이 준 이점이라 할 수 있다.

경쟁해서 좋아지는 것들

경쟁이 주는 또 다른 이점은 자사 브랜드의 장점을 잘 보여줄 수 있다는 점이다. 우리가 가치 판단을 할 때도 무언가가 절대적으로 좋은지 나쁜지를 평가하는 것은 어렵지만 상대적으로 좋고 나쁨을 평가하는 것은 훨씬 수월하지 않던가. 다시 말해 '대조효과contrast effect'에 의해 혼자만 있을 때는 보이지 않던 장점이 경쟁자가 등장하면서 비로소 극명하게 나타나는 것이다. 그러므로 시장에 자사의 제품보다 열등한 제품이 많을수록 유인효과가 나타날 가능성이 크다.

1993년 '비락식혜'는 출시되자마자 식혜붐을 일으켰다. 그동안 탄산음료에 길들여져 있던 소비자들에게 우리 전통음료를 부각시키며 새로운 시장을 만들어낸 것이다. 1994년 400억 원에 못 미치던 식혜 시장 규모는 1995년 말 2600억 원을 넘어서며 폭발적으로 성장해 3100억 원대의 콜라 시장을 위협하기도 했다. 비락식혜가 이처럼 성장할 수 있었던 이유도 바로 경쟁이다. 비락식혜의 성공을 보고 음료업체는 물론 식품·제약업체까지 뛰어들어 식혜 시장은 롯데칠성음료의 '잔칫집식혜', 해태음료의 '큰집식혜', 제일제당의 '본가식혜', 진로의 '진가식혜' 등 40여 개의 제품이 난립하는 상황에 이르렀다. 이렇게 많은 식혜 제품들이 등장해 치열하게 경쟁하니 자연스럽게 소비자의 관심이 집중되었고 전통음료 시장이 커지게 되었다. 일단 시장이 커지자 시장의 리더인 비락식혜의 매출도 당연히 늘었다. 비록 지금은 수많은 아류 제품들이 등장하고 가격 경쟁을 하면서 식혜 시장도 구조조정이 되었지만, 1993년 이후 비락식혜는 오로지 맛과 질로 대형업체의 덩치에 맞서 꿋꿋하게 시장을 지켜냈다.

광동제약의 '비타 500'은 2001년에 49억 원의 매출을 기록한 뒤 2002년 96억 원, 2003년 274억 원으로 매출이 급등했다. 2005년 5월에는 107억 원의 매출을 올려 40년 동안 부동의 1위를 차지하고 있던 박카스의 월 매출액을 넘어서기도 했다. 수많은 제품이 난립하고 있는 비타민 음료 시장에서 약 70%의 시장점유율을 차지할 수 있었던 비타 500의 성공 비결은 크게 네 가지로 볼 수 있다.

첫째, 발상의 전환이다. 지금까지 비타민은 보통 분말이나 캡슐 형태일 것이라는 생각이 지배적이었다. 비타 500은 이러한 고정관념을 깨고 '마시는 비타민'으로 시장에 등장했다. 그리고 성인이 하루에 필요한 비타민이 500mg인 점에 착안하여 비타 500이라는 브랜드명을 사용했다.

둘째, 다양한 유통망을 활용했다. 박카스는 일반 의약품으로 분류되어 일반 슈퍼마켓에서는 구입할 수 없었지만 비타 500은 비타민 음료로서 유통에 따른 제약이 없었다. 광동제약은 이를 잘 활용하여 기존 약국 유통망에 의존하지 않고 슈퍼마켓과 편의점, 골프장, 사우나로 유통망을 확대해 소비자가 손쉽게 비타 500을 구입할 수 있도록 했다.

셋째, 몸에 좋은 무카페인 음료라는 점을 내세워 소비자들에게 기존 기능성 음료와 다르다는 점을 효과적으로 인식시켰다. 일반적으로 비타민 C는 세포를 건강하게 유지시켜주는 데다 수용성 비타민이기 때문에 복용량이 많아도 부작용이 없다는 장점이 있다. 제품의 이런 성격이 웰빙을 추구하는 최근 소비자의 욕구와 잘 맞아떨어진 것이다.

넷째, '모방 제품me-too'의 등장이다. 얼핏 생각하면 모방 제품의 등장은 비타 500을 위협할 것이라 예상할 수 있지만 새로운 시장을 개척하는 초기 상황에서는 경쟁자가 많아져야 시장이 급속히 커지며 성장·성숙기로 발전할 수 있다. 많은 제품들이 도입기에서 성장기로 넘어가지 못하고 시장에서 사라지는 일이 발생하는데, 이는 도입기와 성장기에 있는 간극chasm을 넘지 못하기 때문이다. 바로 이 간극을 넘을 수 있는 발판을 만들어주는 것이 경쟁이다.

실제로 비타 500이 출시된 이후 CJ의 '제노비타', 녹십자상아의 '비타마인', 영진약품의 '비타씨', 반도제약의 '비타C 1000', 삼진건강의

'비타 900', 솔표의 '비타 800' 등 유사제품이 홍수처럼 쏟아져 나왔다. 그러나 새로 나온 유사제품은 오히려 비타 500을 돋보이게 하는 역할을 했고, 결국 시장 확대의 이익은 고스란히 광동제약 비타 500의 몫이 되었다.

중간 수준을 사는 **심리**

다음 실험을 살펴보자. 품질이 좋아질수록 가격도 올라가는 세 종류의 미놀타
Minolta 카메라가 있다. 카메라 A는 품질은 별로 좋지 않지만 가격이 저렴하고(169달러), 카메라 B는 품질과 가격이 중간 수준이며(239달러), 카메라 C는 품질이 우수하지만 고가이다(469달러). 먼저 106명의 실험 참가자에게 카메라 A와 B 가운데 어떤 것을 선택할지를 질문했다. 이때 카메라 A와 B의 선택 비율은 각각 50%였다. 다음에는 카메라 C를 추가한 다음 세 가지 가운데 하나를 선택하도록 했다. 그 결과 카메라 A, B, C를 선택한 비율이 각각 22%, 57%, 21%였다. 즉, 많은 피험자들이 A나 C와 같은 양극단의 카메라보다는 중간 수준의 카메라인 B를 선택한 것이다.

두 가지 선택 대안이 존재하는 상황에서 세 번째 대안이 추가될 때 중간 수준의 대안에 대한 선택 확률이 증가하는 현상을 '타협효과 compromise effect'라 한다. 즉 고가 고품질 제품과 저가 저품질 제품이 있을 때 중간 수준의 품질과 가격을 가진 제품(타협 대안)이 추가되면 타협 대안에 대한 선호와 선택 확률이 증가하는 것이다. 왜 많은 소비자들이 타협 대안을 선택하는 것일까?

첫째, 극단적인 것을 회피하고자 하는 '극단성 회피extreme aversion' 성향 때문이다. 둘째, '이유에 근거한 선택reason-based choice' 때문이

다. 이유에 근거한 선택 이론은 타협효과에 대한 이론적 근거를 제공한다. 이유에 근거한 선택 모델을 제안한 스탠퍼드대학교 시몬슨 Simonson 교수는, "소비자는 어떤 대안이 가장 높은 효용을 제공하는지 판단하기 어려울 경우에는 자신의 결정을 정당화하는 데 가장 타당한 이유를 제시해주는 대안을 선택하게 된다"고 주장했다(1989).

이유에 근거한 선택 이론에 의하면 소비자는 타협 대안에 대해 자신의 결정을 쉽게 정당화할 대안으로 지각한다. 대체로 품질은 우수하지만 가격이 비싼 제품, 또는 가격은 저렴하지만 품질이 좋지 않은 제품을 선택할 때는 가격과 품질 중 하나를 포기해야 한다. 그리하여 중간 수준의 가격과 품질을 지닌 제품을 선택하는 것이 자신의 결정을 합리화하는 데 타당한 이유를 제공한다고 생각하는 것이다.

소비자들이 타협 대안을 선택하는 세 번째 이유는 사람들의 손실 회피 성향loss aversion 때문이다. 소비자는 여러 상품들을 평가하는 과정에서 각각의 제품을 구매했을 때 얻게 되는 이득과 손실을 깨닫게 된다. 이때 극단 대안을 선택하게 되면 가격이나 품질에서 큰 손실 또는 큰 이득을 보게 된다. 그러나 타협 대안을 선택하게 되면 다른 두 개의 극단 대안을 선택할 때보다 품질이나 가격 측면에서 작은 손실 또는 작은 이득을 얻게 된다. 요컨대 손실이 발생되는 것을 싫어하고 같은 크기의 이득보다 손실에 대해 더 민감하게 반응하는 손실 회피 성향에 따라 소비자는 손실이 매우 큰 극단 대안보다는 손실이 상대적으로 작은 중간 대안을 더 선호하게 되는 것이다.

브랜드의 선택 확률을 높이려면

타협효과로 마케팅 효과를 높이려면 극단을 피하고 다른 경쟁자들과 비교할 때 중간적인 위치에 포지셔닝을 하는 것이 상대적으로 유리하다. 즉 타협효과를 이용하여 중간 수준의 브랜드 대안을 도입하면 브랜드의 선택 확률을 높일 수 있는 것이다.

2011년 준대형차인 '그랜저'는 판매량이 200% 넘게 급증하며 10만 7000대의 판매고를 올렸다. 국민차로 불리는 중형급 '쏘나타'보다도 3000대나 더 많이 팔린 것이다. 2011년 국내 시장에서 준대형차는 15만 8000여 대가 팔려 2010년보다 판매량이 67% 증가한 반면 중형차 판매량은 27% 감소했다. 신차 판매의 70%가 교체 수요인 점을 고려할 때, '그랜저', 'K7', 'SM7', '알페온' 등 준대형 신차가 잇달아 출시되면서 대형차를 구입하기는 부담스럽고 중형차에서 격을 높이고 싶은 소비자들에게 준대형 신차가 일종의 타협 대안으로 수용된 것이다.

타협효과는 컴퓨터 시장에서도 자주 발생한다. 2008년 등장한 '넷북'은 노트북의 휴대성과 데스크톱의 저렴한 가격을 갖추어 출시 후 6개월도 되지 않아 노트북 PC 시장의 10%를 잠식할 정도로 큰 인기를 끌었다. 넷북은 무게가 1.0~1.6kg에 불과해 휴대가 용이하고 한번 충전하면 6~7시간을 사용할 수 있으며, 와이브로와 결합하면 어디서든 무선인터넷을 손쉽게 사용할 수 있다는 장점이 있었다. 또한 가장 빈번히 사용되는 기본 프로그램(인터넷, 워드 등)에 최적화된

CPU 성능으로 저가 미니 노트북 시장을 주도하기에 충분했다.

그러나 넷북의 인기는 금방 식어버렸다. 바로 아이패드로 대표되는 태블릿 PC의 등장 때문이었다. 태블릿 PC는 이동성을 극대화한 스마트폰과 조작 편의성을 강조한 노트북의 장점을 결합한 신개념 제품으로, 휴대폰(통신) + PMP(동영상 감상) + PC(문서 작성) + 전자수첩(일정 관리) 등 다양한 기능을 수행할 수 있는 기기다. 실제로 아이패드가 출시되자 한참 타오르던 넷북 시장은 이내 싸늘하게 식어버렸다.

미국 전자제품 쇼핑 사이트인 레트레보Retrevo가 1000명 이상의 소비자를 대상으로 설문조사를 실시한 결과를 보자. 이에 따르면 넷북 시장에서 소비자 10명 중 세 명은 기다렸다가 아이패드를 구매한 것으로 나타났다. 레트레보는 넷북 시장의 소비자들에게 아이패드가 2010년 1월 발표된 후 넷북 구매를 연기했는지, 그리고 최종적으로 무엇을 구매했는지를 질문했다. 30%의 소비자는 기나리지 않고 그냥 넷북을 구매했고, 40%는 망설이다가 결국 넷북을 샀으며, 나머지 30%는 기다렸다가 아이패드를 샀다는 결과가 나왔다. 또한 모건 스탠리와 알파와이즈가 실시한 설문조사에서도 미국 소비자의 44%가 넷북이나 노트북 대신에 아이패드를 산 것으로 나타났다.

이렇게 새로운 대안이 등장하면 기존 대안의 선택 확률이 증가할 수도 있고(유인효과), 양극단에 있는 제품이 아닌 중간 수준의 대안이 주목받을 수 있다(타협효과). 그렇기 때문에 새로운 시장을 개척할 때 등장하는 모방제품은 선도 브랜드 입장에서는 분명 골칫거리지만,

시장규모를 확대시키고 자사의 제품을 돋보이게 만들 수 있으므로 적절히 이용해야 할 대상으로 볼 필요가 있다. 또한 타협효과를 이용하여 중간 수준의 브랜드 대안을 도입한다면 브랜드의 선택확률을 높일 수도 있다.

기업이 유인효과와 타협효과를 적절히 활용하여 브랜드의 선택확률을 높이려면 일차적으로는 브랜드의 매력을 높이는 것이 중요하다. 그러나 브랜드의 가치는 절대적이라기보다는 상대적이기 때문에 브랜드 관리자는 자사 브랜드를 매력적으로 보일 수 있는 환경을 조성해야 한다. 소비자가 나의 브랜드를 선택할 수밖에 없는 이유(합리화)를 만들어주어야 하는 것이다.

Take 11

소비자의 선호도가 달라지는 지점

평가모드*Evaluation Mode

* 대안을 제시하는 방법으로, 한 가지 대안만을 보여주고 평가하도록 하는 단독대안 제시모드와 두 개 이상의 대안을 함께 보여주고 평가하도록 하는 복수대안 제시모드가 있다.

선호역전현상이 **나타날 때**

다음 실험을 보자. 실험 참가자들을 세 개의 집단으로 나누어 CD 체인저(다수의 CD를 한꺼번에 넣어놓고 재생하는 CD플레이어)를 구입하도록 했다. 재생 가능 CD가 다섯 개이고, 음의 일그러짐 정도를 나타내는 THD가 0.003%인 CD 체인저 A를 보여주고 얼마의 돈을 지불할 의향이 있는지 조사하였더니, 집단 1은 212달러라고 대답하였다. 다음으로 재생 가능 CD가 20개이고 THD가 0.01%인 CD 체인저 B를 보여주고 얼마를 지불할 의향이 있는지 물어보자 집단 2는 256달러라고 답했다. 그런데 마지막으로 집단 3에게 CD 체인저 A와 B를 함께 보여주고 물어보니 A는 228달러, B는 204달러를 지불하고 살 것이라는 대답이 나왔다. 왜 집단 3은 CD 체인저 A에 더 많은 돈을 지불하겠다고 대답한 것일까?

* THD^{Total Harmonic Distortion}: 왜율歪率이라고도 하며 음의 일그러짐 정도를 뜻한다. 왜율이 작을수록 음질이 좋다.

어떤 대안에 대해 평가를 할 때 한 가지 대안만을 보여주고 평가하는 방법을 '단독대안 제시모드separate evaluation mode, SE'라고 하고, 두 개 이상의 대안을 함께 보여주고 평가하는 방법을 '복수대안 제시모드joint evaluation mode, JE'라 한다. 일반적으로 사람들은 자신의 선호가 일관되고 지속적일 것이라고 생각하지만 실제 선호도는 하나의 대안만을 보여주느냐SE, 아니면 두 개 이상의 대안을 함께 보여주느냐JE에 따라 달라진다. 이처럼 대안이 제시되는 방법에 따라 사람들의 선호도가 달라지는 것을 '평가모드evaluation mode에 따른 선호 변화'라고 한다.

사람들을 A, B, C 세 집단으로 나눈 후 "당신은 컨설팅 기업의 사장으로 KY프로그램을 설계할 사람을 찾는 중이며 3000~4000만 원 사이의 연봉을 제시해야 한다"라고 말하는 상황을 가정해보자. A와 B집단에는 각각 홍길동, 김갑돌 중 한 명만 보여주고 연봉을 제시하라고 했고, C집단에는 홍길동, 김갑돌을 모두 보여주고 연봉을 제시하라고 했다. 결과는 어떻게 되었을까? A집단과 B집단(단독대안 제시)에 있는 사람들이 제시한 평균 연봉을 비교하면 김갑돌이 더 높았다. 그러나 C집단(복수대안 제시)에 있는 사람들은 홍길동에게 더 높은 평균 연봉을 제시했다.[38]

단독대안 제시모드와 복수대안 제시모드 – 후보자

같은 사람인데 왜 이런 결과가 나타났을까? 이러한 선호 변화가 나타나는 이유는 '속성에 대한 평가 용이성' 때문이다. 즉 속성들 중에는 단독으로 제시될 경우에는 가치를 평가하기 어려운 속성이 있는데, 이런 속성은 복수로 제시될 때 그 영향력이 커지게 된다. 예컨대 프로그램 설계 경험은 그 자체로 평가하기가 곤란하지만('70개의 프로그램 설계가 많은 건가?'), 대학교 학점은 상대적으로 평가하기가 쉽다('5.0 만점에 3.0이면 열심히 공부하지는 않았나 보네'). 그러므로 A집단이나 B집단처럼 후보자 한 명만 보여주는 경우에는 평가하기 쉬운 '학점'을 중심으로 평가를 하기 때문에 학점이 높은 김갑돌이 더 높은 연봉을 받게 된다. 그러나 후보자 두 명을 모두 보여주는 C집단에서는 A, B집단에서 평가하기 어려웠던 설계 경험이라는 속성이 비교 가능해지기 때문에 설계 경험이 더 많은 홍길동에게 더 높은 연봉을 제시한 것이다.

적게 담아 비싸게 판다?

다음 실험을 보자. A, B, C 세 집단으로 나눈 후 아이스크림에 지불할 가격을 적으라고 했다. A집단의 사람들에게는 10온스oz 컵에 8온스의 아이스크림을 담은under filling 그림을, B집단의 사람들에게는 5온스 컵에 7온스의 아이스크림을 담은over filling 그림을 보여주었다. 마지막으로 C집단의 사람들에게는 두 개의 그림을 모두 보여주었다. 결과는 다음과 같았다. A집단과 B집단(단독대안 제시) 사람들의 경우를 비교해보면 5온스 컵에 7온스를 담은 아이스크림의 지불 의향 가격이 더 높았다. 그러나 C집단(복수대안 제시)의 사람들은 10온스 컵에 8온스를 담은 아이스크림에 더 높은 가격을 제시했다.[39]

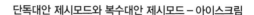

단독대안 제시모드와 복수대안 제시모드 – 아이스크림

이 경우도 하나의 제품만 보여줄 경우(단독대안 제시모드)에는 아이스크림의 양을 가늠하기 어렵기 때문에 컵을 가득 채우지 않게 주는 것(10온스 컵에 8온스)보다는 많이 주는 쪽(5온스 컵에 7온스의 아이스크림)이 더 매력적으로 보인다. 그러나 두 개의 제품을 모두 보여주는 경우(복수대안 제시모드)에는 아이스크림의 양을 비교하기 쉽기 때문에 7온스보다 8온스의 아이스크림이 더 매력적으로 보인다. 선호역전현상이 나타나는 것이다.

특히 5온스 컵에 7온스를 담아준 경우 양이 적어도 더 좋은 평가를 받았는데, 이를 '적은 것을 더 좋게 만드는 효과less-is-better effect'

라고 한다. 우리가 밥공기에 밥을 담을 때나 그릇에 물건을 담을 때 용기보다 풍성해 보이도록 담는 것도 이런 심리적 효과를 이용한 것이라 할 수 있다.

만족하지 못하는 소비자를 어떻게 설득할까?

두 개의 직업이 있다. 직업 A는 연봉이 7000만 원이지만 일이 단조롭다는 단점이 있다. 반면 직업 B는 연봉이 6000만 원이지만 일이 흥미롭다는 장점이 있다. 실험 참가자들에게 연봉이 많은 직업 A와 업무가 흥미로운 직업 B 중 어느 것을 선택할지 결정하라고 하자, 많은 사람이 연봉이 많은 직업 A를 선택했다. 그러나 이후 실제 경험을 하게 한 후 만족도를 측정했을 때에는 연봉이 많은 직업 A보다 업무가 흥미로운 직업 B에서 만족도가 더 높게 나타났다.[40] 왜 이런 결과가 나타났을까?

위 실험의 결과를 어떻게 풀이할 수 있을까? 사람들이 제품과 서비스를 구매할 때 그 제품이 자신에게 얼마나 큰 만족을 줄 것인지를 예측하는 것을 '예측효용predicted utility'이라고 한다. 제품이나 서비스를 구매한 후 제품을 사용하면서 자신이 선택한 제품의 효용을 판단하는 것은 '경험효용experience utility'이라고 한다. 여기서 말하는 효용이란 객관적인 것이 아니라 개인이 주관적으로 느끼는 것이다. 선택 후 사람들이 불만족을 느끼는 것은 바로 구매 전 예측효용과 구매 후 경험효용 간의 차이가 발생하기 때문이다. 이를 예측오류 misprediction, 선택오류mischoice, 또는 차이식별오류distinction bias라고 한다. 전통경제학에서 말하는 것처럼 사람들이 자신의 선호를 잘 알고 있다면 차이식별오류는 나타나지 않아야 하지만, 실제로 사람들은 선택과 경험 사이에서 차이식별오류를 자주 경험하게 된다.

인지부조화를 최소화하라

일반적으로 사람들은 연봉의 차이(6000만 원 vs. 7000만 원)에서 오는 만족의 차이와 일의 성격(흥미로운 vs. 지루한)에서 오는 만족의 차이를 비교한 후 만족이 클 것으로 예상되는 대안을 선택한다. 그런데 두 개의 직업을 비교할 때 질적 속성(일의 성격)은 평가하기가 어려운 반면, 양적 속성(연봉)은 평가하기가 쉽다. 이 때문에 연봉 차이에 따른 효용을 과대 예측하게 되어 연봉이 많은 직업 A를 선택하게 된다. 그러나 하나의 직업만을 경험하게 되는 선택 이후의 상황에서는 평가가 어려웠던 질적 속성(일의 성격)이 더 큰 영향을 미치기 때문에 만족도가 직업 B에서 더 높게 나타난다. 이런 이유로 사람들은 선택을 한 후 차이식별오류, 즉 인지부조화를 느끼게 된다.

실제로 기업들은 소비자가 느낄 수 있는 이러한 인지부조화를 최소화하기 위해 다양한 커뮤니케이션 활동을 수행한다. 예를 들어 The-K 손해보험은 "가입하길 참 잘했다"라는 메시지와 함께 19만 5970원의 보험료 인하와 96%의 보상 만족도 결과를 제시하며 고객이 느끼는 경험효용을 통해 소비자를 설득한 바 있다.

나는 홈플러스에 쇼핑을 하러 갔다가 나오는 길에 주차장 출구에 있는 광고를 본 적이 있다. 그 광고에는 "당신은 지금 세상에서 제일 저렴한 쇼핑을 하셨습니다"라고 적혀 있었다. 왜 출구에 이런 광고를 노출시킨 것일까? 일반적으로 할인점, 대형마트 등에 쇼핑을 간 사람들은 쇼핑 후 생각보다 많이 구매한 제품들을 보며 '불필요한 제품을 산 것은 아닌가?' 하는 생각을 할 수 있다. 인지부조화를 느끼는 것이다. 이런 상황에서 세상에서 제일 저렴한 쇼핑을 했다는 광고는 계획하지 않았던 쇼핑을 한 소비자들의 인지부조화를 해소하기에 적절한 광고라 할 수 있다.

콜라는 건강에 좋지 않다는 인식이 강하기 때문에 콜라를 즐기는 사람은 콜라를 마시면서 인지부조화를 느끼기 쉽다. 이를 위해 코카콜라는 지방 0%, 칼로리 0%의 신제품 '코카콜라 제로'를 출시함으로써 고객들이 느끼는 인지부조화를 해소하려고 했다. 11번가에서 실시한 무료반품·교환 관련 광고는 어떤가. 이것은 온라인에서 제품 구매 후 한 번쯤 느꼈을 만한 반품에 따른 불만을 주제로 했다. 11번가에서 쇼핑을 하는 고객은 반품, 교환에 대한 스트레스를 신경 쓰지 않아도 된다는 점을 강조한 것이다. 이 또한 인지부조화를 최소화하는 전략이다.

타임페이싱 전략

과거 전자제품 시장을 주도했던 소니의 위대함을 나타내주는 소문들이 있었다. 그 중 하나가 소니는 5년 후 출시할 제품들을 모두 구상해놓은 다음 경쟁자가 소니 제품을 따라잡기 위해 신제품을 출시하는 순간 더 뛰어난 제품을 출시해, 절대로 다른 전자회사가 소니를 따라올 수 없게 만든다는 것이었다. 그런 소니가 언제부터인가 1위 자리를 넘겨주고 위기설에 휩싸이고 말았다. 이유가 무엇이었을까?

"평균은 안전하게 느껴지지만 실제로는 전혀 안전하지 않다. 평균이라는 건 결국 '눈에 보이지 않는다'는 것이다. 평균이 되고자 하는 것, 그것은 포기의 또 다른 이름이다."

— 세스 고딘Seth Godin

사람들은 평가가 용이한 속성을 기준으로 선택을 한다. 평가가 용이한 속성 중 대표적인 것이 바로 브랜드이다. 모름지기 선도 브랜드는 자신이 가지고 있는 브랜드 파워를 이용하여 소비자에게 습관적 구매를 유도하는 전략을 수립해야 한다. 그러나 현재의 위치에 안주하려고만 한다면 언제든지 후발 브랜드에게 시장을 빼앗길 수 있다. 그러므로 선도 브랜드는 끊임없이 브랜드를 진화, 발전시켜나가야 한다. 선도 브랜드가 이를 위해 활용할 수 있는 전략 중 하나가 바로 '타임페이싱 전략time pacing strategy'이다. 조직과 전략 전문가이며 《위기 상황에서의 경쟁Competing on the Edge》의 저자인 캐슬린 M. 아이젠하트Kathleen M. Eisenhardt와 쇼나 L. 브라운Shona L. Brown에 의하면, 타임페이싱 전략은 장기적인 시간 간격에 따라 시장 변화를 조절하고 주도하는 경쟁 전략이다.

변화에 대응하는 방법으로는 수동적 적응인 '이벤트페이싱event pacing'과 능동적 대응인 '타임페이싱time pacing'이 있다. 먼저 이벤트페이싱은 특정 사건이 벌어졌을 때 그 사건과 보조를 맞춰나가는 전략을 일컫는다. 예를 들어 새로운 고객 수요가 발생한다면 이에 맞춘 신제품을 개발하는 등 적절한 방향으로 반응하면서 변화해가는 것이다. 이런 이벤트페이싱은 기존의 계획에 대한 성과가 나빠졌을 경우에만 새로운 전략을 모색하는 것으로 안정적인 시장에서 변화에 효과적으로 대응할 수 있는 전략이다. 그러나 시장의 변화 추세가 매우 급격하고, 그 방향을 예측하기 어려울 때 이 전략에 지나치게 의존하다가는 도태될 수 있다는 위험이 있다.

이에 비해 타임페이싱은 기업이 시장에서의 새로운 변화를 예측히고 기다리는 내신 언제쯤 변화를 발생시킬 것인가를 계획하여 시장을 주도해나가는 전략이다. 예를 들어 질레트는 1971년 세계 최초의 이중날 면도기인 '트랙 II'를 출시한 이후 1977년에는 세계 최초의 회전식 면도기 '아트라', 1990년 최초의 독립 스프링 부착 방식 '센서', 1997년 3중날 면도기 '마하 3'를 출시하는 등 끊임없이 시장의 변화를 선도했다. 타임페이싱 전략은 속도만을 중요시하는 것이 아니며 예측 가능성을 포함하고 있다. 예측이 가능하다는 것은 기업이 스스로 하나의 활동으로부터 다른 활동으로의 변화 또는 전환을 관리하고, 변하는 리듬이나 페이스를 조절할 수 있다는 것이다. 타임페이싱 전략을 효과적으로 사용하기 위해서는 '정기적, 주기적, 능동적' 행동 개념을 도입하여 내부 직원의 단결을 강화시키고, 외부 사람들이 변화에 준비할 시간적 여유를 두어야 한다.

변화를 주도할 때 알아야 할 것

타임페이싱 전략을 사용하여 변화를 주도할 때 중요한 것은 리듬 관리다. 리듬 관리란 기업과 관계를 맺고 있는 공급자와 소비자 또한 기업의 변화에 발맞출 수 있도록 관리하는 것을 뜻한다. 리듬을 관리하기 위해서는 속도를 낼 때(몰아붙이기)와 속도를 늦출 때(숨 고르기)를 적절히 판단해야 한다. 그렇지 않으면 공급자와 소비자가 기업이 의도한 속도를 따라갈 수 없기 때문이다. 특히 제품 시장이 몇 개의 상이한 욕구를 가진 소비자로 세분화되었을 경우에는 세분 시장별 변화 속도를 다르게 설정해야 한다. 소비자의 욕구가 급변하고 있는 세분 시장에서는 끊임없이 신제품 출시를 통해 시장을 주도해야 하지만, 상대적으로 욕구의 변화가 적은 세분 시장에서는 기존 모델을 좀 더 오래 유지하는 것이 효과적이다.

이처럼 시장 리더가 끊임없는 자기 혁신을 통해 지속적으로 시장 변화를 주도해 나가기 위해서는 무엇보다 기업 내부의 확고한 원칙이 있어야 한다. '수익의 10%는 1년 내 출시한 신제품으로부터 나와야 한다(3M)', '5년마다 비행기 좌석을 바꾼다(브리티시항공)', '9개월마다 제조 공정에 새로운 조립시설을 추가한다(인텔)'와 같은 식으로 변화 속도를 스스로 조절하겠다는 기업의 확고한 원칙이 서 있지 않다면 오히려 위기를 자초할 수 있다.

미국 하버드대학교의 심리학자인 엘렌 랭거는 많은 기업들이 과거 성공 경험에 사로잡혀 시장의 새로운 요구를 따라가지 못하고 몰락해가는 현상을 가리켜 '성공 함정 Success Trap'에 빠진다고 하였다. 그러므로 리더는 경쟁기업에 대한 지속적 분석, 혁신 그리고 창조적 파괴를 수행하는 타임페이싱 전략을 통해 성공 함정에 빠지지 않도록 주의해야 할 것이다.

자기잠식을 두려워하지 말라

20년 가까이 세계 1위 휴대폰 브랜드로 군림했던 '휴대폰 왕국' 노키아는 시장에서 몰락하고 신용등급이 투자 부적격 수준으로 떨어지는 수모까지 당했다.

그렇다고 노키아가 그동안 노력을 전혀 안 했던 것은 아니다. 애플 아이폰이 출시되기 2년 전에 이미 터치스크린폰을 출시하였으며 심비안Symbian이라는 운영체제를 만들어 운영하기도 했다. 이런 노력에도 불구하고 노키아가 몰락한 것은 휴대폰을 여전히 '통화 위주'로 생각하는 과거의 비즈니스 성공 틀에 사로잡혀 외부 변화에 둔감했기 때문이다.

예컨대 노키아는 터치스크린폰이 실패하자 '터치스크린폰은 소비자들이 원하지 않는다'라는 결론을 내고 연구를 중단했다가 애플 아이폰이 IT 혁명을 일으킨 후에야 부랴부랴 터치스크린폰 제품을 다시 내놓았으며, 남보다 앞서 개발한 운영체제인 심비안 역시 구글 안드로이드나 아이폰보다 정교함이 떨어진 채로 방치하기도 했다.

기업이 신제품을 출시할 때 가장 경계하는 것이 '자기잠식 cannibalization'이다. 일명 '제 살 깎아 먹기'라고도 하는데, 새로 출시한 신제품이 경쟁자의 점유율을 빼앗아오는 것이 아니라 기존 자사 제품의 시장점유율을 빼앗아오는 것을 가리킨다. 그리하여 '자기잠식 = 나쁜 것'이라는 선입견 때문에 변화를 주저하는 기업은 결국 현실에 안주하게 된다.

　그런데 자기잠식이 항상 나쁜 것일까? 가령 코카콜라에서 다이어트 콜라가 나오면 기존 코카콜라 클래식의 판매량(점유율)이 떨어지는 것이 자명하다고 하자. 코카콜라는 다이어트 콜라를 출시해야 할까, 출시하지 말아야 할까? 코카콜라 클래식이라는 브랜드의 관점에서 볼 때 다이어트 콜라는 코카콜라 클래식의 점유율을 잠식하는 매우 위협적인 존재가 될 것이다. 그런데 만약 다이어트 콜라의 출시로 코카콜라 클래식의 매출액이 100에서 80으로 감소하더라도 다이어트 콜라가 20 이상 팔린다면 회사 전체 입장에서는 이득이 아닌가?

　자기잠식은 하나의 브랜드 입장이 아닌 회사 전체적인 입장에서 바라보아야 한다. 특히 경쟁자인 펩시콜라가 다이어트 콜라를 먼저 출시할 수도 있는 상황이라면, 코카콜라의 다이어트 콜라가 코카콜라 클래식의 시장을 잠식할 것인가를 고민하기보다는 다이어트 콜라 시장을 선점하여 펩시콜라의 진입을 막는 것이 더 중요하다. 이처럼 기존 시장이 잠식될 것을 알면서도 경쟁자보다 먼저 시장을 선점하기 위해 자기잠식을 감수하는 전략을 '선점적 자기잠식 preemptive cannibalization'이라고 한다.

먼저 자기잠식을 행하다

3M에는 '15/10 원칙'이 있다. 이 원칙에 따르면 3M의 직원은 근

무시간의 15%를 아이디어 개발과 같은 창의적인 일에 투자하며 전체 매출액의 10%는 최근 1년간 개발한 신제품이나 새로운 서비스의 매출액에서 내야 한다. 자기잠식을 두려워하는 기업으로서는 상상도 못할 일이다. 1980년대 적대적 M&A에 대항하기 위해 필요 이상의 경비를 사용하여 고전했던 질레트는 기존 제품 시장 잠식을 두려워하지 않고 개발한 '센서'라는 신제품 때문에 회생할 수 있었다.

구글 역시 창의적인 성과를 낼 수 있도록 엔지니어가 자신이 원하는 프로젝트에 20%의 시간을 사용할 수 있게 했다. 그리고 '70/20/10 원칙'에 따라 웹 검색, 유료 리스팅 등 핵심 사업에는 70%, 지메일 등 핵심 사업을 이용한 사업에는 20%, 신규 사업에는 10%를 투자하며 프로젝트의 우선순위를 조정해나갔다.

반면에 바이엘 아스피린으로 유명한 스털링 드러그_{Sterling Drug}는 당시 유럽 시장을 주도한 비非 아스피린 계통 진통제인 '파나돌'을 보유하고 있었지만 자사의 아스피린 시장이 잠식되는 것을 두려워하며 출시를 계속 미뤘다. 결국 스털링 드러그는 경쟁자에게 선수를 빼앗겨 시장을 선점당했고 코닥에 인수되고 말았다. 한 연구에 따르면 전체 매출액 중 신제품 비율이 차지하는 비중이 시장의 선두주자의 경우에는 49%, 후발주자의 경우에는 11%라고 한다. 자기잠식을 두려워하지 않고 끊임없이 변화를 추구해야 하는 이유가 바로 여기에 있다.

브랜드 파워의 열세를 극복하는 방법

포털사이트 다음이 성공할 수 있었던 것은 시장 리더와의 단순 비교가 아닌 '토종 포털(다음)'이라는 자신만의 영역을 개척했기 때문이다. 오랫동안 검색 시장에서 고전을 면치 못하던 네이버가 검색엔진 분야 1위로 발돋움하고 포털사이트 1위가 될수 있었던 것도 역시 '지식검색'이라는 새로운 영역을 개척했기 때문이었다. 이와 같이 자신만의 새로운 영역을 만들어 시장에 포지셔닝하는 것을 '영역의 법칙'이라고 한다.

후발 브랜드는 브랜드 파워의 열세를 극복하는 방법으로 선도 브랜드와의 비교를 통해 자사의 우수성을 강조하곤 한다. 그러나 비교 광고를 할 때에는 주의해야 할 것이 있다.

1992년 제일제당의 '컨디션'이 숙취해소음료라는 새로운 시장을 개척한 이후, '여명 808'(그래미), '필'(롯데칠성, 광동제약 제휴), '굿모닝 365'(조선내추럴), '땡큐'(종근당), '단月'(대원제약) 등 유사제품이 시장에 쏟아져 나왔다. 그리하여 2002년에는 숙취해소음료의 시장 규모가 900억 원에 이르렀다. 당시 후발주자였던 땡큐는 시장 리더인 컨디션을 잡기 위해 "컨디션이 안 좋으세요? 땡큐를 챙기세요"라는 광고를, 단은 "여명이 밝아와도 컨디션이 영 아닙니까?"라고 하는 비교 광고를 내보냈다. 그러나 이들은 정작 중요한 땡큐나 단이라는 자사 브랜드를 소비자들에게 인식시키지 못한 채 컨디션과 여명 808만 소비자에게 회상시키는 우를 범하고 말았다.

흔히 이런 광고를 '뱀파이어 광고(주목도가 높지만 정작 광고 속의 브랜드를 인식시키지 못하는 광고)'라 한다. 후발주자는 단순한 비교를 넘어 새로운 경쟁의 규칙을 소비자의 인식에 심어주어야 한다. 과거 '인터넷 포털 = 야후Yahoo'라는 인식이 강했던 인터넷 확산 초기에 다음은 "이순신 장군님, 야후는 '다음'이 물리치겠습니다"라는 비교 광고를 통해 다음이 바로 '토종 포털'이라는 점을 강조한 적이 있다. 네이버도 마찬가지다. 네이버는 '지식검색'이라는 새로운 영역을 개척하면서 사람들의 관심을 받게 되면서 결국 검색엔진 분야 1위를 차지하게 되었다. '지식검색'으로 성공을 거둔 네이버는 계속해서 '지식쇼핑'이라는 새로운 영역도 개척했다. '가격 비교'는 인터넷 상거래가 시작된 1990년대 후반부터 가격 비교 사이트에서 제공하던 서비스였지만, 네이버는 '가격 비교'라는 단어를 '지식쇼핑'이라는 말로 바꾸어 새로운 서비스처럼 고객에게 인식시켰다. 그 결과 물건을 사기 전 지식쇼핑을 통해 가격 비교를 하는 사람이 늘어나게 되었고, 이에 따라 온라인 구매패턴도 변화했다.

고봉에 담긴 마음

박완서의 소설 《미망》에는 다음과 같은 구절이 있다. "돌쇠 어멈은 커다란 막사발에다 조가 반쯤 섞인 김이 무럭무럭 나는 밥을 고봉高捧으로 꾹꾹 퍼 담아 부뚜막에 늘어놓고 있었다." 여기서 고봉은 곡식이나 밥 따위를 그릇 위로 수북하게 높이 담는 것을 의미한다. 큰 그릇에 곡식이나 밥을 적당히 담아도 되는데 작은 그릇에 고봉을 만드는 것은 상대방에게 정을 전하려는 우리네 인심을 담기 위해서가 아닐까? 고봉이 생긴 그릇을 받으면 누구나 "아유, 뭐 이렇게 많이 주세요"라고 답을 하게 마련이다. 이처럼 '적은 것을 더 좋게 만드는 효과less-is-better effect'는 우리 생활 속에서도 보편적으로 활용되고 있다.

그러나 제품을 구매하다 보면 포장지에 비해 내용물이 적어 실망하게 되는 경우도 많다. 예전에 국내 유명 제과·식품 업체들이 제품 가격을 10~20% 올린 뒤 소비자들의 반발이 거세지자 가격은 그대로 둔 채 용량을 슬그머니 최대 27%까지 줄인 일이 있다. 당시 식품 업체들은 밀, 콩, 옥수수 등 원재료비가 50~150%씩 폭등했고 유제품 수입가격도 크게 올라 불가피한 선택이라고 항변했지만, '제2의 가격인상'인 용량 감축 사실을 제대로 알리지 않아 소비자들의 공분을 샀다.

이에 비해 국내 최대 유제품업체인 서울우유는 물가인상으로 소비자들의 고충이 커지자 원유가 인상분 9.5%만을 출고가에 반영하여 가격을 인상하면서 제조일자 표기에 이어 양심적인 기업이라는 이미지를 다시 한번 심어주었다. 또한 현대자동차는 금융위기로 불황을 맞은 미국 시장에 소비자가 자동차 구입 1년 이내에 실업, 육체적인 장애, 사고사, 개인파산 등 어려움에 처했을 때 자동차를 되사주는 '실직자 보장 프로그램assurance program'이라는 파격적인 마케팅을 실시하여 반향을 일으켰다. 이 프로그램은 불황을 맞아 자동차 구입을 주저하는 소비자들에게 호평을 받으며 미국 시장에서 현대차의 약진을 이끌어냈고, 현대자동차는 27%나 위축된 신차 시장에서 판매를 1%나 늘리는 기염을 토했다.

한때 '묻지도 따지지도 않고'라는 말이 유행했다. 보험 광고에 쓰인 카피였는데, 실제 보장 내용이 어떤지를 떠나 소비자가 정말로 듣고 싶었던 말이 아니었을까 하는 생각이 든다. 소비자를 대할 때 '고봉에 담긴 넉넉한 마음'만 잊지 않는다면 적은 것으로도 더 좋은 효과를 낼 수 있지 않을까?

문제는 타이밍이다
절정−대미효과와 시기추론이론
Peak-end Effect & Temporal Construal Theory

어떤 기준으로 **과거를 평가할까?**

프레드릭슨Fredrickson과 카너먼은 과거의 경험을 판단할 때 고통의 지속 시간이 어떻게 작용하는지 알아보기 위해 다음과 같은 실험을 했다(1993).

처음에는 14도의 차가운 물에 1분간 손을 담그게 했다(경험 A). 시간이 지난 후 이번에는 14도의 차가운 물에 1분 동안 손을 담그게 하고, 이후 30초 동안은 온도를 1도 높인 15도의 물에 손을 담그게 했다(경험 B). 이후 다시 한번 고통을 경험해야 한다면 경험 A와 B중 어떤 것을 선택할 것인지 물어본 결과, 80%의 사람들이 경험 B를 선택했다. 왜 이런 결과가 나타났을까?

사람들은 어떤 기준으로 과거를 평가할까? 과거 경험 속에 있는 모든 개별적인 경험들을 종합하여 평균값을 구하듯 전체적으로 과거를 평가할 수도 있고, 특정 기억을 중심으로 과거를 평가할 수도 있을 것이다.

위의 예에서 고통이 지속되는 시간은 경험 A(1분)보다 경험 B(1분 30초)가 길다. 다시 한 번 손을 담가야 할 때 만약 고통의 지속 시간이 중요하다면 사람들은 당연히 경험 A를 선택해야 하겠지만, 실제로는 80%의 사람들이 고통의 지속 시간이 긴 경험 B를 선택했다.

흥미롭지 않은가? 이 결과는 사람들이 과거 경험을 평가할 때 지속 시간을 중요시하지 않는다는 것을 보여주는데, 이를 두고 '지속 시간 무시duration neglect'라고 한다.

주목할 것은 경험 A에서는 1분간 고통이 지속되지만, 경험 B에서는 초기 1분간은 고통스럽지만 마지막 30초는 온도 상승으로 덜 고통스럽게 느껴진다는 것이다. 이를 통해 우리가 알 수 있는 것은 사람들이 과거 경험에 대해 개별적 경험이나 지속 시간을 종합하여 평가하기보다는 감정이 가장 고조되었을 때peak와 가장 최근의 경험end을 중심으로 평가한다는 점이다. 이러한 현상을 '절정-대미효과peak-end effect'라 한다.

병원에서 치료를 받을 때 치료 시간을 4분에서 69분까지 다양하게 조작한 후 치료를 받게 하고 치료에 대한 평가를 내리게 한 실험을 봐도 그렇다. 실험 결과 치료 시간과 치료 경험의 상관관계는 0.3에 불과했고, 치료 시간은 이후의 치료 방법의 선택에 거의 영향을 미치지 않는 것으로 나타났다.[41] 또 다른 실험에서는 사람들에게 일정 시간 동안 소음을 들려주면서 한 집단에게는 원래 소음보다 강도가 낮은 소음을 추가하여 들려주었다. 실험이 끝난 후 소음을 듣는 것이 얼마나 괴로웠는지 물어보자, 놀랍게도 강도가 낮은 소음을 추가하는 대신 실제 소음 청취 시간이 길었던 집단이 소음에 대해 덜 부정적으로 평가하는 것으로 나타났다.[42]

'최고점'과 '마무리'를 관리하라

대부분의 사람들이 병원에 가기 싫어한다. 병원 중에서도 특히 가기를 꺼리는 곳이 바로 치과다. 실제로 치료를 받다 보면 눈을 감아도 들리는 드릴 소리와 침을 삼킬 수 없는 고통 때문에 자신도 모르게 '다시는 치과에 오지 말아야지'라고 다짐하게 된다. 어른들이야 체면 때문에 아파도 무서워도 꾹 참지만 아이들은 그렇지 않다. 그래서 치과에서는 치료받는 아이에게 "금방 끝나", "잠깐만 참아"와 같이 고통의 지속 시간duration을 줄여주는 말을 많이 한다. 그러나 과거 경험에 대한 판단을 할 때 사람들이 지속 시간을 무시한다는 점을 고려하면 이런 위로의 말은 별로 효과적이지 않은 것으로 보인다. 그보다는 오히려 최고점peak과 마무리end를 관리해주는 것이 더 효과적일 것이다.

어린이 전용 치과는 바로 이 최고점과 마무리를 효과적으로 관리한 사례라 할 수 있다. 어린이 전용 치과는 어린이 눈높이에 맞춰 대기실을 캐릭터 인형으로 꾸며 치료를 기다리는 아이들의 불안감을 덜어준다. 나아가 진료하는 동안에도 진료의자에 설치된 모니터를 통해 만화영화를 보여줌으로써 치료 과정에서 느끼는 고통을 최소화한다. 이를 통해 아이들은 치과를 무섭고 고통스러운 공간이 아닌 놀이공간으로 인식하게 된다. 이처럼 고통이 최고점에 다다르는 치료시간에 만화영화를 보여줌으로써 고통을 줄여주고, 치료가 끝나고 나서도 놀이터에서 즐겁게 놀면서 마무리하는 어린이 전용 치과는 어린 시절 치과에서 고통스럽게 치료를 받고 울면서 병원 문을 나섰던 세대들에게는 신선하게 느껴질 수밖에 없다.

그런데 과거에 대한 평가가 기업에 왜 중요할까? 그것은 바로 과거 경험에 대한 평가가 바로 미래의 선택에 영향을 미치기 때문이다. 브랜드에 대한 과거 경험 평가는 브랜드 만족도, 브랜드 충성도(재사용, 재방문)에 있어 매우 중요하다. 브랜드 관리자는 만족스러운 최고점과 마무리 장치를 제공함으로써 소비자의 과거 경험을 효과적으로 관리할 필요가 있다.

기대치를 관리하라

대학교 때 친구들에게 불철주야 미팅과 소개팅을 주선해주는 친구가 있었다. 가만 있어도 찾아와 미팅이나 소개팅을 시켜주니 얼마나 고마운 일인가? 그런데 그 친구는 미팅이나 소개팅을 시켜줘도 친구들이 고마워하지 않고 오히려 불만스러워한다고 나에게 털어놓았다. 왜 이런 일이 나타난 걸까?

'중매를 잘 서면 술이 석 잔, 잘 못 서면 뺨이 석 대'라는 말이 있다. 좋은 일을 하고도 욕먹는 그 친구의 치명적인 약점은 바로 사전에 너무 기대 수준을 높여놓았다는 것이다. 그러니 친구들이 갔다 와서 연예인을 닮았다고 하지 않았느냐며 불만을 이야기할 수밖에……. 기대가 높다 보니 실망이 클 수밖에 없었던 것이다.

군대에서도 비슷한 경험을 했다. 나는 군에서 정반대의 성격을 가진 두 사람을 만났는데 한 명은 선임병이었고, 다른 한 명은 입대 동기였다. 선임병은 "여기가 당나라 군대냐"라며 툭하면 군기가 빠졌다고 후임병들을 닦달했고, 후임병들은 이리저리 눈치만 보며 웬만하면 그와 마주치지 않으려고 피해 다녀야 했다. 반면 입대 동기는 후임병에게 시켜도 될 일을 군이 자기가 떠맡는 일명 '착해 빠진' 솔선수범형 인물이었다. 그러다가 시간이 흘러 선임병은 잔소리할 일이 줄어들었고, 내 동기는 어쩔 수 없이 후임병들에게 지시를 해야 하는 위치가 되었다.

그런데 어찌된 일인지 두 사람에 대한 평가가 완전히 달라졌다. 저승사자 같았던 선임병은 원래 그런 사람이 아닌데 예전에 어쩔 수 없이 군기를 잡은 사람으로 인식되었고, 반면 여전히 솔선수범하는 내 동기는 혼자 착한 척하더니 후임병에게 짜증이나 내는 못된 시어머니 같은 존재로 전락하고 말았다. 이유가 궁금해진 나는 후임병들을 불러놓고 넌지시 물어보았다.

사건의 내막은 이랬다. 그날도 혼자서 열심히 내무반 정리를 하던 나의 동기가 빈둥거리는 후임병들에게 각자 해야 할 일을 시켰다고 한다. 그랬더니 후임병들이 "하려면 자기나 하지 왜 우리한테 잔소리야"라며 구시렁댔고, 참다 못한 동기가 화를 냈다는 것이다. 이야기를 듣고 난 나는 어이가 없어 한마디 했다. "이놈들아! 너희들이 이등병 때 선임들에게 그나마 잔소리 덜 들었던 게 누구 덕분인 줄 알기나 하냐? 말 나오기 전에 그놈이 알아서 다 해서 그런 거야." 그러자 후임병들도 지지 않았다. "그건 자기가 잔소리 듣기 싫어서 한 거지 우리 때문에 한 건 아니잖아요!" 이 말을 듣는 순간 내 머릿속에는 '이래서 처음부터 잘해주면 안 된다니까!'라는 말이 떠올랐다.

'아흔아홉 번 잘하다가 한 번 잘못하면 나쁜 놈 되고, 아흔아홉 번 잘못하다가 한 번 잘해주면 좋은 사람 된다'라는 말이 있다. 꾸준히 잘해주다가 딱 한 번 잘못했는데 나쁜 사람으로 평가받으면 억울하기도 하다. 그러나 지금까지 상대의 기대 수준을 높인 당사자에게도 일말의 책임이 있다. 가령 평생 꽃다발 한번 주지 않던 무뚝뚝한 남편이 어느 날 갑자기 꽃다발을 선물하면 아내는 '아! 이 사람이 표현을 안 했을 뿐이지 항상 나를 사랑하고 있었구나!'라며 가슴 뭉클해질 것이다. 그러나 시도 때도 없이 꽃다발을 선물하던 남편이 어느 순간 꽃다발을 선물하지 않으면 이제 관심이 없어졌다고 서운해질 것이다. 이런 게 사람 마음이다. 처음부터 기대 수준이 달랐기 때문에 만족 수준도 달라지는 것이다.

'만족 = 성과 − 기대'라는 말이 있다. 성과가 기대를 넘어서면 만족을 느끼게 된다는 것이다. 많은 사람(기업)들이 성과를 높이는 것만으로 만족도를 높이려 하지만 이 단순한 수식은 '기대 수준 관리'가 필요하다는 메시지를 전하고 있다. 즉 아무리 성과가 좋아도 기대가 지나치면 만족도가 낮아질 수밖에 없고, 나아가 불만족을 야기할 수도 있다는 것이다.

미국의 사우스웨스트Southwest는 최저 운임으로 단거리 노선을 취항하는 저비용LCC 항공사다. 그런데 많은 사람은 사우스웨스트를 저비용 항공사가 아닌 탁월한 고객서비스 회사, 고객만족 1등 회사로 기억한다. 사우스웨스트는 다양한 기내 이벤트와 유머러스한 기내 방송으로 유명하다. 예를 들어 사우스웨스트는 금연 안내 방송도 이렇게 한다. "담배를 피우실 분들은 날개 위에서 마음껏 피우시길 바랍니다. 흡연하시면서 감상할 영화는 〈바람과 함께 사라지다〉입니다." 재미있지 않은가? 운임이 최저가이다 보니 승객들도 사우스웨스트에 고품격 서비스에 대한 기대를 크게 하지 않는다. 기대치가 크지 않은 것이다. 사우스웨스트는 정시 안전운행과 즐겁고 유쾌한 서비스로 소비자들의 '크지 않은' 기대치를 충족시킨 것이다. 그것은 20년간 흑자를 달성하고 '펀 경영'의 대표기업으로 자리잡는 데 밑바탕이 되었다.

대기 시간을 어떻게 관리할 것인가

지금은 휴대전화가 보편화되었지만 통화수단이 공중전화밖에 없을 때는 공중전화박스 앞에서 줄을 서서 기다리는 시간이 그렇게 길게 느껴질 수 없었다. 때때로 앞 사람이 너무 오래 통화를 하면 싸움이 나기 일쑤였고, 통화를 오래 했다는 이유로 살인사건이 발생한 경우마저 있었다.

기다림은 그만큼 지루함을 넘어 때로 분노를 유발하기도 한다. 그러므로 놀이공원, 패밀리레스토랑, 극장, 은행, 병원 등 고객들이 서비스를 이용하기 위해 줄을 서서 기다려야 하는 장소에서는 기다림의 지루함을 줄여줄 수 있는 체계적인 '대기 시간 관리'를 할 필요가 있다. 특히 제품 간 차이가 크지 않은 경우 대기 시간 관리는 매우 중요하다.

국립의료원 중앙응급의료센터가 전국 만 20세 이상 성인 남녀

2000명을 대상으로 '2009년 대국민 응급의료서비스 인지도 및 만족도'를 조사한 결과에서도 대기 시간은 다른 항목에 비해 전년 대비 개선 정도, 절대적 만족 수준(33.8~39.4%)이 여전히 낮은 것으로 나타났다. 인도가 의료관광의 중심지로 급부상했던 이유도 저렴한 가격 이외에 첨단의료시설 및 국제 수준의 의료품질관리, 숙련된 의료진, 대기 시간이 거의 없다는 점 등이었다. 이 같은 결과는 치료라는 물질적 서비스 이외에 대기 시간 감소라는 심리적 서비스가 얼마나 중요한지 말해준다.

롯데월드, 에버랜드, 디즈니랜드와 같은 놀이시설에서 줄을 서서 기다리는 것은 너무나 흔한 일이다. 그래서 놀이시설에는 고객들이 지루하게 기다리지 않도록 하기 위한 나름대로의 전략이 숨어 있다. 첫째, 이용자들이 놀이기구를 타기까지 필요한 대기 시간을 표시해준다. 이를 통해 고객은 자신이 얼마나 기다려야 하는지 알 수 있다. 둘째, 대기선은 직선보다는 곡선(S자, 미로형)이 되도록 만들어 대기 라인을 최대한 짧게 보이도록 한다. 셋째, 대기하는 동안 다른 놀이시설을 볼 수 있도록 만들어 고객들이 다음에 어떤 놀이시설을 이용할 것인지 스스로 계획할 수 있도록 유도한다.

대기 시간 관리의 중요성을 앞서 간파한 롯데월드는 2006년 국내 최초로 고객들의 대기 시간을 획기적으로 줄여줄 수 있는 '매직패스 시스템'을 도입했다. 매직패스 시스템은 놀이시설 앞에 설치된 탑승 예약기에 자유이용권을 넣으면 탑승 가능한 시간을 알려준다. 고객들이 이 시간 동안 다른 시설이나 이벤트를 즐길 수 있게 한 것이다.

또한 모바일로도 예약할 수 있게 하여 이용객들이 인기 있는 놀이시설 앞에서 줄 서는 시간을 줄여주었다.

소비자를 유혹하는 아날로그 감성

헨리 클로스Henry Kloss가 만든 '티볼리 오디오 모델 1Tivoli Audio MODEL ONE'은 아날로그적인 감성을 풍기기 위해 디지털적인 요소는 전부 배제하고 다이얼을 통해 주파수, 전원, 볼륨만 조정할 수 있도록 디자인되었다. 기술 개발을 바탕으로 최고 수준의 음질을 구현하는 이 제품은 고가에도 불구하고 꾸준히 인기를 얻었다.

예전에 여자들이 남자들과 대화할 때 제일 듣기 싫은 이야기 3위가 축구 이야기, 2위가 군대 이야기, 대망의 1위가 군대에서 축구한 이야기라는 우스갯소리가 있었다. 재미있는 것은 군대 갔다 온 사람들의 이야기에는 군대에 대한 애정과 향수, 나아가 진한 아쉬움이 배어 있다는 것이다. 그래서 그렇게 좋으면 군대 다시 가라고 하면 백이면 백 이렇게 대답한다. "내가 미쳤냐! 거길 또 가게……."

사람들의 이런 반응은 과거의 나쁜 기억은 빨리 잊어버리고 좋은 기억만 남기려는 '무드셀라 증후군'과 관련이 있을 것이다. 어쩌면 무드셀라 증후군은 과거의 좋은 기억만 남기고 싶어 하는 인간의 본성이 아닐까?

오래된 것들은 어떻게 고급이 되는가

휴대폰, 태블릿 PC로 무료 통화를 하고 쇼핑을 즐기며 은행 업무까지 처리하는 오늘날에도 여전히 과거의 방식, 과거의 디자인이 '아날로그'라는 이름으로 소비자를 유혹하고 있다. 많은 사람들이 아날로그로 구현된 환경 속에서 편안함과 아늑함을 느낀다. 이에 따라 이렇게 차별적 가치를 추구하는 고객들을 대상으로 한 아날로그 제품들의 고급화가 활발하게 진행되고 있다. 예를 들어 넥타이, 지갑, 핸드백과 같이 디지털화가 힘든 제품은 '핸드메이드handmade'란 이름으로 고급화 전략을 취하고 있다. 2008년 초 270만 원 수준에서 2012년 600만 원 이상으로 가격이 인상된 '샤넬 2.55 클래식 캐비어 미디엄' 가방은 여섯 명의 장인들이 10시간 이상 진행되는 180개의 공정을 거쳐 만드는 대표적인 핸드메이드 제품이라 한다. 샤넬 가방은 구입해두면 향후 가격 상승 시 중고로 판매해 차익을 남기는 재테크 수단이 되어 '샤테크'라는 신조어를 낳을 정도로 많은 여성들의 절대적인 지지를 받고 있다.

디지털화가 급속히 진행된 제품 중에서도 아날로그 감성을 자극하며 고급화한 사례가 있다. 후지필름 '인스탁스'가 그렇다. 인스탁스는 디지털카메라의 등장으로 매출이 급감했던 즉석카메라였지만 '이 세상에 단 하나뿐인 사진을 남기는 기기'라는 점을 강조하며 목표 소비자를 변경했다(10~20대 여성소비자→20~30대 여성소비자). 이와 함께 유통망 유연화(전자제품 판매대리점 중심→대형서점), 제품 차별화

(미키마우스, 곰돌이 푸, 헬로키티 등 캐릭터 디자인 사용), 홍보 확대(온라인 중심→오프라인 광고) 전략을 통해 카메라 127만 대, 필름 1억 760만 장을 판매하는 성과(2010년 10월 기준)를 거두었다. [43]

몰스킨은 1년에 1000만 권의 노트를 판매하며 전 세계적으로 열성적인 지지자들을 가진 제품으로 유명하다. 이는 빈센트 반 고흐, 파블로 피카소, 어네스트 헤밍웨이, 브루스 채트윈 등 21세기 예술가와 작가들이 스케치를 하고 초고를 작성할 때 즐겨 쓴 노트로 이제 문화, 여행, 기억, 상상, 개인의 아이덴티티를 표현하는 상징적인 제품으로 자리 잡았다. 항공기 1등석에서 가장 많이 서비스되는 샴페인 '크루그KRUG'와 함께 컬래버레이션(협업)을 통해 '크루그 몰스킨 노트'를 만들기도 했다. 이 프로젝트는 크루그의 창립자인 요한 요셉 크루그의 노트가 6대에 걸쳐 전해지며 크루그 가문을 샴페인 명가로 만드는 데 큰 공헌을 했다는 아이디어에서 시작되었다. 이는 '노트 = (성공의)기록 = 몰스킨'이라는 연상이 없으면 불가능한 컬래버레이션이라 할 것이다.

지금 살 것인가, 나중에 살 것인가

사람들은 의사결정을 할 때 가까운 미래나 먼 미래 모두 동일한 기준에 의해 일관성 있는 선택을 할까? 이 물음에 대해 많은 연구자들은 "아니다"라고 대답할 것이다. 왜냐하면 사람들은 동일한 사건에 대해서도 그 사건이 가까운 미래와 관련이 있는지, 아니면 먼 미래와 관련이 있는지에 따라 다르게 판단하기 때문이다. 이런 사람들의 특성을 설명한 이론이 바로 '시기추론이론temporal construal theory'이다.

시기추론이론에 따르면 사람들은 가까운 미래의 일과 관련해서는 '과제를 실질적으로 수행할 수 있는지', 또는 '제품 구입을 위해 비용을 지불할 수 있는지'와 같은 실행 가능성feasibility과 관련된 정보를 중심으로 대상을 평가한다. 반면 먼 미래의 일은 '과제가 얼마나 의미가 있는지', 또는 '제품이 제공하는 혜택이 얼마나 중요한지'와 같은 바람직성desirability과 관련된 정보를 중심으로 대상을 평가한다. 나아가 가까운 미래는 과정중심적 사고process-focus thought와 관련이 깊은 반면, 먼 미래는 결과중심적 사고outcome-focus thought와 관련이 깊어 동일한 대상이라 하더라도 시점에 따라 선호도가 다르게 나타난다. 몇 가지 연구 결과를 살펴보자.

먼저 실험 참가자들에게 '어렵지만 흥미로운 주제의 과제'와 '쉽지만 흥미롭지 않은 주제의 과제' 중 하나를 선택하게 했다. 다만 어떤 주제를 선택해야 할지는 곧바로(가까운 미래), 또는 9주 후(먼 미래)에 결정하면 된다고 이야기했다. 연구 결과 곧바로(가까운 미래) 과제를 선택해야 하는 경우에는 '(흥미롭지 않지만) 쉬운 과제'를 선호하였고, 9주 후에 결정해야 하는 경우에는 '(어렵지만) 흥미로운 과제'를 더 선호하는 것으로 나타났다.[44]

또 다른 연구 결과를 살펴보자. 에세이 과제를 하기 위해 인터넷 검색을 하다 두 개의 소프트웨어를 찾았을 경우 과제 제출일에 따라 소프트웨어의 선택이 어떻게 달라지는가에 대한 실험이다.

과제 제출일에 따른 소프트웨어의 선택 비교

		소프트웨어 A	소프트웨어 B
품질		• ★★★★☆ (4.5) • 많은 디자인	• ★★★☆☆ (3.0) • 한정된 디자인
특징		• 큰 파일 용량 • 조작이 약간 어려움 • 설치 시간 45분 소요	• 작은 파일 용량 • 조작이 어렵지 않음 • 설치 시간 10분 소요
과제 제출 마감일	2일 후	38%	62%
	2개월 후	58%	42%

결과를 보면 가까운 미래(2일 후)에 에세이를 제출해야 할 경우 설치가 쉬운 소프트웨어 B에 대한 선호가 높았고, 먼 미래(2개월 후)에

에세이를 제출해야 할 경우에는 품질이 좋은 소프트웨어 A에 대한 선호가 높게 나타났다.[45]

이번에는 '확률은 높지만 당첨금이 적은 게임(A)'과 '확률은 낮지만 당첨금이 많은 게임(B)'에 대해 살펴보자. 가까운 미래에 두 개의 게임 중 하나를 선택해야 할 경우 많은 사람들은 당첨 확률이 높은 게임 A(실행 가능성이 높은 대안)를 선호했지만, 먼 미래에 두 개의 게임 중 하나를 선택해야 할 경우에는 당첨금이 많은 게임 B(결과가 매력적인 대안)를 선호하는 것으로 나타났다. 시간에 따라 사람들의 선호가 바뀌는 선호역전현상preference reversal이 발생한 것이다.[46]

여기 두 개의 라디오가 있다. 라디오 A는 음질은 좋지만 라디오에 부착된 시계가 별로 유용하지 않다. 라디오 B는 음질은 다소 떨어지지만 라디오에 부착된 시계는 매우 유용하다. 이런 상황에서 먼 미래에 라디오를 구입하려고 하는 경우에는 대부분의 사람들이 라디오의 본질적인 특성인 음질을 중심으로 판단하여 라디오 A를 선호한다. 그러나 당장 내일 구입해야 한다고 할 경우에는 음질 못지않게 시계의 중요성이 부각되면서 라디오 A와 라디오 B 간에 선호의 차이가 없어지는 것으로 나타났다.[47] 이렇게 시간에 따라 선호도가 변하는 것은 가까운 미래냐 먼 미래냐에 따라 비중을 두고 보는 정보가 다르기 때문이다.

구매에 즉각적인 영향을 미치는 것

한 조사에 따르면 슈퍼마켓에서 제품을 구입할 때 사전에 구매할 브랜드를 미리 정하는 비율은 35% 정도이고, 나머지 65%는 구매 시점에 특정 브랜드를 선택한다고 한다. 특히 주목할 것은 구매 시점에 브랜드를 선택하는 경우의 72%가 구매할 제품 범주와 브랜드에 대해 사전에 계획하지 않고 충동구매를 한다는 것이다. 구매 시점에 브랜드가 결정되는 대표적인 상품군은 스낵(78%), 화장품(69%), 청량음료(67%) 순이라고 한다. 앞서 사람들이 가까운 미래일수록 실행 가능성을 중요시한다고 했다. 제품을 구매하는 상황에서 실행 가능성과 관련된 대표적인 제품 속성은 바로 가격이다. 제품을 구매하러 가기 전에는 품질이 좋은 브랜드 제품을 사려고 마음먹지만 현장에 가서는 가격할인이나 '1 + 1' 행사를 하는 브랜드를 산 경험이 있을 것이다. 바로 구매시점에 실행 가능성(가격)을 중요한 요소로 고려했기 때문이다.

후보 단일화는 왜 **선거 막판에 할까?**

1987년 대통령 선거에서 김대중, 김영삼 후보의 후보 단일화가 실패한 후 13대 대통령으로 노태우 후보가 당선되었다. 1997년 대통령선거에서는 김대중, 김종필 후보의 DJP 연합이 힘을 발휘해 15대 대통령으로 김대중 후보가 당선되었다. 2002년 대통령선거에서는 노무현, 정몽준 후보가 후보 단일화에 성공했고, 비록 선거일 하루 전에 정몽준 후보가 지지 철회를 했지만 최종적으로 노무현 후보가 16대 대통령으로 당선되었다.

먼 미래는 바람직성을 위주로 상위추론을 하고, 가까운 미래는 실행 가능성을 위주로 하위추론을 한다는 시기추론이론을 대통령 선거에 적용하여 설명해보자. 전문가에 따르면 선거 초반(먼 미래)에는 바람직성, 비전, 결과 중심의 전략을 사용하다가 선거 후반(가까운 미래)으로 갈수록 실행 가능성, 책임감, 과정 중심의 전략을 사용하는 것이 효과적이다. 사실 이것은 선거 전략에서 거의 정석으로 통한다. 달리 말하자면 선거 초반에는 어느 후보가 어젠다(안건)를 선점하느냐가 관건이고, 선거 후반에는 그 일을 잘할 수 있다는 것을 유권자에게 어떻게 보여주느냐가 관건이라 하겠다.

리더십 전문가인 베니스Bennis와 골드스미스Goldsmith가 제시한 리더와 관리자의 특성을 보면, 관리자는 '책임 수행, 단기적 관점, 언제, 어떻게'가 중요하고 리더는 '혁신 주도(창조), 장기적 관점, 무엇을, 왜'가 중요한 것으로 나타났다. 대체로 사람들은 자신이 생각하는 방향과 비슷하게 생각하고 행동하는 사람을 좋아하는 법이다. 이를 감안할 때 관리자와 리더가 무엇을 해야 할지는 자명해 보인다. 시기추론이론을 적용시켜 말하자면 사람들은 리더에게 '업무처리능력'보다는 '비전제시능력'이 있어야 한다고 생각하고 있으며, 이를 충족시켜주는 사람을 선택할 확률이 높다. 반대로 실무자(관리자)에게는 '비전제시능력'보다는 '업무처리능력'이 있어야 한다고 생각하며, 이를 충족시켜주는 사람이 선택될 확률이 높다.

시기에 따라 선택이 달라진다

총선이나 대선의 후반에는 후보 단일화가 이루어지는 모습을 종종 볼 수 있었다. 가령 15대 대선에서 이루어졌던 DJP 연합이 그렇고, 막판에 지지 철회로 무너지긴 했지만 16대 대선 과정에서 볼 수 있었던 노무현·정몽준 후보 단일화가 그렇다. 후보 단일화는 종종 짜릿한 승리로 이어지기도 한다.

그런데 후보 단일화 논의를 보면서 '하려면 선거 초반부터 하지 꼭 막판에 가서 난리들이야' 하는 생각이 들 수도 있다. 처음에는 시간이 있으니까 충분히 역전시킬 수 있다는 낙관적 예측을 했다가, 시간이 지나면서 이대로는 안 된다는 절박함 때문에 선거 후반에야 후보 단일화 논의가 나오는 것일까? 시기추론이론을 바탕으로 살펴보면 선거 후반에 논의되는 후보 단일화는 나름대로 의미가 있다.

선거 초반(먼 미래를 생각할 때)에는 사람들이 바람직성(대의명분)을 중심으로 판단한다. 그래서 이념과 노선이 다른 후보 간의 단일화는 명분이 없다는 면에서 지지자들의 저항을 받고, 나아가 지지자들의 이탈 가능성을 키울 수 있다. 반면에 선거 후반(가까운 미래를 생각할 때)이 되면 사람들이 실행 가능성(당선 가능성)을 중심으로 판단하므로 후보 단일화를 어쩔 수 없는 선택으로 받아들일 가능성이 높다. 즉, 선거 후반 이루어진 후보 단일화는 지지자들의 이탈을 최소화하면서 판세 역전 및 굳히기를 할 수 있다는 장점이 있다.

지금까지 선호역전현상을 중심으로 유인효과, 타협효과, 평가모드, 절정-대미효과, 시기추론이론 등에 대해 알아보았다. 새로운 경쟁자의 출현이 나의 브랜드를 돋보이게 만들 수도 있고 시장을 더 크게 키울 수 있다는 점을 잘 기억해두길 바란다. 이와 함께 대안을 제시하는 방법에 따라 사람들의 선호가 달라진다는 것도 기억하자. 시장 리더는 단독내안을 제시함으로써 효과적으로 시장 지위를 방어할 수 있고, 후발주자는 복수대안을 제시하여 선두주자를 효율적으로 공격할 수 있을 것이다. 또한 사람들이 먼 미래와 관련해서는 바람직성, 가까운 미래와 관련해서는 실행 가능성을 중심으로 사고하는 경향을 숙지하여 시간적 거리에 따라 적절한 전략을 사용하길 바란다.

영화 〈뷰티풀 마인드〉 주인공의 실제 모델인 존 내시John Nash가 21세에 발표한 균형이론은

경제학자들에 의해 게임이론으로 발전하였다. 5부에서는 한 사람의 행위가 다른 사람의 행위

에 영향을 주는 전략적 상황에서의 의사결정을 연구하는 게임이론이 기업 경영에 어떻게 활

용될 수 있는지 살펴보자. 그리고 분배 공정성과 절차 공정성을 확보하는 방법에 대하여 논

의해보기로 하자. ▥

5부

끝까지 승자로 남는
브랜드의 전략

Take 13

합법적으로 이익을 추구하는 방식

최종제안게임과 공공재게임

Ultimatum Game & Public Goods Game

불공정한 제안을 받았을 때

1980년 초에 베르너 귀스Werner Guth는 재미있는 게임을 생각해냈다. 전혀 모르는 사람과 한 팀을 이뤄 돈을 나눠 가져야 하는 게임이다. 게임 규칙은 다음과 같다. 제안자는 돈을 어떻게 배분할지를 이야기하고, 수락자는 그 제안을 받아들일 것인지 거절할 것인지를 결정하면 된다. 다만 제안을 받아들이면 제안했던 금액만큼 서로 나눠 가질 수 있지만, 제안을 거절하면 제안자나 수락자 모두 한 푼도 가질 수 없다. 기회는 한 번뿐이고 한번 제안한 이후에는 협상도 할 수 없다. 위와 같은 상황에서 제안자들은 평균 몇 %를 제안하고, 수락자는 언제 거절할까? 실험 결과 제안자들의 평균 제안 비율은 40~50% 정도였고, 20% 이하로 제안할 경우에는 수락자 대부분이 거절하는 것으로 나타났다. 왜 이런 결과가 나타났을까?

기회는 한 번뿐이며, 서로 흥정할 수도 없고, 거래가 성립하지 않으면 아무도 보상받을 수 없는 게임을 '최종제안게임', 또는 '최후통첩게임ultimatum game'이라고 한다. 최종제안게임의 규칙과 결과는 다음과 같다.

최종제안게임의 규칙과 결과

게임 규칙

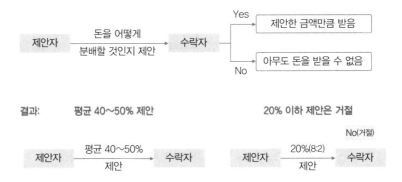

결과: 평균 40~50% 제안   20% 이하 제안은 거절

　위의 연구 결과를 당연하다고 생각한다면 당신은 이론경제학자들이 말하는 '경제적 인간Homo Economicus'은 아니다. 이론경제학자들이 가정한 경제적 인간은 지극히 합리적인 사람으로 자신의 이익을 극대화하는 방향으로 움직이는 이기적인 인간이다. 이 때문에 제안자가 경제적 인간이라면 게임 규칙상 상대방은 0원을 제외한 어떤 제안이라도 받아들일 수밖에 없을 것이다. 따라서 제안자는 가능한 한 자신의 이익이 극대화되는 방향으로 제안해야 하고, 수락자는 상대방이 1원이라도 제안을 하면 자신에게 이익이기 때문에 받아들여야 한다.

　그런데 제안자가 평균 40~50% 수준으로 나눠 가질 것을 제안하고, 수락자는 20% 이하의 불공정 제안에 대해 거절(금액 포기)하는 것을 보면, 이론경제학자들이 가정한 것과 같이 인간이 꼭 이기적인 '경제적 존재'는 아니라는 것을 알 수 있다. 최종제안게임에서 불공정 제안에 대한 거절은 참가자들의 나이, 교육 수준, 성별, 나아가 돈의 액수에 상관없이 일관되게 나타난다고 한다. 다만 자본주의적 사고로 문명화된 지역일수록 평균적인 제안 비율이 낮고, 자본주의적 사고에 익숙지 않은 지역일수록 제안 비율이 높다는 차이가 있을 뿐이다.[48]

지역에 따라 나타나는 최종제안게임의 제안 비율

"26% 드리죠!"	"45% 드리죠!"	"50% 이상 드리죠!"
자본주의적 사고로 문명화된 지역의 제안자(평균)	〈 제안자(평균) 〈	자본주의적 사고에 익숙하지 않은 지역의 제안자(평균)

　이러한 결과는 인간이 이성과 감정의 지배를 받는 존재임을 보여준다. 상대방의 제안이 불공정하다고 느낄 경우에 인간은 자신의 이익을 포기하더라도 상대방의 제안을 거절할 수 있기 때문이다.

　인간은 오랜 진화 과정을 거치며 자존심을 지키는 것이 명성과 미래의 부를 얻는 데 중요하다는 것을 학습했다. 그러므로 일단 불공정한 제안(작은 금액)을 받아들이게 되면 상대방은 계속해서 내게 불공정한 제안을 할 것이고, 이는 나의 자존심과 명성, 미래에 얻게 될 경제적 이익에 부정적인 영향을 미칠 것임을 잘 안다. 때문에 자존심을 지키기 위해, 혹은 자신에게 형편없는 제안을 한 상대방에게 복수하기 위해 불공정한 제안을 거절하게 되는 것이다.

대체로 최종제안게임을 할 때 제안자와 수락자 중 어떤 역할을 할지를 물어보면 많은 사람들은 제안자가 되기를 원한다. 이는 자신이 제안자가 되어 자신에게 유리한 제안을 하고자 하는 마음(이성)과 상대방이 제안자가 되어 불공정한 제안을 하는 기분 나쁜 상황을 막고 싶은 마음(감정)이 공존하기 때문이다. 이 또한 인간이 이성적인 존재인 동시에 감정적인 존재라는 사실을 보여준다.

받기만 하면 불편한 마음

인간에게는 호혜적인 교환 본능이 있다고 한다. 이러한 본능은 오랜 진화 과정을 거치며 이기적인 행동보다는 이타적인 행동이 집단 내에서 좋은 평가를 이끌어내고 사회적 지위를 높여, 이성에게 배우자로 선택될 가능성이 높아진다는 점을 학습했기 때문이다. 늘 외부로부터 위협을 받고 사냥을 통해 그날의 먹을거리를 획득해야 했던 수렵시대에는 사냥에 성공한 사람이 자신이 먹고 남은 고기를 사냥에 실패한 사람에게 나눠줬다. 반대로 자신이 사냥에 실패한 날에는 사냥에 성공한 사람으로부터 도움을 받았다. 이것이 생존의 불확실성을 줄여주는 유일한 방법이었기 때문에 자연스럽게 호혜적인 교환 본능이 생겨난 것이다.

또 인간은 응보사상tit for tat, 즉 상대방이 내게 호의를 베풀면 나도 호의를 베풀고, 상대방이 나에게 호의적으로 행동하지 않으면 나도 상대에게 똑같이 행동하는 것이 상대의 협조를 이끌어내는 가장 좋은 방법이라는 것도 학습했다. 그래서 상대방이 호의를 베풀었는데 내가 그 호의에 보답하지 않으면 불편한 마음을 갖게 되고, 어떤 식으로든 보답하려는 성향이 생긴 것이다.

이처럼 사람들은 자신에게 도움이 되는 사람한테 도움을 주고 해를 끼치지 않으려는 상호교환의 원칙을 갖고 있다. 이를 '상호교환효과reciprocity effect'라고 한다. 상호교환효과는 사람들이 상대의 호의적인 행동으로 인해 심리적 보상을 받게 될 경우 그것에 대해 보답하고자 하는 의무감이 발생하고(사회적 교환이론social exchange theory), 남에게 받은 호의에 상응하는 어떤 것을 제공하지 못하는 경우에는 심리적 불균형을 느끼기 때문에 나타난다(균등이론equity theory).

사람들이 항상 불공정한 제안을 거부하는 것은 아니다. 불공정한 제안을 받아들일 수 있는 몇 가지 경우는 다음과 같다. 첫 번째는 제안자가 한 명이고 수락자가 여러 명인 경우다. 이 상황에서는 제안을 받아들이는 사람만 이익을 얻을 수 있기 때문에 불공정하다고 생각하면서도 그 제안을 받아들일 확률이 높다. 두 번째는 제안자가 나보다 뛰어난 능력을 갖고 있다고 판단하는 경우다. 예를 들어 동전을 던져 제안자를 결정할 때보다는 퀴즈 풀기를 통해 제안자를 결정할 때 상대방이 제안한 금액이 적더라도 받아들이려는 경향이 있다. 마지막으로 이해관계가 전혀 없는 컴퓨터를 통해 제안되는 경우다. 이 경우에는 아무리 낮은 금액이라도 받아들인다고 한다.

불공정한 제안을 받아들이는 경우

1. 여러 명이 경쟁하는 경우

2. 제안자가 나보다 뛰어나다고 생각하는 경우   3. 이해관계가 전혀 없는 컴퓨터가 제안하는 경우

　　제안자의 공정함이 게임에 어떤 영향을 미치는지 보여주는 연구 결과도 있다. 협상 및 형태적 의사결정 분야의 전문가인 샐리 블런트Sally Blount는 10달러를 가지고 게임을 할 때 게임 상대방이 제안하는 경우, 두 사람을 모르는 제3자가 제안하는 경우, 컴퓨터 시뮬레이션을 통해 제안하는 경우로 나누어 사람들의 최소 수용 수준minimum acceptable offer, MAO이 얼마나 되는지를 연구한 바 있다.[49] 연구 결과 게임 상대방이 제안하는 경우에는 최소 수용 수준이 2.91달러, 제삼자가 제안한 경우는 2.08달러, 컴퓨터 시뮬레이션을 통해 제안한 경우는 1.20달러 순으로 나타났다. 결국 수락자가 제안자를 얼마나 공정하다고 인식하는지가 향후 협상 타결에서 중요한 역할을 한다고 볼 수 있다.

제안자에 따른 최소 수용 수준의 변화

상황: "10달러를 나눠 가져라."

1. 게임 상대방(제안자)이 제안하는 경우

"2.91달러 이하는 절대 안 돼!"

2. 둘을 전혀 모르는 제삼자가 제안하는 경우

"2.08달러 이하는 절대 안 돼!"

3. 컴퓨터가 제안하는 경우

"1.20달러 이하는 절대 안 돼!"

무임승차자를 처벌할 기회

범죄심리학에는 '깨진 유리창 법칙'이라는 것이 있다. 이 법칙은 1982년 제임스 윌슨James Wilson과 조지 켈링George Kelling이 자신들의 이론을 월간지 《애틀랜타》에 발표하면서 명명한 범죄학 이론이다. 이 이론은 건물에 깨진 유리창을 그대로 방치하면 나중에는 지나가는 사람들이 그 건물을 사용하지 않는 곳이라 생각하고 돌을 던져 남은 유리창까지 모조리 깨뜨린다는 것. 나아가 강도나 절도 같은 범죄가 발생해 결국 도시의 치안을 망칠 수 있다는 것을 보여준다. 즉 깨진 유리창처럼 아무리 사소한 부분이라도 용인하고 방관하다 보면 도시의 치안을 망칠 수 있다는 것이다. '깨진 유리창 법칙'과 유사한 '공공재게임'은 무임승차자를 처벌하지 않거나 처벌할 기회가 없으면 결국 다른 사람들까지 이기적인 존재로 만들 수 있는 위험을 경고하는 이론이다.

자신이 낸 금액에 상관없이 실험에 참여한 모든 사람이 똑같은 혜택을 받는 게임을 일컬어 공공재게임public goods game이라고 한다. 공공재게임의 자세한 규칙은 다음과 같다.

공공재게임의 규칙

네 명의 참가자가 한 조를 이루어 게임을 한다. 네 명의 참가자는 서로 모르는 사이이고 서로 다른 방에서 게임에 참여하게 된다. 게임 진행자는 각 사람에게 2만 원씩을 주고 자신이 가진 돈 중 얼마를 사회공공기금에 투자할지를 결정하도록 한다.

게임 규칙	각 개인이 투자한 금액을 합해서 그 두 배를 참가자들에게 똑같이 나누어 준다.

예) 1만 8000원(10000 + 5000 + 0 + 3000)의 두 배인 3만 6000원을 네 명이 9000원씩 똑같이 나눈다.

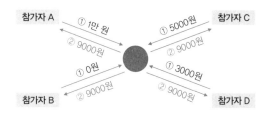

게임 횟수	10회
주의사항	누가 얼마를 투자했는지는 진행자밖에 모른다.

이 게임의 규칙상 모든 사람이 2만 원을 투자한다고 하면, 게임에 참여한 사람은 총 투자액 8만 원(2만 원×4)의 두 배인 16만 원을 똑같이 나누어 가질 수 있다. 따라서 최초 금액의 두 배인 4만 원을 받게 된다. 그러나 나만 2만 원을 투자한 경우에는 총 투자액 2만 원의 두 배인 4만 원을 네 명이 1만 원씩 똑같이 나누어 갖는다. 이 경우 내가 받는 금액은 투자액보다 1만 원 감소하는 반면, 다른 사람들은 1만 원 이익을 보게 된다. 이런 상황에서 첫 번째 게임에서 얼마를 투자할 것인지에 대해 질문한 결과, 평균 투자금액은 9267원이었다. 투자금액별 비율은 2만 원은 28%, 1만 원은 20%, 5000원은 17%, 0

원은 17%로 나타났다. 게임의 규칙대로라면 평균 투자액(9267원) 이
상을 투자한 사람들은 손해를 봤을 것이고, 평균 투자액(9267원) 이
하를 투자한 사람들은 이익을 봤을 것이다.

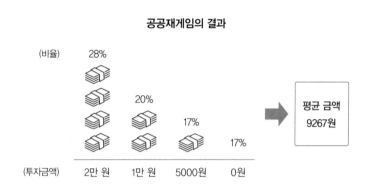

공공재게임의 결과

사기꾼 탐지 모듈

이처럼 공공재게임에서는 필연적으로 '무임승차자free riders' 문제
가 발생하게 된다. 즉 0원을 투자하는 사람은 공공재게임의 특성상
다른 사람의 투자로 인해 이익을 얻기 때문에 전형적인 '무임승차자'
가 되는 것이다. 그런데 인간에게는 이기적인 사기꾼을 보면 추방하
거나 응징해야 한다는 '사기꾼 탐지 모듈'이라는 것이 있다. 우리가
언론매체를 통해 범죄자의 행동을 보면 비록 내가 직접 피해를 보지
않았더라도 처벌해야 한다고 믿는 것도 바로 이 '사기꾼 탐지 모듈'
때문이다. 그렇다면 사기꾼 탐지 모듈에 의해 파악된 무임승차자를

처벌할 수 있는 경우와 처벌할 수 없는 경우, 협력을 중시하는 공공재게임의 결과는 각각 어떻게 달라질까?

이를 알아보기 위해 다음 실험을 살펴보자.[50] 각각의 게임이 끝난 후 상대방이 얼마를 투자했는지 알려주고, '게임 참가자를 처벌할 기회를 주지 않는 경우'와 '게임 참가자를 처벌할 기회를 주는 경우'로 나누어 10회에 걸쳐 세 번 실험을 했다. 단, 다른 사람을 처벌하기 위해서는 처벌을 원하는 사람도 소송비용의 의미로 일정 정도의 비용을 지불해야 한다는 조건을 걸었다.

실험 결과 무임승차자를 처벌할 수 없는 조건에서 게임 참가자들은 평균 3700원을 투자했고, 마지막 게임에서는 1900원을 투자해 게임이 진행될수록 투자금액이 점차적으로 줄어드는 것으로 나타났다. 반면 무임승차자를 처벌할 수 있는 조건의 게임 참여자들은 평균 1만 1500원을 투자했고, 마지막 게임에서는 1만 2300원을 투자하는 것으로 나타났다. 게임이 진행될수록 점차 투자금액이 증가하는 것이었다. 또한 무임승차자를 처벌하기 위해서는 자신도 일정 정도 비용을 지불해야 하는데, 사람들은 기꺼이 그 비용을 지불하고 상대방을 처벌하려고 하는 것으로 나타났다.

요컨대 인간은 사기꾼 탐지 모듈을 통해 파악된 무임승차자에 대한 처벌이 불가능한 상황에서는 개인의 이익을 극대화하는 방향으로 행동하지만, 처벌이 가능한 상황에서는 공익을 극대화하는 방향으로 행동한다. 조직 내에서 무임승차자를 찾아내 처벌할 수 있는 시스템이 없다면 더 많은 무임승차자를 양산하게 되는 것이다.

과거 페이스북은 기업의 특정 게시물에 '좋아요' 버튼을 클릭한 사용자에게 혜택(ex. 무료 쿠폰)을 주는 경우에는 별도 비용을 청구하지 않았다. 그런데 이것이 유효한 마케팅 수단으로 활용되자 광고와 동일하게 보고 비용을 청구하거나 광고를 등록하지 않은 기업의 마케팅 게시물 노출 빈도를 줄이는 방법을 통해 무임승차 기업 단속에 나선 것도 같은 이유라 할 것이다.

공정성이란 무엇인가

최종제안게임과 공공재게임에서 중요하게 나타난 것은 바로 '공정성 fairness'이다. 사람들은 공정하지 않다고 인식할 경우에는 때로 개인의 이익을 희생하더라도 불공정성을 시정하려고 한다. 최종제안게임에서는 상대방의 제안을 거절함으로써 상대방이 불공정하게 많이 갖는 것을 막을 수 있고, 공공재게임에서는 처벌할 수 있는 기회를 가짐으로써 불공정성을 시정할 수 있다. 그러나 처벌할 수 있는 기회가 제한되는 경우에는 경제적(이기적)으로 변한다. 이러한 사실은 인간이 끊임없이 이기심과 공정성 사이에서 갈등하고 있다는 것을 말해준다.

불공정성의 기준

다음 두 상황을 살펴보자.

상황에 따른 불공정의 기준

상황 1	회사의 결정에 대한 생각
회사 A는 약간의 이익을 내고 있다. 회사가 위치한 곳은 불황지역으로 실업은 심각하지만 인플레이션은 없으며 회사 A에서 일하고 싶어 하는 근로자는 많다. 최근 회사 A는 금년에 임금을 7% 삭감하기로 했다.	'불공정하다' 62%

상황 2	회사의 결정에 대한 생각
회사 B는 약간의 이익을 내고 있다. 회사가 위치한 곳은 불황지역으로 실업은 심각하지만 인플레이션은 12%나 되기에 회사 B에서 일하고 싶어 하는 근로자는 많다. 최근 회사 B는 금년에 임금을 5%밖에 올리지 않기로 했다.	'불공정하다' 22%

상황 1과 2 모두 근로자가 실제로 받는 실질 임금(-7%)은 같다.
그러나 임금 삭감(상황 1)에 대해서는 62%의 사람들이 불공정하다고

생각한 반면, 인플레이션에 못 미치는 임금 인상(상황 2)에 대해서는 22%의 사람들만이 불공정하다고 생각했다. 이것은 기존에 받던 임금이 공정성 인식의 기준이 되어 사람들이 동일한 상황을 이득(임금 인상)과 손실(임금 삭감)로 상반되게 받아들이도록 하기 때문이다. 대체로 개인이나 집단 간 분쟁은 이익이나 경제적 혜택을 나누는 문제에서 발생한다. 특히 함께 이루어낸 성과를 분배하는 경우에는 이익의 크기뿐 아니라 공정성에 대해서도 고려해야 잡음이 없다.

기업의 수입이 늘어났지만 노동수요가 줄어 시장 임금이 하락한 상황에서 신규직원의 임금을 삭감하는 것과 기존 직원의 임금을 삭감하는 것 중 어느 조치가 불공정하다고 생각할까? 이 질문에 대해 많은 사람들은 기존 직원의 임금을 삭감하는 것이 더 불공정하다고 답했다. 기존 직원의 경우 조직의 일원으로서 일정한 역할을 하여 추가적 수익이 발생했기 때문에 손해(임금 삭감)를 보는 것은 불공정하다고 생각하는 것이다. 그러나 기업 수입 증가에 공헌한 것이 없는 신규 직원의 임금을 시장 임금에 맞춰 삭감하는 것은 그다지 불공정하다고 생각하지 않는다.

분배 상황에서 공정성을 인식하는 데에는 분배의 양(크기)뿐만 아니라 질(만족도, 고통)도 매우 중요하다. 다음과 같은 상황을 고려해보자. 48개의 진통제가 있는데 환자 A는 진통제 세 개를 복용해야 진통 효과가 한 시간 지속된다. 또 환자 B는 한 개를 복용해도 효과가 한 시간 지속된다. 두 환자에게 진통제를 어떻게 배분하는 것이 좋은지 묻자 많은 사람들이 환자 A에게 36개를, 그리고 환자 B에게

12개를 주는 것이 좋다고 응답했다. 분배의 양(환자 A에게 24개, 환자 B에게 24개)보다는 두 환자가 동일하게 12시간씩 고통을 줄일 수 있도록 분배의 질(환자 A에게 36개, 환자 B에게 12개)을 고려하는 것이 공정하다고 판단한 것이다.

공정성 인식과 진통제 배분

48개의 진통제가 있다.
환자 A는 세 개를 복용하면 한 시간 효과가 지속되고,
환자 B는 한 개를 복용하면 한 시간 효과가 지속된다.
두 환자에게 어떻게 배분하는 것이 좋은가?

 결과

환자 A: 24개 〈 환자 A: 36개
환자 B: 24개 〈 환자 B: 12개

그러나 재분배 상황에서는 재분배에 따라 손실을 보는 쪽과 이득을 보는 쪽이 갈리기 때문에 손실과 이득이 공정성 판단의 기준이 된다. 두 가지 상황을 가정해보자. 상황 1은 다음과 같다. 환자 A, B는 한 개의 진통제로 한 시간의 효과를 볼 수 있다. 그렇게 몇 개월 동안 매일 24개씩 배분했는데, 어느 날 환자 A의 증세가 악화되어 세 개를 복용해야 한 시간의 진통 효과를 볼 수 있는 상황이 되었다. 현재 48개의 진통제가 있다. 사람들에게 두 사람의 고통 지속 시간이 같아지도록 환자 A에게 36개, 환자 B에게 12개를 나눠 주려고 하는 것에 찬성하는지를 물었다. 이 질문에 50%만이 고통 시간이 같아지도록 분배하는 것에 대해 찬성했다.

상황 2는 다음과 같다. 환자 A, B는 세 개의 진통제로 한 시간의 효과를 볼 수 있다. 그렇게 몇 개월 동안 매일 24개씩 배분했는데,

어느 날 환자 B의 증세가 호전되어 한 개를 복용해도 한 시간의 진통 효과를 볼 수 있는 상황이 되었다. 현재 48개의 진통제가 있다. 사람들에게 다시 두 사람의 고통 시간이 같아지도록 환자 A에게 36개, 환자 B에게 12개를 나눠주려고 하는 것에 찬성하는지를 물었다. 이 질문에 70%가 고통 시간이 같아지도록 분배하는 것에 대해 찬성했다.

왜 이러한 결과가 나타났을까? 앞서 이야기한 것처럼 손실과 이득에 대한 인식 차이 때문이다. 즉 상황 1에서 고통 지속 시간이 같아지도록 약을 배분하게 되면 24시간 동안 고통 없이 지내던 환자 B가 환자 A의 증세 악화로 12시간의 고통(손실)을 느껴야 하는 상황이 발생한다. 이때 고통 시간이 같아지도록 약을 배분하는 것에 대해 주저하게 된다. 그러나 상황 2에서는 환자 A와 B 모두 여덟 시간만 고통 없이 지내는 상황이기 때문에 환자 B의 증세 호전으로 고통 지속 시간이 같아지도록 약을 배분해도 두 사람은 모두 12시간 고통 없이 지낼 수 있는 상황(이득)으로 바뀐다. 그리하여 고통 지속 시간이 같아지도록 약을 배분하는 데 많은 사람이 찬성한 것이다. 요컨대 재분배로 인해 손실을 보는 사람(상황 1에서 환자 A)이 있을 경우 그 사람을 더 많이 고려하는 것이 공정하다고 생각하는 것이다.

공평한 분배와 재분배의 원칙

중국 전국시대(B.C.453~221)에 제齊나라의 순우淳于는 선宣왕이 위魏나라를 공격하기 위해 준비하고 있다는 것을 알게 되었다. 그는 선왕을 만나러 가서 이렇게 말했다고 한다.

"세상에서 가장 훌륭한 사냥개가 세상에서 가장 민첩한 토끼를 잡으려고 쫓아갔습니다. 사냥개는 열심히 쫓아가고, 토끼는 죽을힘을 다해 도망쳤습니다. 두 마리 모두 있는 힘을 다 쏟았기 때문에 결국은 산자락 아래에서 쓰러져 죽었고, 마침 지나가던 농부가 이것을 발견하고 집으로 가져가 보신탕과 토끼탕을 끓여 먹었답니다. 만약 지금 제나라가 위나라를 공격하면 양쪽 모두 백성이 피폐해지고 재물을 탕진하게 됩니다. 바로 '양패구상'이 되는 이때 진秦나라와 초楚나라가 기회를 틈타 쳐들어온다면 어찌 되겠습니까?"

제나라의 선왕은 이 말이 일리가 있다고 생각하여, 곧바로 위나라 침공 계획을 중지했다고 한다. 여기서 유래된 말이 바로 '양패구상兩敗俱傷'이다. 쌍방雙方이 다 패하고 상처만 입는다는 의미다.

최근 경기가 악화되면서 곳곳에서 이해 당사자들 간의 충돌이 벌어지고 있다. 투쟁보다는 상생相生, 공생共生이 더 필요하다는 것을 모르는 사람은 없을 것이다. 그럼에도 이렇게 세상이 시끄러운 건 당사자들 간에 분배 및 재분배에 대한 인식이 다르기 때문이다. 한쪽은 고통 분담을 이야기하고, 다른 한편에서는 그건 고통 분담이 아닌 고통 전담이라고 항의하는 것도 이런 인식 차이를 반영하고 있다.

결과와 절차를 모두 고려하라

앞에서도 말했지만 사람들에게는 호혜적인 교환본능과 사기꾼 탐지 모듈이 있어 공정하지 않은 경우 희생을 감수하고서라도 응징하려는 본능이 있다. 투쟁적 노사관계는 공정성에 대한 인식 차이와 사기꾼 탐지 모듈 같은 본능으로 인해 나타나게 된다. 여기서 공정한 분배와 재분배를 위해 지켜야 할 세 가지 원칙을 살펴보면 다음과 같다.

첫째, 분배는 만족도를 기준으로 배분한다. 둘째, 재분배 시 한쪽이 이득을 얻고 한쪽이 손실을 본다면 손실을 본 사람을 중심으로 공정성을 판단한다. 셋째, 이득이 생겨 재분배를 할 때는 양쪽에 이득을 고르게 배분한다. 너무나 당연한 원칙이라 할 수 있지만 막상 금전적 이해가 결부되면 이런 결정을 하기가 쉽지 않다.

예전에 코카콜라에서 여름철을 맞아 차가운 음료에 대한 수요가 증가할 것이라 판단하고, 온도 감지 센서가 있어 기온에 따라 자동으로 가격을 올리는 자동판매기를 시험 가동한 적이 있다. 수요증가에 따른 가격상승은 경제학적으로 본다면 합리적인 가격정책이라 할 수 있다. 그러나 이런 가격정책은 품질의 향상을 수반하지 않고 단지 날씨를 이용하려 한다는 점에서 많은 사람들에게 부정적 인상을 심어주었다. 결국 코카콜라는 작은 이익을 위해 기업 이미지를 손상시키는 소탐대실小貪大失의 우를 범하지 않기 위해 이 계획을 중단해야 했다.

또한 지금까지는 결과에 대한 분배 공정성만을 이야기했지만, 공정과 불공정을 판단하는 데는 분배 공정성뿐만 아니라 분배 결정이 내려지기까지 절차가 얼마나 공정한지를 판단하는 절차 공정성도 함께 고려해야 한다. 분배 공정성 못지않게 절차 공정성도 사람들의 판단과 행동에 중요한 영향을 미치기 때문이다.

예를 들어 공정성이 조직 구성원에게 미치는 영향을 살펴보면, 분배 공정성이 높을수록 보상과 직무에 만족하고 이직 의사가 줄어든다고 한다. 또 절차 공정성이 높을수록 조직 몰입도와 조직에 대한 신뢰도가 높아진다고 한다. 특히 절차 공정성이 높으면 원하는 만큼의 보상을 받지 못한 경우 보상에 대해 만족하지 않더라도 분노하지는 않는다. 반면 절차 공정성이 낮으면 원하는 만큼의 보상을 받지 못하는 이유를 절차의 불공정에서 찾게 된다. 사람들은 당연히 분노하게 될 것이다. 즉 절차 공정성은 극한 대립으로 치닫는 것을 막아주는 일종의 완충 역할을 한다고 볼 수 있다. 결국 과정을 투명하게 하는 것이 극단적인 반응을 최소화할 수 있는 가장 좋은 방법이라하겠다.

소비자의 신뢰를 얻는 법

버림받은 사람보다 더 비참한 것은 잊혀진 사람이라고 했다. 연예인은 대중의 관심을 먹고 산다. 때론 지나친 관심이 독이 될 수도 있지만 당사자들은 무관심보다는 낫다고 생각한다. 모름지기 인기가 많을수록 안티도 많아지는 것 아닐까. 남성 2인조 그룹 '노라조'에게도 많은 안티 팬이 있어서 수많은 악플이 달렸지만 그들은 악플을 재치 있게 맞받아쳤다고 한다. 몇 가지 예를 보자.

- 이것들이 뜨려고 생쇼를 하는구나.
  (re) 맞습니다!! 진짜 뜨고 싶습니다! 떠보고 싶어서 그랬습니다.

- 군대나 가라.
  (re) 죄송합니다. 저희는 군대를 다녀오고야 말았습니다.

- 립싱크하려면 때려치워.
  (re) 저희끼리도 입을 못 맞춰 립싱크를 못하고 있습니다.

- 얘들 누구야? 신인이야?
  (re) 저희는 노라조입니다. 2005년에 1집 〈해피송〉이랑 〈날 찍어〉로 활동했었습니다. 이렇게까지 말씀드렸는데도 모르시면 저희는 신인입니다.

- 악플이 달릴 만하네…….
  (re) 저희에겐 악플도 소중합니다.

- 한심하다.
  (re) 맞습니다. 저희 가문에서도 저희를 한심하게 생각하십니다. 부모님께 효도할 수 있도록 많이 도와주십시오.

- 토 나온다.
  (re) 맞습니다. 저희도 서로 보면 토할 것 같습니다.

어떤가? 이 정도면 거의 달인의 경지에 올랐다고 할 만하다. 악평이나 불만에 대처하는 자세는 연예인에게만 중요한 것이 아니다. 기업도 마찬가지다. 와튼 스쿨의 불만 고객 연구 보고서에 따르면, 고객 100명이 불만을 느끼면 32~36명의 고객이 같은 매장에 방문하지 않는다고 한다. 불만을 느낀 고객 가운데 직접 기업에 항의하는 고객은 6%에 불과한 반면, 친구, 가족, 동료에게 적극적으로 불만을 전하는 고객은 31%에 달해 불만 고객 100명 중 31명이 적어도 90여 명에게 불만을 전파하는 것이다.

기업이 신이 아닌 이상 모든 고객을 만족시킬 수는 없다. 중요한 것은 불만 고객을 어떻게 달래고 나아가 충성 고객으로 만드느냐이다. 평소에 아무런 문제를 느끼지 못하는 고객은 일반적으로 10% 정도의 재구매율을 보이지만, 불만을 말하러 온 고객에게 진지하게 응대할 경우 그중 65%가 다시 해당 기업의 제품과 서비스를 이용한다고 한다. 이 조사 결과는 고객 불만 관리의 중요성을 잘 보여준다. 40여 개 직장을 전전하면서 별 볼 일 없는 삶을 살던 조 지라드 Joseph Samuel Gerard는 한 사람의 고객을 감동시키면 250명의 고객을 추가로 불러올 수 있고, 한 사람의 신뢰를 잃으면 250명의 고객을 잃게 된다는 '250의 법칙'을 깨닫고, 한 사람의 고객을 250명의 고객처럼 대했다. 그리하여 그는 세계 최고의 자동차 판매왕으로 기네스

북에 올랐다.

최악의 기업에서 최고의 기업으로

세계적인 컴퓨터회사 델Dell도 제품 불량 및 불친절한 고객 서비스로 '공공의 적'이었던 시절이 있었다. 그러나 소비자 불만 접수 프로세스 개선(고객이 불만사항을 전하기 위해 수차례 다른 부서나 직원에게 전화를 연결하도록 했던 프로세스를 개선했다), 찾아가는 고객 불만 서비스(블로그 해결팀을 구성해 고객 불만을 처리했다), 소셜미디어를 통한 고객과의 적극적인 대화, 잘못을 빨리 인정하고 사과하는 방법 등을 통해 최악의 기업에서 최고의 기업으로 변신할 수 있었다.

스웨덴의 가장 큰 은행인 스웨드뱅크Swedbank는 10개의 은행을 인수한 후 고객 만족도는 개선되었지만 수익은 저하되는 어려움에 빠지게 되었다. 조사 결과 수익을 창출하지 못하는 80%의 고객들의 만족도는 높았던 반면, 은행수익을 많이 창출하는 20%의 고객들의 만족도는 낮은 것으로 나타났다. 이후 스웨드뱅크는 수익 창출 고객들에 대한 서비스를 향상시켜 더 많은 거래를 이끌어냈다고 한다.

존슨앤존슨Johnson and Johnson은 고객 불만 처리를 잘하는 대표적인 기업이라 할 수 있다. 1982년 9월 존슨앤존슨에게는 엄청난 위기가 닥쳐왔다. 바로 시카고에서 일곱 명의 시민들이 타이레놀 캡슐을 먹은 후 사망한 것이다. 누가 고의적으로 타이레놀에 유해물질을 첨가해 일어난 일이었다. 이 사건이 터지자 타이레놀의 PR 담당 이사는 즉시 제임스 버크James E. Burke 존슨앤존슨 회장에게 보고했고, 보고를 받은 버크 회장은 모든 업무를 중단하고 위기관리팀을 구성했다.

존슨앤존슨은 타이레놀로 인한 더 이상의 인명피해를 막기 위해 타이레놀의 생산과 유통을 모두 중단했고, 시중에 판매되고 있거나 이미 판매된 타이레놀을 전량 회수했다. 또한 사건 발생 장소에서 가까운 곳에 사고대책본부를 설치하여 신문과 방송기자 및 고객들의 문의에 신속히 대응하도록 조치를 취했다. 한편 연방조사단과 협조하여 유해물질을 첨가한 것으로 의심되는 범인에 대한 현상금으로 10만 달러를 내놓았다. 이 모든 조치들이 사고 발생 이후 한 시간 반 안에 신속하게 이루어졌다는 것이 놀라울 뿐이다.

사건 직후, 타이레놀의 시장점유율은 37%에서 6%로 급격하게 떨어졌다. 그러나 이런 신속한 대처로 존슨앤존슨은 90%의 시민들로부터 이 사건에 직접적인 책임이 없다는 평가를 받을 수 있었다. 존슨앤존슨은 단순히 사고 수습을 하는 데 그치지 않고 타이레놀에 이물질이 투여되는 것을 방지할 수 있도록 새로운 용기 제작에 나섰다. 또한 버크 회장이 직접 〈60분60 Minutes〉이라는 CBS 뉴스쇼에 출연하여 존슨앤존슨이 타이레놀의 안전성 확보에 최선을 다하고 있다는 것을 소비자들에게 적극적으로 알렸다. 이런 노력으로 존슨앤존슨은 사건 발생 1년 만에 타이레놀의 시장점유율을 사건 전 수준으로 끌어올린 것은 물론이고, 소비자들의 전폭적인 신뢰를 얻어냈다. 또한 1983년에는 미국의 PR 협회로부터 사회적 책임에 대한 의지와 적절한 사건 대응에 대한 공로로 실버 앤빌Silver Anvil 상을 받기도 했다.

　지금까지 최종제안게임과 공공재게임에 대해 살펴보았다. 브랜드는 늘 소비자에게 무엇인가를 제안한다. 이 제안을 받아들일지 거절할지는 소비자의 몫이다. 따라서 브랜드 관리자는 최종제안게임과 공공재게임에서 공통적으로 다루고 있는 '공정성'이라는 개념을 분명히 이해할 필요가 있다. 공정성에 대한 인식이 교환(구매)을 결정짓기 때문이다. 예를 들어 기업이 제품의 가격을 인상했는데 소비자가 이를 공정하지 않다고 판단하면 구매를 주저할 것이고, 그 정도가 심하면 안티카페를 개설하거나 불매운동을 할 수도 있다. 일단 이러한 상황이 발생하면 지금까지 쌓아온 브랜드 이미지는 한순간에 무너질 수 있다. 그러므로 브랜드 관리자는 고객 만족뿐만 아니라 고객 불만을 좌우하는 분배 공정성과 절차 공정성을 주의 깊게 관리할 필요가 있다.

행동경제학 관점에서 살펴본
구글과 애플의 성공 요인

Brand

소비자의 지갑을 여는 브랜드의 비밀

구글Google과 애플Apple은 후발주자로 시장에 진출했다는 점, 완전히 새로운 제품이 아닌 기존의 불편함과 오류를 개선한 제품을 개발한 후 지속적인 혁신을 추구한다는 점 등에서 비슷하다.

구글은 검색엔진 전쟁이 한창이던 1998년 래리 페이지Larry Page와 세르게이 브린Sergey Brin이라는 두 명의 미국 스탠퍼드대학교 졸업생이 만든 조그만 회사였다. 그러나 인터넷 이용자의 수가 이미 1억 명을 넘어선 후 구글은 한 해 100만 개의 입사지원서를 받아 매주 150명의 직원을 고용하는 회사가 되었다. 그리고 미국의 5개 방송사(CBS, NBC, ABC, FOX, CW)의 광고수입을 합한 것보다 더 많은 광고수입을 창출하는 기업으로 부상했다. 2020년 10월 21일 기준 구글의 시가 총액은 1조 787억 3272만 달러(약 1975조 원)이다.

초기 애플컴퓨터는 매킨토시를 필두로 개인용 컴퓨터 시장을 확고하게 장악한 선두주자였다. 그러나 IBM이 등장한 후 컴퓨터는 IBM에게 밀리고, 마이크로소프트Microsoft가 등장한 후 소프트웨어는 마이크로소프트에게 밀리면서 간신히 명맥만을 유지하는 기업으로 전락하고 말았다. 그러다 1997년 애플컴퓨터의 창립자인 스티브 잡스가 복귀한 후 애플은 조금씩 변화를 맞기 시작했다. 그들은 2007년 사명을 애플로 변경하고 아이맥Mac, 아이팟Pod, 아이폰iPhone, 아이패드iPad로 이어지는 글로벌 히트 제품을 쏟아냈다. 마침내 2010년 5월 26일에는 시가총액 2230억 달러를 달성하여 시가총액 2190억 달러의 마이크로소프트를 제치고 최고의 기술 기업으로 등극했다. 2020년 10월 21일 기준 애플의 시가 총액은 1조 9987억 7338만 달러(약 2209조 원)이다.

이처럼 성공한 구글과 애플의 사례도 행동경제학을 통해 설명할 수 있다. 행동경제학의 관점에서 봤을 때 구글과 애플의 성공 요인은 무엇일까?

지금까지 행동경제학과 관련된 많은 이론들과 사례들을 살펴보았다. 마지막 장에서는 행동경제학 관점에서 구글과 애플의 성공 요인을 종합적으로 살펴보고자 한다.

행동경제학의 관점에서 본 구글과 애플의 성공 요인은 가장 먼저이용 가능성 휴리스틱 측면에서 살펴볼 수 있다.

구글의 창업자가 인터넷의 모든 뜻을 담겠다는 의미로 맨 처음 선택한 사명社名은 '구골Googol'이었다고 한다. 구골은 미국 수학자 에드워드 캐스너Edward Kasner가 만들어낸 말로 10의 100제곱이 되는수를 뜻한다. 구골이 구글로 바뀐 것에 대해서는 몇 가지 설이 있다. 하나는 구골이란 이름을 그대로 사용하려 했지만 이미 누군가 도메인을 선점하여 어쩔 수 없이 구글로 변경했다는 설이다. 그 밖에 도메인을 등록할 때 구골을 구글로 잘못 입력해서 지금의 구글이 됐다는 설, 초기에 10만 달러를 투자한 선마이크로시스템스의 창립자 안드레아스 폰 베흐톨스하임Andreas von Bechtolsheim이 수표에 구골이아닌 구글로 잘못 적어 구글이 됐다는 설도 있다. 어떤 과정을 거쳤건 간에 구글이란 이름은 이제 누구나 쉽게 회상할 수 있는, 즉 '이용 가능성'이 높은 독특한 '브랜드 네임'이 되었다.

애플은 'i'를 활용한 쉽고 단순하며 기억하기 쉬운 브랜드네이밍을통해 이용 가능성을 확대하는 전략을 취하고 있다. 대체로 기업은신제품 수용을 촉진하고, 신규 브랜드의 인지도 확보에 필요한 막대한 비용을 절감하기 위해 신제품에 기존 브랜드를 활용하는 브랜드확장 전략을 전개하곤 한다. 애플의 경우에는 일명 'i-시리즈(iMac, iBook, iPod, iTunes, iPod mini, iPhone, iPad)'를 출시하면서, 모든 제품에 공동 브랜드family brand 역할을 하는 'i(사용자를 의미하는 I)'에 제품 관련 단어(Pod, Tune, Mac, Pad)나 제품군 명칭(Book, Phone)을 조합하여 회상이 용이하도록 하였다.

둘째, 대표성 휴리스틱 측면에서 살펴볼 수 있다.

잘 알려져 있다시피 구글은 '검색 = 구글'이라는 대표성을 확보한 상황이다. 당시 야후, 알타비스타 등 대표적인 검색 기업들은 검색 기술의 우수성이 곧 사용자 증가로 이어진다는 단순한 진리를 외면한 채 다양한 부가서비스를 제공하는 데 집중하고 있었다. 그러나 구글은 타의 추종을 불허하는 페이지랭크PageRank 기술과 하이퍼텍스트 매칭hypertext matching 기술을 바탕으로 '정확하고 빠른 검색 결과 제공'이라는 핵심역량을 키워나갔다. 그렇게 구글은 검색이라는 핵심역량에 집중했고, 이에 따라 '인터넷 검색을 한다'라는 뜻으로 'I google it(구글을 한다)' 같은 표현이 생기게 되었다. 심지어 '구글링googling'이란 단어는 사전에 등재되기에 이르렀다.

애플 역시 '혁신 + 사용 편의성 + 디자인'이라는 대표성을 확보하고 있다. 애플의 기업정신인 'Think Different(혁신)'와 'User Friendly(사용 편의성)'의 정신은 디자인으로 고스란히 구현된다. 애플의 제품은 기존의 제품과는 다르다. 디자인도 심플하고 세련된 데다 사용하기도 편리하다. 그리하여 애플에서 탄생한 제품들은 모두 관련 제품군을 대표하는 이름이 되었다. 즉 아이팟은 MP3를, 아이폰은 스마트폰을, 아이패드는 태블릿 PC를 대표하는 이름이 된 것이다.

셋째, 평가모드라는 측면에서 애플과 구글의 성공 요인을 살펴볼 수 있다.

대체로 후발주자는 끊임없이 리더와의 비교광고를 통해 리더를 공격한다. 이 때문에 리더는 끊임없는 혁신으로 시장을 주도해나가는 유일한 존재가 되기 위해 노력하게 된다. 구글이나 애플처럼 말이다. 실제로 구글은 '자기잠식'을 두려워하지 않으며 끊임없는 혁신을 추구하고 있다.

애플은 어떤가. 이들은 말 그대로 타임페이싱 전략을 통해 시장변화를 주도하고 있다. 타임페이싱 전략은 기업이 시장에서의 새로운 변화를 예측하고 기다리는 대신 언제쯤 변화를 발생시킬 것인가를 계획하여 시장변화를 주도해나가는 전략을 말한다. 애플은 아이맥을 시작으로 아이북, 아이팟, 아이튠즈, 아이팟 미니, 아이폰, 아이패드로 이어지는 혁신적인 제품들을 시차와 리듬을 두고 지속적으로 출시하며 시장변화를 주도해왔다.

넷째, 차이식별 오류distinction bias라는 측면에서 살펴볼 수 있다.

일반적으로 사람들은 제품이나 서비스를 구매하기 전 그것이 자신에게 얼마나 큰 만족을 줄 것인지를 예측(예측효용)하고, 구매 후 제품을 사용하면서 자신이 선택한 제품의 효용을 판단(경험효용)하게 된다. 만약 이때 예측효용과 경험효용 간에 차이가 발생하면 사람들은 예측 오류 또는 차이식별 오류를 경험하게 된다.

그런데 애플 제품을 이용하는 사람들은 애플이 제공하는 사용 편의성으로 인해 차이식별 오류를 거의 느끼지 않는다. 즉 아이팟 사용자는 아이튠즈를 통해 음악 파일을 손쉽게 다운받아 듣고, 아이폰과 아이패드 사용자는 수십만 개의 애플리케이션이 있는 앱스토어에서 자신이 원하는 애플리케이션을 다운받아 즐긴다. 애플이 제공하는 최고의 '사용자 경험'은 사용자가 차이식별 오류를 느낄 틈도 없이 '역시 애플이야'라고 하면서 진정한 'I(사용자를 의미함)'를 느낄 수 있도록 해주는 것이다.

다섯째, 공정성이라는 측면에서 살펴볼 수 있다.

구글이 등장하기 전의 검색엔진은 키워드가 반복되는 정도에 따라 페이지의 관련도 순위가 결정되는 자동 검색엔진이었다. 자동 검색엔진 환경을 웹페이지 개발자가 악용하면 키워드와 관련 없는 스팸 페이지가 검색되게 할 수도 있었다. 이러다 보니 돈을 받고 특정 검색결과를 상위에 보여주는 일도 발생하게 되었고, 이로 인해 검색결과에 대한 신뢰성은 점점 추락하고 있었다.

이에 구글은 단기적인 이익을 얻기 위해 검색순위를 편집 혹은 조작하지 않는다는 의지를 담은 '악해지지 말자Don't Be Evil'라는 기업가치를 천명하기에 이르렀다. 그리고 '페이지랭크'라는 알고리즘을 이용해 검색엔진을 개발했다. 구글의 이 검색엔진은 웹페이시 내용, 용어의 위치, 글꼴 요소, 인접 페이지 분석 등을 바탕으로 객관적 순위를 계산함으로써 검색결과에 대한 공정성을 높이고 신뢰성을 확보하는 데 성공했다.

또한 구글은 문맥광고 서비스를 추가하여 콘텐츠의 내용과 가장 관련성이 있는 광고를 보여주기도 했다. 이를 통해 광고주에게는 목표 고객을 대상으로 광고 노출을 극대화하는 혜택을, 이용자에게는 자신이 필요로 하는 광고 정보를 쉽게 볼 수 있는 혜택을 제공했다. 이렇게 구글은 신뢰할 수 있는 검색결과를 제공함으로써 검색에서의 절차적 공정성과 결과적 공정성을 확보하는 데 성공한 것이다.

2019년 애플은 골드만삭스와 애플카드를 출시해서 애플의 전자지갑 '월렛'에 계좌를 등록하고 디지털 카드를 다운받으면 바로 사용할 수 있게 했다. 카드에는 신용카드 번호도, CVV 코드도, 유효기간도, 서명란도 없이 덩그러니 애플 로고와 사용자 이름, IC칩만 있었는데, 이것이 어떻게 가능했을까? 얼굴이나 지문인식으로 본인인증을 한 후 일회용 비밀번호OTP가 발급되면서 결제가 완료되도록 했다. 결제 때마다 가상의 번호가 생성되니 카드분실이나 비밀번호의 도난에 따른 위험부담도 없었다. 또한 계좌잔고를 보여주고, 어디에 얼마를 썼는지 막대그래프로 보여주는 등 이용자가 자신의 소비 스타일을 스스로 통제할 수 있도록 해 이용자 중심의 카드라는 인식을 줬다. 애플의 '데일리 캐시'는 사용 대금의 일정 비율을 현금으로 받아 당일 바로 사용할 수 있게 했는데 이는 '카드 결제 = 현금 보상'이라는 인식을 만들었다. 이는 이용자가 자신이 정당한 일을 하는 것처럼 느끼게 만들어 돈을 더 자주 쓰게 할 수도 있도록 하는 효과가 있다. 또한 연회비나 해외이용 수수료도 없고, 현금 서비스 이자율도 낮은 편이었다. 무엇보다 이용자들이 어디에 얼마를 썼는지 정보를 수집하지 않고 골드만삭스도 데이터를 마케팅에 활용하거나 제삼자에게 제공하지 않기로 하는 등 데이터 프라이버시를 공정하게 보호해주었다.

여섯째, 행동경제학의 시기추론이론 측면에서 애플과 구글의 성공 요인을 살펴볼 수 있다.

과거 애플을 대표한 것은 제품만이 아니라 스티브 잡스라는 스타 CEO였다. 그래서 스티브 잡스가 신제품을 프레젠테이션(시연)을 하는 날이면 신제품에 대한 기사뿐 아니라 그의 프레젠테이션에 대한 온갖 이야기가 인터넷을 점령하기도 했다.

시기추론이론에 따르면 사람들은 먼 미래의 일에 대해서는 바람직성을, 가까운 미래의 일에 대해서는 실행 가능성을 중심으로 사고한다고 한다. 스티브 잡스의 전략은 바로 이 이론과 정확하게 일치한다. 즉 스티브 잡스는 제품 출시 전 (먼 미래에) 신제품이 만들어갈 새로운 세상, 변화시킬 라이프스타일을 이야기하며 잠재 소비자의 욕구를 강력하게 자극해 사람들이 신제품 출시만을 학수고대하게 만든다(바람직성을 자극). 그리고 출시 시점이 되면 (가까운 미래에) 전략적 제휴(예: KT + iPhone)나 다양한 프로모션을 통해 소비자가 신제품을 쉽게 구입할 수 있는 방법을 제시한다(실행 가능성을 자극). 애플은 이렇게 시간의 변화에 따라 고객의 기대를 적절히 관리하여 성공을 거두었다.

《구글의 미래》라는 책에서 저자 토마스 슐츠Thomas Schulz는 "구글의 미래가 곧 우리의 미래다"라는 도전적인 말을 하였다. 그 이유는 자율주행차, 인공지능 로봇, 자동 우편배달부 드론, 슈퍼컴퓨터보다 수천 배 빠른 양자컴퓨터, 달에 로켓 보내기, 우주 엘리베이터, 나

노 알약, 혈당 측정 콘택트렌즈 등 SF소설에나 나올 법한 구글의 일급 비밀 프로젝트 때문이다. 끊임없이 미래를 디자인하고 새로운 시도를 통해 세상을 바꾸려는 구글의 시도를 한마디로 정리하면 '문샷 Moonshot'이다. 사전적으로는 우주탐사선을 달에 보낸다는 뜻이지만 지금은 혁신적인 도전으로 의미가 확장됐다. 바람직한 먼 미래의 모습을 제시하면서도 주변에서 자율주행차가 돌아다니도록 함으로써 많은 사람들에게 구글의 꿈이 실행되고 있다는 믿음을 주고 있다.

이상과 같이 애플과 구글의 성공 요인을 행동경제학 관점에서 간략하게 살펴보았다. 누군가는 결과에 이론을 꿰어 맞춘 것이라 생각할지도 모르지만 중요한 것은 이론이 현상을 어떻게, 어느 정도로 해석할 수 있느냐는 것이다. 불확실성하에서 나타나는 다양한 현상 중에는 이렇게 행동경제학 이론으로 해석할 수 있는 것이 적지 않다. 인간(기업)의 행동을 해석하고 예측한다는 측면에서 행동경제학은 당신에게 큰 즐거움을 줄 것이다.

맺음말

행동경제학을 통해 브랜드 전쟁에서 승리하는 법

지금까지 이 책은 가장 먼저 생각나는 브랜드의 비밀, 시장을 선도하는 브랜드의 힘, 대세를 바꾸는 브랜드의 무기, 끝까지 승자로 남는 브랜드의 전략 등을 행동경제학이라는 이론에 근거하여 살펴보았다. 휴리스틱, 프로스펙트 이론, 선호역전현상 등을 통해 효과적으로 브랜드를 관리하고 확장하는 방안에 대해 알아보았고, 브랜드 인수합병에 따른 관리 방안을 살펴봄으로써 치열한 브랜드 전쟁에서 최종적으로 승리하는 전략을 모색해보았다.

행동경제학은 사람들의 선택을 다루는 흥미로운 학문이다. 또한 실무 적용성도 높은 실용적인 학문이다. 이 책의 기획도 행동경제학이 얼마나 실용적인 학문인지를 보여주기 위해 이를 브랜드에 접목하는 것에서 시작되었다고 해도 과언이 아니다. 그러다 보니 이 책은 행동경제학 이론과 브랜드 실무를 접목했다는, 다른 행동경제학 책이나 브랜드 관련 책과의 차별점을 갖게 되었다. 행동경제학을 브랜드 이외에도 리더십, 세일즈 등 다양한 방면으로 적용한다면 보다 다양한 이야기가 가능하지 않을까?

이 책을 읽다가 자신만이 아는 사례가 떠올라 함께 공유하길 원하는 독자들이 많을지도 모르겠다. 이 책에서 다루지는 않았지만 세상에는 훨씬 더 많은 사례가 존재하고, 지금 이 순간에도 새롭게 사례가 만들어지고 있으니 말이다. 그러므로 책을 읽는 것에서 그치지 않고 새로운 사례를 찾아 이론과 연결해보거나 어떤 사례가 어떤 이론과 관련이 있는지 토론해보는 것도 재미있을 것이다. 이 모든 지적 호기심을 저자와 메일이나 SNS를 통해서 지속적으로 공유할 수 있길 바라며, 긴 여정의 마침표를 찍는다. 아무쪼록 브랜드 전략가들의 건승을 빈다.

참 고 문 헌

1) Biller, Barbara, Herbert Bless, and Norbert Schwarz(1992), "Ease of Recall as Information: The Impact of Question Order," (paper presented at Tagung Experimentell Arbeitender Psychologen, Osnabruck, Germany, April), as reported in Schwarz 1998.

2) Wanke, Michaela, Herbert Bless, and Barbara Biller(1996), "Subjective Experience versus Content of Information in the Construction of Attitude Judgments," Personality and Social Psychology Bulletin, 22(November), 1105~1113.

3) Rothman, Alexander J. and Norbert Schwarz(1998), "Constructing Preception of Vulnerability: Personal Relevance and the Use of Experiential Information in Health Judgments," Personality and Social Psychology Bulletin, 24(10), 1052~1064

4) Fischoff, B.(1975), "Hindsight ≠ foresight: The Effect of Outcome Knowledge on Judgment under Uncertainty," Journal of Experimental Psychology: Heman Perception and Performance, 1, 288~299.

5) Arkes, H. R., R. L. Wortmann, P. D. Saville, and A. R. Harkness(1981), "Hindsight Bias Among Physicians Weighting the Likelihood of Diagnoses," Journal of Applied Psychology, 66, 252~254.

6) 박재영, 이성종, 노성종(2009), 〈한미(韓美) 신문의 의견기사에 나타난 한국 기자와 미국 기자의 사고습관 차이〉,《한국언론학보》 53(5), 268~290.

7) Tybout, Alice M., Brian Sternthal, Prashant Malaviya, Georgios A. Bakamitsos, and Sebum, Park(2005), "Information Accessibility as a

Moderator of Judgments: The Role of Content versus Retrieval Ease,"
Journal of Consumer Research, 32(June), 76~85.

8) Tversky, Amos and Daniel Kahneman(1974), "Judgment Under Uncertainty:
Heuristics and Bises," Science, 211, 453~458.

9) Mussweiler, Thomas and Fritz Strack(1999), "Hypothesis-Consistent Testing
and Semantic Priming in the Anchoring Paradigm: A Selective Accessibility
Model," Journal of Experimental Social Psychology, 35, 136~164.

10) Northcraft, G. B. and M. A. Neale(1987), "Experts, Amateurs, and Real
Estate: an Anchoring-and-Adjustment Perspective on Property Pricing
Decisions," Organizational Behavior and Human Decision Process, 39,
84~87.

11) Englich, Birte(2006), "Blind or Biased? Justitia's Susceptibility to Anchoring
Effects in the Courtroom Based on Given Numerical Representations,"
Law and Policy, 28(4), 497~514.

12) Englich, Birte, Thomas Mussweiler and Fritz Strack(2006), "Playing Dice
With Criminal Sentences: The Influence of Irrelevant Anchors on Experts'
Judicial Decision Making," Personality and Social Psychology Bulletin,
32(2), 188~200.

13) 이환춘, "판사, 일반인보다 '확인편향' 강하다", 〈법률신문〉, 2010.1.13.

14) 조이영, 정세진, "당신은 프레임에 갇혀 있습니다", 〈동아일보〉, 2010.8.17.

15) Denes-Raj, V. and S. Epstein(1994), "Conflict Between Intuitive and
Rational Processing When People Behave Against Their Better Judgment,"
Journal of Personality and Social Psychology, 66, 819~829.

16) Slovic, Paul, John Monahan and D. M. MacGregor(2000), "Violence
Risk Assessment and Risk Communication: The Effects of Using Actual
Cases, Providing Instructions, and Employing Probability vs. Frequency
Format," Law and Human Behavior, 24(3), 271~296.

17) Joshua D. Coval and Tobias J. Moskowitz(1999), "Home Bias at Home:
Local Equity Preference in Domestic Portfolios," Journal of Finance,
54(December), 2045~2073.

18) Fessler, Daniel M.T., Elizabeth G. Pillsworth, and Thoma J.
Flamson(2004), "Angry Man and Disgusted Women: An Evolutionary

Approach to the Influence of Emotions on Risk Taking," Organizational Behavior and Human Decision Processes, 95, 107~123.

19) Cross, Frank(1973), "The Behavior of Stock Prices on Fridays and Mondays," Financial Analysis Journal, November-December, 67~69.

20) Ariel, Robert A.(1987), "A Monthly Effect in Stock Returns." Journal of Financial Economics, 18, March, 161~174.

21) Weber, Martin and Colin F. Camerer(1998), "The Disposition Effect in Securities Trading: An Experimental Analysis," Journal of Economic Behavior and Organization, 33(2), 167~184.

22) Kahneman, Daniel and Amos Tversky(2000), Choices, Values, and Frames, New York: Russell Sage Foundation and Cambridge University Press.

23) Kahneman, Knetsch, and Thaler(1990), "Experimental Tests of the Endowment Effect and The Coase Theorem," Journal of Political Economy, 99(December), 1325~1348.

24) Thaler, Richard H. (1980), "Toward a Positive Theory of Consumer Choice," Journal of Economic Behavior and Organization, 1, 39~60.

25) John T. Gourville(1998), "Pennies-a-Day: The Effect of Temporal Reframing on Transaction Evaluation," Journal of Consumer Research, 24(Mar), 395~408.

26) Medvec, Victoria Husted, Scott F. Madey, and Thomas Gilovich(1995), "When Less is More: Counterfactual Thinking and Satisfaction Among Olympic Medalists," Journal of Personality and Social Psychology, 69(4), 603~610.

27) 최남주 "대상, 맛서샜으로 자연조미료시장 찜찍 1위", 《헤럴드경제》, 2010.4.8.

28) 김남국, 김상훈, "선명하게 찍힌 제조일자, 판을 바꾸다", 《동아비즈니스리뷰》 47호, 2009.12.15.

29) Arkes, Hal R. and Blumer, C.(1985), "The psychology of sunk costs," Organizational Behavior and Human Decision Processes, 35, 124~140.

30) Staw and J. Ross(1987), " Behavior in Escalation Situations: Antecedents, Prototypes, and Solution," in Research in Organizational Behavior, edited

by S. Cummings and B. Staw. Greenwich, Conn.: JAI Press.

31) Arkes, Hal R and Blumer, C.(1985), "The psychology of sunk costs," Organizational Behavior and Human Decision Processes, 35, 124~140.

32) Conlon, E. J. and Parks, J. M.(1987), "Information requests in the Context of Escalation," Journal of Applied Psychology, 72, 344~350.

33) McCain, B. E.(1986), "Continuing Investment Under Conditions of Failure: A Laboratory Study of Limits to Escalation," Journal of Applied Psychology, 71, 280~284.

34) Gourville J. T. and Soman D.(1998), "Payment Depreciation: The Behavioral Effects of Temporally Separating Payments from Consumption," Journal of Consumer Research, 25, 160~174.

35) 곽준식(2005), 〈유인효과를 이용한 비교 광고의 효과에 관한 연구: 비비교광고, 비교광고, 유인효과를 이용한 광고를 중심으로〉, 《마케팅 연구》, 20(2), 10.

36) Scott Highhouse(1996), "Context-Dependent Selection: The Effects of Decoy and Phantom Job Candidate," Organizational Behavior and Human Decision Processes, 65(1), 68~76.

37) Yigang Pan, Sue O'Curry, and Robert Pitts(1995), "The Attraction Effect and Political Choice in Two Elections," Journal of Consumer Psychology, 4(1), 85~ 101.

38) Hsee, C. K. and Jiao Zhang(2004), "Distinction Bias : Misprediction and Mischoice due to joint evaluation," Journal of Personality and Social Psychology, 86(5), 680~695.

39) Hsee, C. K.(1996), "The Evaluability Hypothesis : An Explanation for Preference Reversals Between Joint and Separate Evaluations of Alternatives," Organizational Behavior and Human Decision Processes, 67, 242~257.

40) Hsee, C. K.(1998), "Less is better: When low-value options are valued more highly than high-value options," Journal of Behavioral Decision Making, 11(2), 111.

41) Redelmeier, Donald A. and Daniel Kahneman(1996), "Patients' Memories of Painful Medical Treatments: Real-time and Retrospective Evaluation of

Two Minimally Invasive Procedures," Pain, 116, 3~8.

42) Schreiber, Charles A. and Daniel Kahneman(2000), "Determinants of the Remembered Utility of Aversive Sounds," Journal of Experimental Psychology: General, 129, 27~42.

43) 김현예, 김용준, "회사도 포기한 즉석카메라 살린 건 입사 4년차 徐대리", 《한국경제》, 2010.11.16.

44) Liberman, Nira and Yaacov Trope(1998), "The Role of Feasibility and Desirability Considerations in Near and Distant Future Decisions: A Test of Temporal Construal Theory," Journal of Personality and Social Psychology, 75, 5~18.

45) Min Zhao, Steve Hoeffler, Gal Zauberman, "Mental Simulation and Preference Consistency over Time: The Role of Process-Versus Outcome-Focused Thoughts," Journal of Marketing Research, 44(2), 379~388.

46) Sagristano, Michael, Yaacov Trope, and Nira Liberman(2002), "Time-dependent Gambling: Odds now, Money later," Journal of Experimental Psychology: General, 131, 364~376.

47) Eyal, Tal, Nira Liberman, Yaacov Trope, and Eva Walther (2004), "The Pros and Cons of Temporally Near and Distant Action", Journal of Personality and Social Psychology, 86, 781~795.

48) Sigmund, Karl, Ernst Fehr and Martin A. Novak(2002), "The Economics of Fair Play," Scientific American, Jan, vol. 286, 83~87.

49) Sally Blount(1995), "When Social Outcomes Aren't Fair: The Effect of Casual Attributions on Preferences," Organizational Behavior and Human Decision Processes, 63(2), 131~144.

50) Fehr, Ernst and Simon Gachter(2000), "Cooperation and Punishment in Public Goods Experiments," The American Economic Review, September, 90(4), 980~994.

51) Kahneman, Daniel, Jack L. Knetsch, and Richard Thaler (1986), "Fairness as a Constraint on Profit Seeking Entitlements in the Market," The American Economic Review, 76 (September), 728~741.

브랜드, 행동경제학을 만나다

초판   1쇄 발행 2012년 9월 17일
초판   9쇄 발행 2019년 12월 12일
개정판 3쇄 발행 2024년 11월 29일

지은이 곽준식

펴낸이 박선경
기획/편집 • 이유나, 지혜빈, 김선우
마케팅 • 박언경, 황예린, 서민서
표지 디자인 • dbox
제작 • 디자인원(031-941-0991)

펴낸곳 • 도서출판 갈매나무
출판등록 • 2006년 7월 27일 제395-2006-000092호
주소 • 경기도 고양시 일산동구 호수로 358-39 (백석동, 동문타워 I) 808호
전화 • (031)967-5596
팩스 • (031)967-5597
블로그 • blog.naver.com/kevinmanse
이메일 • kevinmanse@naver.com
페이스북 • www.facebook.com/galmaenamu

ⓒ 곽준식, 2021
ISBN 979-11-90123-94-5/03320
값 16,000원